마음과의
대화

마음과의
대화

가마린포체 지음
강곤 옮김

學古房

　　현대사회가 급격하게 발전할수록 사람들은 눈앞의 성공과 이익만을
추구한다. 모든 일이 속성으로 이뤄지길 바라는 사람도 있고, 적은 대
가로 많은 것을 얻고자 하는 사람도 있다. 대인관계에서도 마찬가지이
다. 상대에 대한 요구만 커지고 진심으로 이해하고자 하는 사람은 찾아
보기 힘들다. 사람들 사이의 소통과 관심만 줄어든 것은 아니다. 가족
애나 우정 같은 과거의 가치도 점점 사라져 간다. 그러면서 풍요로운
삶에 대한 갈망은 필요 이상으로 비대해졌다.

　　우리의 판단과 선택은 발달된 미디어와 주변의 인간관계에 따라 지
속적인 영향을 받고 있으며, 순간순간 변하는 다양한 정보들로 인해
우리의 바람까지도 끊임없이 변하고 있다. 이 시점에 우리에게 필요한
것은 우리 자신의 내면에 대한 성찰과 마음속 깊은 곳에 내재한 우리의
바람이 무엇인지를 찾아보는 노력이다. 이러한 우리의 내면에 대한 연
구와 실천에 있어 불교만큼 완전하고 널리 알려진 것은 없을 것이다.

　　2,000여 년이 넘는 역사 속의 불교와 그 의미는 현대를 사는 우리에
게 이미 생소한 분야가 되고 말았다. 나는 이러한 불교의 개념과 정신
이 오늘을 사는 사람들에게 더욱 가까이 다가갈 수 있도록 현대적인
해석을 시도해 보고자 한다. "내게 지금 필요한 것은 무엇인가? 도대
체 나는 누구인가?" 이러한 근원적인 질문에 대한 자아 성찰이 필요
한 사람에게 작으나마 이 글이 도움이 될 수 있다면 좋겠다.

제15장 은혜와 보답

제1장
생명의 강을 건너

생명체가 있다면 생명의 강도 있다.
여전히 우리는 생명의 강을 헤매는 존재……;

시작과 끝이 없는 곳은 없다

시작과 끝을 의미하는 "인과因果"라는 말은 어렵지 않게 이해할 수 있다. 이것은 씨앗과 열매의 관계이며, 원인과 결과의 관계이다. 이러한 인과는 언제든 어디든 있다.

요즘 사람들은 인과를 믿지 않는다. 어째서 믿지 않을까? 우리는 습관적인 요행과 자만심에 사로잡혀 있다. 오늘의 나는 어제의 나와 아무런 상관이 없고, 내일의 나는 오늘을 책임질 필요가 없다고 생각하기 때문이다. 사실 이것은 잎은 보며 숲을 보지 않는 일종의 자기기만이다. 생각해보면 어제의 당신이 존재하지 않았다면, 어떻게 오늘의 당신이 존재할 수 있겠는가? 인과란 이런 것이다. 우리는 한평생 이러한 반복의 삶을 살고 있으면서도 그러한 반복은 존재하지 않는다고 치부한다.

무엇 때문에 자신이 반복되고 있음을 믿지 않는 것일까? 조금만 더 생각해보면 어제의 당신이 있어 오늘의 당신이 있는 것이고, 또한 내일의 당신도 있을 수 있는 것임을 모르지는 않을 것이다. 우리는 순간순간 반복되는 많은 일들과 그렇게 쌓인 하루라는 시간 속에서 벌어지는 수많은 일들의 무한한 반복 속에 서 있는 것이다. 게다가 우리가 하는 생각조차 반복될 수 있다. 심지어 어떤 일은 우리의 삶 속에서 끊임없이 무한 반복될 수도 있다. 이러한 반복을 불교에서는 윤회라고 한다. 지금의 1초가 다음의 1초에 영향을 주는 것이다. 우리가 믿든 안 믿든 이러한 인과와 윤회는 항상 존재한다. 우리가 자신의 말과 행동에 책임감을 가지고, 지금 눈앞에 펼쳐져 있는 일에 충실해야 하는 이유가 바로 여기에 있다. 결국 앞선 노력이 없다면, 뒤따르는 수확도 없을 것이기 때문이다.

그렇다면 무엇을 인과라고 할 것인가? 사실 이것은 씨앗이 열매에 영향을 미치는 법칙이다. 평소 우리가 말하는 인과응보因果應報 또한 사실은 몸짓이나 말, 나아가 마음속의 생각이나 행동에 대한 책임이라 할 수 있다. 이것은 생각의 폭을 조금만 넓혀 봐도 알 수 있다. 우리가 10명의 사람들 앞에서 미소를 한 번 보였을 때, 최소한 그중 3명은 우리를 보고 웃어 줄 것이다. 즉 내가 호감 1점을 소비하면, 타인의 호감 3점을 얻을 수 있는 것이다. 만약 당신이 당신의 삶 속에서 당신과 함께하는 사람, 물건, 환경 등에 약간의 사랑과 자비심을 가진다면, 그 대상들도 똑같은 호감을 당신에게 되돌려줄 것이다. 이 것은 복리이자처럼 높은 투자 수익을 거둬들이는 방법이라 할 수 있다. 우리가 삶 속에서 마주하는 사람은 10명이 아니라 수천수만 명의 사람들이기 때문이다.

모든 생명체는 삶이라는 윤회의 강을 걷고 있으며, 그 누구도 인과라는 법칙의 그물을 벗어날 수는 없다. 믿음에 대한 고민보다 본인의 생각과 행동이라는 씨앗을 어떻게 뿌릴 것인지에 대하여 신경쓰는 것이 더 중요하다. 보답은 잊어버리자! 열매가 익으면 결과도 드러난다는 것을 믿어라!

나를 위한 인과의 원리는 복잡하다

사회적 의미를 생각하고 일하는 것은 극히 제한적이지만 개인적으로 누군가를 돕기는 쉽다. 우리가 진심을 다해 바른 행동을 한다면, 사람들도 우리를 좋은 사람 또는 자선사업가라고 평가할 것이다. 이러한 것들이 쌓이면 사회에 대한 공헌도도 커진다. 사람들이 우리의 헌신을 칭찬할 때, 우리도 진심 어린 기쁨을 맛볼 수 있다. 이러한 기쁨은 외적인 칭찬으로부터 온 것이다. 또한 외적인 칭찬은 우리 자신의 개인적인 명망은 물론 타인의 존경도 가져다준다. 이것은 긍정적인 인과관계라 할 수 있다.

인간과 자연의 관계도 마찬가지다. 우리가 자연과 조화를 이루고 자연을 파괴하지 않는다면, 자연 또한 우리에게 많은 것들을 내어줄 것이다. 수천 년 동안 티베트 사람들은 하늘과 땅을 경외했고, 산과 하천을 존중했다. 그 결과 자연은 끝없는 재화와 부를 그들에게 내어주었다. 인류가 자연을 보존하기만 해도 자연은 인류에게 무한한 즐거움을 줄 것이고, 사람들은 건강과 평온함을 얻을 수 있게 될 것이다. 파괴하지 않음이 일종의 대가인 것이다. 사람과 사람이 함께할 때도 반드시 뭔가를 해야만 하는 것은 아니다. 상처주지 않고 조화롭게 지내는 것 하나만으로도 필요한 대가를 치를 수 있다. 부정적인 정서 또한 마찬가지다. 우리가 누군가에게 상처를 주고 화를 낸다면,

그 누군가는 당신의 성질이 고약하고 나쁘다고 또 다른 사람에게 말을 전할 것이다. 그러한 말을 들은 사람이 당신을 만난다면, 그는 무의식적으로 당신을 가까이하면 안 되는 사람이라고 생각하게 될 것이다. 결과적으로 어떤 일로 당신에게 그들의 도움이 필요할 때, 그들은 당신을 도우려 하지 않을 것이다. 성미가 못된 사람, 성격이 괴팍한 사람, 남을 괴롭히는 사람이라는 부정적인 평가로 얻을 수 있는 응답은 당연히 부정적일 수밖에 없다. 이렇게 부정적인 사람이 고민과 고통 속에서 어려움을 겪으며 도움을 원한다 한들, 누가 그를 도와주고 싶어 하겠는가? 아무도 도와주고 싶지 않을 것이다.

티베트 속담에는 "웃는 사람에게는 칼을 들이밀지 못한다."라는 말이 있다. 선한 사람의 사랑하는 마음에는 긍정의 힘이 있다. 그렇기에 사랑의 힘도 강력한 것이다. 한 마디로 인과를 믿는다는 것은 자신이 한 일에 대한 책임이다. 만약 물질적인 성과를 위해 이곳저곳 산을 파헤치며 나무를 베었다고 가정해보자. 처음에는 별다른 영향이 없다고 느낄 것이다. 그러나 시간이 지나며 황사가 발생하고 기후도 변하고 대기층까지 파괴된다면, 그 피해는 전 인류에게 돌아올 것이다. 오늘날 이상 기후로 인한 심각한 피해와 스모그는 눈앞에 드러난 자연 훼손의 부작용 중 하나이다. 지진이나 가뭄 등 빈번한 자연재해도 이와 같다. 오늘을 살아가고 있는 사람들의 늘어나는 질병도 마찬가지다. 나아가 그렇게 우리와 공존하는 동물이나 생물들도 똑같은 피해를 받게 될 것이다.

시작의 단계에서는 느끼지 못한다. 실제로 그러한 영향을 느꼈을 때는 이미 늦은 것이다. 그러므로 인과를 안다는 것은 자신의 모든 일에 대하여 책임을 지는 일이라 하겠다.

자신의 일에 책임을 질 줄 아는 것은 정말 지혜로운 삶의 태도다. 시작과 끝을 알고 인과를 두려워한다는 것은 이성적인 사고방식이다. 결과가 나타나는 시점에서 보면, 시작이 좋든 나쁘든 그 끝은 드러나기 때문이다. 이것은 사회적 신분에 따라 더 많은 할인이나 혜택을 받는 것이 아니다. 인과 앞에서 모든 사람은 평등할 뿐이다.

삶은 반복과 순환이다

생명은 전환과 순환 속에서 연속적이다. 이것을 불교에서는 "윤회輪回"라고 한다. 사실 윤회는 같은 과정을 끊임없이 반복하는 상태이다. 윤회는 생사生死만이 아니라 일상의 삶 속 어디에나 존재한다.

우리의 삶은 탄생의 순간부터 죽음의 순간까지 줄곧 앞으로 나아간다. 어제로부터 오늘, 오늘로부터 내일, 과거의 어느 1초의 순간부터 현재의 어느 1초의 순간, 그리고 앞으로 곧 다가올 다음의 1초의 순간까지 생명은 끊임없이 반복한다. 이러한 모든 과정이 바로 윤회다.

엄마의 뱃속에서 팔다리조차 갖추지 않은 태아로부터 아기가 되고, 건장한 어른으로 성장해 노쇠해지는 과정은 매미의 탈피와 비슷하다. 하지만 매미의 허물과 사람이 시간의 껍질을 벗는 것은 다르다. 이 모든 일련의 과정 속에서 우리는 아무런 감각도 느끼지 못하기 때문이다. 사람은 자신도 모르는 사이에 태어나서 자라고 노쇠하여 죽는, 삶과 또 다른 삶을 하나씩 잇는 것이다.

불교에서는 사람의 삶에는 윤회가 있다고 말한다. 매미의 탈피처럼 허물을 벗은 이후에 또 다른 생명이 이어진다는 의미다. 대부분의 사람들은 영혼의 실체와 존재 여부를 확인하지 못한다. 삶이라는 껍질을 쓰고 살다가 그 껍질을 벗은 후 또 다른 껍질이 필요할 때, 정말 그러한 것의 실체가 있을까? 당연히 그런 것은 없다. 하지만 영혼 없는 몸뚱이는? 이것은 있다. 수면 중에 우리는 꿈을 꾼다. 꿈속에서는 또 하나의 세계와 빛과 같은 육체도 가진다. 심지어는 꿈속에서 맞은 매질에 아픔을 느낄 뿐만 아니라 희로애락의 감정까지도 느낄 수 있다.

내게도 비슷한 일이 있었다. 네 살 때쯤, 난 짧은 죽음을 경험했다. 친척집에 갔다가 돌아왔을 때, 온몸이 굳어간 적이 있었다. 그때 부모님은 목 놓아 울고 계셨는데, 오히려 나는 부모님과 마주 앉아 그 모습을 지켜보며 부모님의 목소리까지 생생하게 듣고 있었다. 오히려 '왜 나를 보고 울고 있지?'라며 이상하다고 생각했다. 그 후 나는 몰려오는 피곤함에 깊은 잠이 들었고, 잠에서 깼을 때의 나는 방금 전까지 부모님을 마주하고 앉아있었던 좀 전의 내가 아니었다.

참선을 배우는 사람들 가운데에는 방 안에 가만히 앉아 있다가 온몸이 공중으로 날아오르며 자신의 육체를 내려다보았다고 말하는 사람이 많다.

어느 날 우연히 나는 미국계 화교였던 환자 한 명을 본 적이 있다. 그는 어느 백화점 앞에서 교통사고를 당했던 사람이었다. 그 사람의 말에 따르면 차에 치이는 순간 자신은 바로 옆으로 뛰어내렸다고 한다. 조금 뒤 누군가 차에 치여 피가 낭자한 현장에 구급차가 달려왔고, 그 사람을 옮길 때 자신도 구급차에 따라올라 병원으로 왔다는 것이다. 하지만 눈을 떠 보니 침대에 누워 있던 사람은 다른 누군가가 아닌, 바로 자기 자신이었다고 했다. 두 시간 남짓했던 일련의 과정이 있었고, 그동안 당사자의 심장은 멈춰 있었다고 했다.

오늘날 많은 사람들의 경험으로 알 수 있듯, 인간의 영혼이란 실제로 있으면서도 몽환적인 존재라 할 수 있다. 하지만 요즘 사람들에게 있어 이러한 일들은 중요한 것이 아니다. 왜 중요하지 않게 됐을까? 대부분의 사람들은 '윤회가 있을까?', '전생이 있을까?', '전생이 있다면 나는 왜 모르는 것일까?'라고 생각한다. 그렇다면 "사람의 기억력이 정말 그렇게 좋을까?" 어렸을 적부터 지금까지 겪었던 수많은 생각과 말, 그리고 행동 중 그 모든 것을 끝까지 기억하는 사람이 얼마나 있는지를 물어보고 싶다.

사람들에게 1분 전에 무슨 생각을 했는지 물어보면 대부분 기억하지 못한다. 방금 전의 행동, 말, 생각조차 기억하지 못하는데, 전생을 기억하는 일이란 쉬운 것이 아니다. 하지만 우리가 기억하지 못한다고 해서 그 존재까지 부정할 수는 없다.

한 번도 가 본 적 없는 곳에 갔는데 뭔가 익숙하고, 처음 만난 사람인데 어디서 본 듯하지만 기억은 나지 않는 경험은 누구에게나 있을 것이다. 이것을 불교에서 말하는 윤회로 설명하자면, 이 모든 것은 전부 다 전생의 인연에서 온 것이라 할 수 있다.

삶이란 반복과 순환이다. 시작과 끝은 큰 차이가 없다. 윤회의 소용돌이 속에서 삶을 시작하는 순간, 우리의 삶은 이미 정해진 결승점을 향해 한걸음 한걸음 내딛는 과정에 불과하다. 생명의 윤회란 그저 매미의 탈피처럼 반복되고 또 반복되는 것이다.

성공을 위한 최고의 방법

　"윤회"를 논함에 있어 우리는 조금 전의 1초가 지금의 1초에 영향을 줬음을 또한 다음의 1초에도 영향을 미칠 것임을 먼저 인정해야 한다. 이로써 서로 다른 주변 환경이 만들어지는 것이며, 또한 무한 반복할 수 있는 것이다.

　쾌락은 우리가 흔히 바라는 것 중 하나다. 그러나 우리는 자신의 언행과 생각에 대하여 어떤 책임도 지지 않기 때문에, 현재의 행위가 앞날에 있을 고통의 원천이 되는 것이다. 타인에게 해를 가함으로써 자기 자신도 상처를 입는 셈이다. 그렇다면 쾌락은 어디에서 오는 것일까? 지금 우리가 하고 있는 일을 훗날 다가올 즐거움의 씨앗으로 만들 수 있어야 한다. 윤회 속에서 우리 스스로 지금의 현실에 대하여 책임을 질 줄 아는 것, 이것이야말로 올바른 인과관(因果觀)이라 할 수 있다. 이러한 순환의 관계 속에서 우리는 우리가 뿌린 씨앗을 어떻게 키워 나갈지를 생각하게 되는 것이다.

　우리의 삶 또한 그렇다. 번뇌와 쾌락은 끊임없이 반복된다. 참을 수 없는 고통이나 형용할 수 없는 기쁨이 의지와 상관없이 교차되는 과정을 통해 우리는 생명의 깊은 의미를 깨닫게 되는 것이다. 하지만 대부분의 시간들은 그저 그렇게 지나간다. 이러한 모든 것이 바로 윤회다.

하루하루의 일상은 아침에 일어나서 이를 닦고 세수하고 옷을 입고 출근하고, 하루 세끼 밥을 먹고, 밤이 되면 다시 자는 것이다. 이것은 아주 어릴 때부터 늙을 때까지 매일 하는 일상적인 행동이다. 습관은 열흘, 스무날 또는 더 오랜 시간을 통해 천천히 만들어지고 자연스럽게 삶으로 녹아든다. 이러한 윤회의 과정 속에서 누군가는 문화에 많은 공을 들여 문화적 소양을 쌓기도 할 것이고, 소위 전문가라는 사람들은 남들보다 더 많이 반복하는 습관을 통해 숙련되어 한 분야의 달인이 되기도 할 것이다. 우리가 더 높은 문명과 진일보한 발전을 이루는 것도 이러한 반복에서 비롯한다. 즉 우리가 이룬 진보는 옛 선인들이 반복을 통해 깨달은 이치의 정수를 투영한 결과라 할 수 있다.

　"저 먼 나라에는 두 개의 솥뚜껑 같아 보이는 물건이 있는데, 그 위에 사람이 앉으면 그것이 이곳저곳을 데리고 다닌답니다. 작은 크기의 철마라 부르는 그것은 물도 마시지 않고 풀도 먹지 않아요. 작은 집들이 하나로 연결된 좀 더 큰 덩치의 물건도 있는데, 그 아래에는 두 개의 쇠로 만든 긴 막대기가 놓여 있답니다. 작은 집들은 쇠막대기를 따라 동서남북을 내달렸는데, 그 속에는 수천 명의 사람이 들어갈 수 있어요."

　승려의 말을 들은 사람들은 "스님이 어찌 거짓말을 하지?"라며 믿지 않았다고 한다. '풀도 먹지 않고 물도 마시지 않는 철마가 있다고? 수십 채의 집을 한데 묶어서 돌아다닐 수 있다고? 아니 세상에 어느 누가 그렇게 긴 집을 가지고 돌아다닐 수 있겠어?'라고 생각하고는 그가 한 말을 전혀 믿지 않았다.

　사실 그가 말한 것들은 지금의 우리에게 있어 정말 익숙한 것들이다. 외국의 철마라는 것은 자전거를 말했던 것이고, 작은 집들이 연결되어 있다는 것은 기차를 묘사했던 것이다. 그러나 오늘날에는 자전거는 물론 자동차나 비행기까지 타고 다니고, 심지어는 물의 힘으로 전기를 만들고 조명도 밝힌다. 새로운 문명의 시대에 들어섰음을 우리는 이제야 알게 된 것이다. 이 또한 옛사람들의 경험적 반복을 통해 부단히 진일보한 결과이다.

티베트 속담 중에는 "윤회의 법칙은 반복이다. 반복 속에서 누가 더 많은 것을 이루게 되는지를 보는 것이다."라는 말이 있다. 장사를 하는 것도 그러하고, 우리가 과학이나 첨단 기술을 익히는 것도 그러하다. 글을 배우는 것은 더더욱 그럴 것이다. 과거의 성인과 학자들은 문자를 만들어 사용했고, 후대의 사람들은 그것을 모방하고 활용하면서 더욱더 능숙해짐으로써, 하고자 하는 모든 말을 문자로 표현할 수 있게 되었다. 우리는 문자를 통해 의미를 전달할 수 있게 됐고, 수학도 배울 수 있게 됐으며, 현대 문명 속의 첨단 과학기술을 활용할 수 있게 됐다. 우리가 끊임없이 노력하고 노력하는 가운데 만들어진 수많은 기적은, 바로 이러한 반복의 과정을 통해 이루어 낸 것이다.

한 가지 일만 끊임없이 반복한다면 우리는 모두는 전문가가 될 수 있다. 마음을 갈고 닦으며 매일 같이 하루를 반성한다면, 보통의 사람들도 본래의 마음을 되찾는 전문가가 될 수 있다. 대부분의 수행하는 사람들은 자신의 단점을 고치는 것에 집중하지 않고, 자신의 잘못조차 인식하지 못하면서 수행의 효과가 없다고 단념한다. 오히려 다른 사람들의 잘못을 찾는 데만 끊임없이 힘을 기울인다. 만약 우리가 반복적으로 다가오는 인지력을 우리 자신의 삶에 적용한다면, 윤회의 틀 속에서도 자신의 운명을 바꿀 수 있는 능력이 만들어질 것이다.

사람들은 점술을 통해 자신의 운명을 알고 싶어 한다. 누군가는 하늘이나 땅을 원망하기도 하고, 어떤 이는 좋은 교육환경이나 생활환경을 만들어 주지 못한 부모님을 원망하기도 한다. 나아가 학교, 사회 등 주변의 모든 것을 원망하기도 한다. 성공한 사람은 한 가지 일에 대한 집중을 통해 성실히 노력하고 스스로 모방하며 자신을 향상시킨다. 불교에서 '윤회'라는 말을 강조하는 이유는 생명의 고통에 대한 본질적 해석만을 하고자 하는 것이 아니다. 고통을 벗어나는 최선의 방법이 통찰력 있는 관찰에 있음을 강조하는 것이다. 진정한 윤회의 순환 고리가 어떤 모습으로 나타날 것인지는 주도적인 영혼을 가진 우리에게 달려있는 것이다. 이것은 결국 자신과 타인을 괴롭히는 잘못된 반복의 길에 들지 말라는 의미이다.

　　윤회의 굴레 속에서 자신의 운명을 바꿀 수 있는 성공의 길이란 자신의 부족함을 끊임없이 반성하는 것에서 시작한다. 그릇된 인식을 바꾸고자 하는 노력과 올바른 것을 추구할 수 있는 인지 능력을 기를 수 있도록 반복 또 반복을 통해 연습하는 것에 있다. 이로써 우리는 깊은 윤회의 굴레 속에서도 스스로의 마음을 닦으며 온전하게 만들 수 있다.

이치는 깨닫는 것이고, 일은 익히는 것이다

운명을 극복하고 성공하고 싶다면 후천적인 자신의 복을 잘 쌓아야 한다. 꾸준한 마음이 없고 의지력이 없다면 성공도 없다. 『능엄경楞嚴經』에는 "도리란 깨달음을 얻는 것이고, 깨달음을 틈타 사라지는 것이다. 일이 한 번에 해결되지 아니하는 것은 그 다음에 해결하기 위한 것이다."라는 말이 있다. 사실 도리는 누구나 다 아는 것이다. 또한 일이란 고쳐나가며 완성하는 것이다. 일을 한다는 것은 반복을 거듭하는 것이다. 반복의 과정 속에서 일의 정수를 배우게 되고, 그것을 다시 모아 활용하는 것이다. 사물의 정수는 영혼에 바탕을 두고 있다. 우리는 먼저 자신의 영혼을 깨끗이 정화하고, 다시 깨끗이 정화된 영혼을 통해 고결한 품성을 발전시킬 수 있어야 한다. 그러한 품성을 바탕으로 훌륭한 습관을 만들어낼 수 있도록 노력해야 한다.

사람의 일생은 수레바퀴와 같다. 이 수레의 궤적은 처음에는 울퉁불퉁한 험난한 산지를 구른 것 같다가 마지막에는 갈수록 빨라져 고속도로를 달리는 것 같이 변한다. 우리는 기구하게 시작한 이 삶을 평온하게 만들 수 있어야 한다. 이러한 순환의 과정 속에서 타인을 위해 또는 사회를 위해 기여하다 보면, 우리 자신도 혜택을 얻게 되는 것이다. 베풀고 얻지 못하는 사람은 없다. 싯다르타Siddhārtha는 이러한 베풂의 전형이라 할 수 있다. 그는 일평생을 타인을 위한 베풂에 집중했다. 이를 통해 마침내 깨우침을 얻어 붓다가 됐다. 즉 베풂을 통해 오히려 깨우침을 얻은 사람은 바로 붓다 그 자신이었다.

영원히 자기 자신만을 생각하는 중생은 윤회의 굴레 속에서 나락으로 떨어질 수밖에 없다. 하지만 붓다는 그 굴레를 구르고 굴러서 깨우침을 향해 올라갔다. 그는 중생을 위해 베풀고 베풂으로 돌려받은 그 중생의 힘으로 깨우침을 얻은 것이다. 이것은 그가 후천적으로 노력한 결과를 통해 받은 복이다. 우리가 삶의 순환 고리 속에서 귀중한 존재가 되고자 한다면, 반드시 생활 속에서 진정한 가치를 찾아야 한다. 주변의 모든 것들과 함께 생존할 수 있는 환경을 만들기 위해 노력을 기울여야 한다. 이를 통해 우리는 주변 사람들과 사회로부터 우리가 존재해야 하는 가치를 느낄 수 있게 될 수 있다.

우리에게는 확실한 인식이 필요하다. 우리 자신이 가지고 있는 부정적인 힘에 대한 인식이 필요하다. 우리 스스로 만든 작용과 반작용의 힘은 신체, 말, 행동에서 나오는 힘에 대한 인식이 필요하다. 이것을 업보業報라고도 부르는데, 이러한 업보로 인해 우리는 자신도 모르는 윤회의 순환 고리에 빠져 헤어 나오지 못하게 된다.

병 속에 떨어진 꿀벌이 맹목적으로 자신의 힘으로만 날다 보면 위로 빠져나가기도 하지만 대부분 아래로 떨어진다. 날아서 병을 빠져나가지 못하는 꿀벌은 마치 윤회의 굴레에 빠진 듯 그 속에서 뱅뱅 돌기만 한다. 사람도 그렇다. 자신의 고집과 어리석음에 사로잡혀 헤어 나오지 못한다면, 스스로 인과의 법칙을 오롯이 감당하며 윤회의 굴레를 벗어날 수 없게 된다. 하지만 자기의 마음을 갈고 닦아 통제할 수 있다면, 꿀벌이 병의 입구를 벗어나듯 사람도 윤회의 속박을 벗어날 수 있다.

어리석음의 힘으로 돌아가는 윤회의 굴레는 마치 수레바퀴가 돌 듯 움직인다. 처음에는 어느 방향으로 도는지 알 수 있지만, 빠르게 회전할수록 돌아가는 방향이 보이지 않는다. 그 끝없는 순환으로 인해 우리는 그 실체를 제대로 알 수 없게 된다. 그러다 고통의 근원과 감정의 기복을 일으키는 이유가 "아집我執"이라는 사실을 문득 깨닫는다. 자아에 대한 집착을 깨트려야 비로소 윤회의 울타리를 벗어날 수 있다. 자신에게 집착할수록 윤회의 굴레는 끝없이 돌기만 할 것이다.

하지만 윤회에는 긍정의 측면 또한 있다. 자신의 마음을 다스리는 방법을 깨닫고, 그를 통해 다른 사람들에게 즐거움을 주며, 자기 자신을 다지는 선행을 반복한다면, 윤회의 굴레 또한 의미 있는 존재가 될 수 있다.

윤회의 굴레를 벗어나고자 한다면 자신의 "아집"만 깨트리면 된다. 집착이 있는 한 번뇌와 고통, 마음의 흔들림은 결코 떨쳐낼 수 없다. 확고한 믿음과 분명한 인식 이외에도 "이치를 깨닫고, 일을 익혀야 하는" 방법이 필요한 이유는, 그것이 바로 윤회를 공략하기 위한 과정이기 때문이다.

생명은 선택할 수 있는 것이 아니다

세상에 나온 모든 사람은 각자의 운명을 지니고 있다. 이것은 한 가지에서 나온 나뭇잎이 서로 똑같지 않은 것과 같다.

우리가 전생의 나와 후생의 나를 믿을 것인지 안 믿을 것인지의 문제는 사실 중요한 것이 아니다. 이 세상에 태어나면서 우리 스스로 부모님을 선택할 수 없음만 인정하면 된다. 누가 키울 것인지, 건강할지 아닌지, 머리가 좋을지 나쁠지, 우리는 어떤 선택도 할 수 없다. 이 모든 것은 우리의 선택이 아닌, 어제의 나로부터 타고난 것이다. 이게 아니라면 건강한 부모 밑에는 건강한 아기가, 장애가 있는 부모 밑에는 장애가 있는 아기가 태어날 수밖에 없을 것이다. 장애가 있는 부모도 건강한 아이를 낳을 수 있고, 건강한 부모도 장애가 있는 아이를 낳게 되는 것, 이것은 우리가 생명을 선택할 여지를 가지고 있지 않음을 증명하는 것이다. 한 마디로 생명은 선택할 수 없는 것이다.

이 세상에는 나와 같은 생명체도 없고, 나와 같은 운명을 가진 사람도 없다. 삶의 궤적은 사람마다 모두 다르다. 우리가 생명을 선택할 수는 없지만, 운명을 믿고 생명을 인정할 수는 있다.

"운명運命"은 바꿀 수 있다

생명의 존재를 인정한다면, 운명도 바꿀 수 있을까? 물론 바꿀 수 있다.

우리는 성장 과정 속에서 부모님의 아낌없는 헌신을 통해, 선생님의 문화교육과 도덕 교육을 통해, 친척이나 친구들의 관심을 통해, 얼마든지 운명을 바꿀 수 있다. 이러한 변화는 땅속에 씨앗을 뿌리는 것과 같다. 어떤 씨앗을 뿌릴 것인지는 정할 수 있다. 하지만 그 씨앗이 자랄 때 어떤 꽃을 피우고, 어떤 열매를 맺게 할지는 우리가 어떻게 관리하는가에 따라 달라진다. 이제 막 자란 나무가 두세 개의 과실을 맺었다면, 그것은 우리가 많은 보살핌을 주었기 때문이다. 보살핌에 따라 100개 또는 1,000개의 과실이 열릴 수도 있다. 이런 이유로 사람의 성공 여부를 보고자 한다면, 그 사람의 주위에 있는 업보가 그 사람에게 어떤 영향을 주고 있는지를 봐야 한다.

이제 "인연因緣"을 얘기할 때가 된 것 같다. 인연이란 어떤 다양한 힘이 모여 이뤄진 것이다. 우연히 만난 사람이나 뜻밖에 부딪힌 일로 인해 우리의 삶도 바뀔 수도 있다. 여기서도 가장 중요한 것은 생각이다. "원하는 일은 반드시 이뤄진다."라는 믿음이 필요하다. 마음만 먹는다면 어떤 일이든 이뤄질 수 있는 가능성이 만들어진다. 마음먹은 데에 따라 꼭 성공하는 것은 아니지만, 그러한 생각조차 없다면 결코 성공이란 있을 수 없다.

우리가 생각이라는 것을 하고, 또한 매사에 긍정적인 선생님을 만났다고 가정해보자. 우리의 생각은 그 선생님으로 인해 긍정적으로 변하게 될 것이다. 어릴 때부터 비관적인 생각으로 가득 차 있는 아이라 할지라도 좋은 선생님만 만난다면, 그 아이의 생각에는 변화가 일어날 수 있다. 삶과 사회를 보다 낙관적으로 바라볼 수 있는 것이다. 주변의 힘이란 있는 그대로 영향을 미치는 것이다. 이러한 이치는 무수한 실례를 통해 이미 증명됐다.

운명을 바꾸고자 한다면 선한 결과를 만들 수 있는 원인, 즉 선행이 우선 되어야 한다. 행복한 사람이란 하나같이 마음이 선하고, 생각이 단순하며, 나보다 남을 먼저 생각한다. 이기적인 사람들은 삶 속에서 늘 난관에 부딪힌다. 일이 순탄하지 못하니 마음은 늘 답답하고 우울하며, 얼굴에는 수심이 가득 차 있는 것이다. 운명의 좋고 나쁨이란 전생과의 인연에만 있는 것은 아니다. 개인의 아량과 생활 등 모든 것과 밀접한 관계가 있는 것이다.

운명을 바꾼다는 것은 불을 피우는 것과 같다

　무엇 때문에 사람들은 신앙이 필요하다고 말하는 것일까?

　신앙은 사람이 태어나면서 갖는 것이 아니라 주변 환경의 영향을 받는 것이다. 우리 주변에 불교를 믿는 사람이 많다면, 우리는 '죄를 짓지 마라, 선행을 베풀어라, 마음을 수양해라.' 등 불교의 교리에 관심을 가지게 될 것이다. 불교에는 일은 열심히 하되 인연에 따라 마음을 평온하게 할 수 있어야 한다는 말이 있다. 노력해서 얻든 잃든, 그 결과는 우리가 알 수 있는 것이 아니다. 무엇인가를 얻었다고 해서 기쁠 것도 없고, 얻지 못했다고 하여 슬플 것도 없는 것이다. 진심으로 불교를 믿는 사람은 실패를 했다고 약을 먹거나 자살하지 않는다. 자기가 원하는 것을 얻지 못했다고 하여 다른 사람에게 위해를 가하지도 않는다. 신앙을 가진 자의 생활 태도란 이런 것이다. 내가 노력했는데, 인연이 그렇다면, 그 사실을 받아들이면 된다. 마음을 닫고 억지를 부리지 않으며 태연하게 받아들이면 된다. 바로 이것이 우리가 가져야 할 낙관적인 생활의 태도다.

　사람은 난관 앞에서, 지금 당장 지쳐 죽을 것 같은 순간에도 낙관적으로 운명을 대할 수 있다. 이것이 신앙의 힘이다. 돈이나 권력 또는 명예를 믿는 사람도 있는데, 그러한 믿음은 오래가지도 못할 뿐 아니라 빠르게 사라진다. 오랜 역사를 가지고 있는 종교는 인생의 저울과도 같다. 종교적 신앙이 있는 대부분의 사람들은 심성이 착한 편이다. 꼬리에 꼬리를 무는 선행에는 엄청난 힘이 있다. 우리가 미소로 대할 때 돌아오는 상대방의 미소는 오래도록 남는 기쁨이다. 미소를 잘 짓는 사람에게는 긍정의 힘이 있다. 그런 사람들이 모여 내게 조금씩 조언이나 도움을 준다면, 내 자신의 능력도 훨씬 바르게 성장할 수 있다. 부정적인 힘이 뻗치면 주변의 모든 것도 다 적으로 변한다. 원한은 운명을 바꾼다. 우리가 나쁜 친구를 사귀어 잘못된 길로 빠지는 것도 주변 환경이 사람에게 내게 미치는 영향으로 인해 운명이 바뀐 결과라 할 수 있다.

내게는 아들과 딸 두 아이를 가진 제자가 있다. 그의 두 자녀는 좋은 가정환경에서 훌륭하게 자랐다. 한 아이는 미국으로 유학을 떠났고, 또 다른 한 아이는 영국으로 유학을 갔다. 하지만 미국으로 간 아이는 마약에 빠진 룸메이트를 만났고 호기심에 마약을 손댔다. 그 결과는 망가진 삶이었다. 그러나 영국으로 유학을 간 아이의 주변에는 하나같이 탁월한 재능을 가진 귀족의 자제들만 모여 있었다. 덕분에 좋은 교육을 받고 돌아와 가업을 이어 세계적인 기업을 일궈냈다.

사람의 의식은 이렇게 이끌 수 있는 것이다. 바꾸고 싶다면 바꿀 수 있다. 신앙을 가지게 된 사람들이 자연스럽게 변하는 것은 무엇 때문일까? 그것은 낙관적인 생각과 적극적인 선행 때문이다. 항상 비관적이고 수심에 찬 표정을 가지고 있는 사람이 있다면, 누구도 그에게 손을 내밀려 하지 않을 것이다. 인간이란 엄동설한 자신이 힘들 때, 다른 사람을 쉽게 돕지 못한다. 하지만 금상첨화의 호시절에는 누구에게나 쉽게 도움을 줄 수 있다. 그러므로 낙관적으로 생각하고 적극적으로 행동한다면, 누구라도 쉽게 당신을 도와줄 것이다. 힘이란 이렇게 생기는 것이다.

심리학에서는 이러한 상황을 심리적 암시라고 한다. 이것이 중요한 이유는 사람의 심리란 본디 불안정한 것이기 때문이다. 그래서 심리적으로 의지할 곳을 필요로 하는 것이다. 인간은 원래 외로움이 많은 존재인데, 이 외로움이란 심리적 안정감이 없는 것에서 기인한다. 불안감이 우리 자신을 보호하기 위한 필수적인 요인으로 이어지고, 자기 자신이 미처 파악하지 못한 일에는 불같이 화를 내며, 자기 자신이 잘 파악한 일에는 오기로 온 마음을 가득 차게 만드는 것도, 바로 이러한 이유에서이다.

집착으로 마음의 안정이 부족할 때는 다른 사람을 찾아서 자기 생각이 맞는지를 확인해야 한다. 이것은 길을 걷는 것과 같다. 어디를 갈 때 곧 목적지에 도착할 수 있음을 알고 있다고 해도, 지금 가고 있는 길이 맞는 것인지 행인에게 물어보는 것과 같은 이치다. 누군가 내가 가고 있는 길이 옳은 길임을 확인해 준다면, 비록 틀린 길이라도 힘차게 걸어갈 수 있다. 하지만 그 길에 대한 확신이 없다면, 아무리 가까운 거리라 해도 지치고 힘든 길이 될 수밖에 없다.

점술을 좋아하는 사람도 있겠지만, 그것은 만능이 아니므로 참고에 그쳐야 한다. 스님들도 가끔 점술을 봐주는 경우가 있지만, 그것은 부정적인 일을 적극적으로 변화시킬 수 있는 방법만 알려주려는 것이다. 앞날에 있을 교통사고나 재산상의 손실 등 길흉화복은 결코 알려주지 않는다. 교통사고를 당한다고 암시를 주면, 지나친 긴장으로 인해 운전 중에 실제로 교통사고를 일으킬 확률이 늘어난다는 실험도 있다. 물론 이것은 암시로 이끌어낸 결과이다.

운명을 바꾼다는 것은 불을 피우는 것과 같다. 불을 붙이면 이내 따뜻한 열이 생겨난다. 진심을 다한 수행에는 반드시 기적이 따른다. 불도 피우지 않았는데 따뜻하기를 바라는 것은 의미 없는 일이다. 대부분의 사람들은 일조차 하지 않고 돈을 벌려고 한다. 그것은 불 피울 생각도 없이 불만 쬐려는 욕심이다.

타고난 "생명"은 바꿀 수는 없다. 하지만 주변 환경과 긍정적인 믿음을 통해 "운명"은 바꿀 수 있다는 믿음을 가지고 있어야 한다. 사람은 생각을 바꿀 수도 있고, 환경을 바꿀 수도 있다. 그 과정에 필요한 개인의 역량이란 매우 중요한 것이다. 다시 말해, 마음을 굳건하게 다진다는 것이란 스스로의 운명을 바꿀 수 있는 최고의 처방전이라 할 있다.

진정 바꿀 수 있는 운명이란, 사실 우리가 문제를 대하고 처리하는 심리상태를 올바르게 바로잡는 과정을 가리킨다. 어려움과 좌절을 대면하지 못하는 미약한 마음은, 문제를 확대할 뿐만 아니라 오히려 고난만 가중시킨다. 그 결과 자신의 운이 좋지 않다고 원망하게 되는 것이다. 그러나 마음이 굳건한 사람은 어떤 난제에 부딪혀도 담담하고 소탈하게 대처한다. 이러한 사람은 불공정하다는 한탄도 하지 않는다. 그러므로 운명을 바꾸는 가장 좋은 방법이란, 바로 자신의 마음을 강하게 만드는 것이라 할 수 있다.

제2장

마음의 병

마음의 병을 일으키는 독을
마음의 병을 치료하는 약으로 만든다.

마약과 독약

우리가 윤회의 굴레를 벗어나지 못하는 것은 마음속 울림으로 만들어진 신념을 제대로 통제하지 못하기 때문이다. 누구에게나 마음의 병은 생길 수 있다. 그렇다면 마음이 아픈 원인은 어디에 있을까? 우선 마음의 병이 만들어지는 근원인 '오독五毒'을 먼저 설명하지 않을 수 없다.

불교에서 말하는 오독이란 탐욕, 분노, 우매, 오만, 의심이라는 5가지의 나쁜 감정이다.

어째서 불교에서는 "독毒"이란 말을 자주 사용하는 것일까?

모두가 아는 것처럼 독이라고 해서 모두 나쁜 것은 아니다. 전문가의 쓰임에 따라 독약도 질병을 다스리는 약이 될 수도 있다. 통증을 억제하는 모르핀morphine도 그렇다. 하지만 허용치를 초과하거나 불필요하게 남용한다면, 인간의 의존성을 높여 오히려 위해를 끼친다. 만약 누군가 자신의 욕망을 조절하지 못하고 마약에 지나치게 의존한다면, 그 자신뿐만 아니라 가족이나 친구에게까지도 그 피해를 미치게 된다. 사람들이 "마약, 독약"과 같은 말만 들어도 거부감과 혐오감을 느끼는 것도 이러한 이유 때문이다.

마약과 독약이 사회에 끼치는 위해는 외적인 것이다. 모든 생물은 소위 "마약"과 같은 성질을 가지고 있다. 다만 겉으로 드러내지 않고 마음속에 숨기고 있다는 사실을 우리가 놓치고 있을 뿐이다. 마음에 숨겨진 마약, 이것이 바로 불교에서 말하는 탐욕, 분노, 우매, 오만, 의심이라는 오독이다. 이것은 심리적인 모르핀이고 헤로인이다. 그러므로 '이것을 어떻게 처리할 것인가?'라는 그 처리 방법에 따라 때로는 사람들에게 큰 피해를 끼칠 수도 있는 것이다.

오독은 사람들의 자아에 대한 집착적 자기애와 부족한 안정감에 기대어 사람들의 마음을 갉아먹는다. 겉으로 건강하고 튼튼해 보이는 사람이라 할지라도 심적인 외로움과 쓸쓸함은 두려워한다. 이것은 마음에 나쁜 에너지의 독성을 막아줄 수 있는 면역력이나 타인을 배려하는 긍정적 에너지가 부족하기 때문에 그런 것이다. 그러므로 마음에 쌓인 독을 해독하려면, 그 중독의 원인을 파악하여 이해하고자 해야 한다.

욕심

　사람들이 불교를 숙명론의 한 부류쯤으로 치부한다. 모든 것을 버리고, 욕심을 삼가고, 다투지 않고, 운명적인 것은 뭐든 받아들이는 것이라고 생각하는 것이다. 하지만 이것은 오해다. 불교는 줄곧 "정진"과 "탐욕"을 함께 하라고 가르쳐 왔다.

　불경에 드러나 있는 극락세계는 황금과 금은보석으로 가득 찬 대궐 같은 곳에서, 모든 사람이 질병과 근심 없이 평등하게 지내는 곳이다. 극락세계에 오른 사람들은 아름다운 수행을 즐길 수도 있고, 마음에는 한가득 기쁨이 넘치며, 생각하는 모든 것을 가질 수도 있다. 불가의 사람들은 누구나 그곳에 이르고자 하고, 지혜를 완전히 깨달아 세상을 온전히 알고자 한다. 또한 세상의 모든 것을 손바닥 펼치듯 확실히 알면서도, 세상의 그 어떤 유혹에도 넘어가지 않기를 바란다. 누구나 이러한 경이로운 지혜와 드높은 자비를 갖출 수 있는 경지에 도달하고자 하는데, 이게 "욕심"이 아니면 무엇이겠는가? 불가는 욕심을 부리지 말라고 하는 게 아니다.

　그렇다면 왜 탐욕을 마약이라고 부르는 것일까?

　"탐욕"에는 긍정적인 측면과 부정적인 측면이 공존한다. 자신의 욕망을 만족시키기 위해 자신과 타인에게 상처를 주는 것은 부정적인 탐욕이다. 하지만 자비로운 마음으로 기쁘게 제 것을 내어줄 수 마음은 긍정적인 측면의 "정진을 통한 탐욕"이다.

인간의 욕심은 타고난 것이다. 이제 한두 달도 채 안 된 어린아이조차 자신이 좋아하는 것을 위해 울고 웃는 방법으로 관심을 끌고, 보살핌은 물론 원하는 바를 얻어낸다.

사람은 이 세상에 태어나서 대부분의 시간을 기다림으로 보낸다. 우리가 갖고 싶은 것을 기다리고, 무언가를 갖기 위해 노력하며 기다린다. 사람은 생존을 위해 정상적인 생활을 유지하기 위한 기본적인 삶의 욕구를 충족해야 한다. 음식과 옷, 약 같은 것 말고도, 신체적 건강을 유지하며 장수할 수 있는 생명력도 있어야 한다. 건강한 마음도 이러한 생존을 위한 반드시 필요한 요소 중 하나다. 이러한 것들이 충족되어야만 재산이나 여가, 권리와 자유와 같은 나머지 부분들을 추구할 수 있다.

무엇을 "탐욕"이라고 하는가? 우리가 생필품을 산다고 그것을 욕심이라고 하지는 않는다. 하루 세 끼를 먹는 데 있어 문제가 없을 때조차 우리는 마음의 안정을 찾지 못한다. 누군가는 미래의 재난을 대비해 먹거리를 쟁여두기도 하고, 누군가는 병을 걱정해 각종 약품을 쌓아두기도 한다. 인간의 이러한 사재기 욕구조차 우리는 탐욕이라고 부르지는 않는다. 탐욕을 잘 이용하기만 한다면 긍정적인 역할을 하게 만들 수도 있다. 심지어 불안한 마음은 우리가 매사를 튼튼히 대비할 수 있도록 하는 근간이 되기도 한다. 아프지도 않은데 아플 것을 기다리는 것이나, 기근이 오지도 않았는데 기근을 기다리는 것 같은 행동 같아 보일 수 있지만, 이 또한 "탐욕"은 아니다.

그렇다면 어떤 것을 탐욕이라고 할까? 요즘 사람들은 맛 하나를 위해 온갖 방법과 수단으로 산해진미를 찾는다. 오직 자기의 혀를 위해 다른 생명까지 갉아먹는다. 고래나 상어, 전복 같은 멸종 위기에 처한 야생 동물조차 스스럼없이 잡아먹는다. 정말 이렇게 할 필요가 있을까? 그렇게 잡은 고기들이 정말 맛있을까? 결코 아니다. 맛있는 밥 한 끼의 욕망을 채우고자 이곳저곳을 헤매는 사람들도 많다. 동물들이 가진 질병이 사람에게 전이되는 원인도 여기에 있다. 이렇게 미각만을 위한 일련의 행위가 바로 탐욕이고, 또한 탐욕의 장난질이다.

사람에게는 비바람을 막을 수 있는 집 한 채와 이동을 위한 차 한 대만 있으면 족하다. 그럼에도 우리의 끝없는 탐욕은 더 많은 집을 필요로 하며, 고급스러울수록 좋은 차라는 생각을 갖도록 한다. 누군가는 돈을 복이라 생각한다. 하지만 이 세상에 있는 재화는 그냥 툭 튀어나온 것이 아니다. 우리가 은행에 저축한 돈은 우리가 노력하여 번 것이고, 이는 결국 모두 소모해야 하는 재화일 뿐이다.

사람들은 귀족적인 느낌을 표현하기 위해 명품 시계를 차고, 매일 다른 차를 몰고, 수많은 옷을 산다. 하지만 이것은 필요해서라기보다는 스스로 만족하지 못하는 허영심을 채우기 위한 수단이다. 이러한 탐욕의 이면에는 영원히 만족할 줄 모르는 극도의 공허함이 있다. 누군가 명품 옷을 산다면, 누군가는 더 많은 옷을 디자인할 것이다. 우리가 그 수많은 옷을 모두 다 살 수는 없다. 결국 우리는 영원한 상실감과 공허함을 느낄 수밖에 없는 것이다. 이러한 고통은 코끼리의 목욕과 같다. 날씨가 더워 흙탕물에서 뒹굴면 당장은 시원하겠지만, 그 흙탕물 속에 지나치게 오래 있다 보면 오히려 더 불편해진다. 흙탕물 밖으로 나온 후 내리쬐는 햇볕에 진흙이 마르고 갈라지면서 온몸이 아프기 때문이다. 물건을 산다는 것, 이것은 사는 순간의 편안함 일뿐, 결국에는 허전한 느낌만 들게 하는 것이다.

　나는 국제적인 상공업 조직을 접하며 많은 부자들을 만나봤다. 대부분 그들은 주식에 상당히 많은 투자를 한다. 수익이 생기면 기뻐하면서도 그 돈을 꺼내 쓰지는 않는다. 이미 가지고 있던 돈으로 먹고 마시며 유흥을 즐길 뿐이었다. 하지만 주식의 가격이 떨어지면 울상을 짓곤 했다. 금융 위기 이후에는 모두들 입을 맞춘 듯 똑같이 말했다. "이럴 줄 알았으면 그냥 사찰에다 기부나 할 걸 그랬어요." 나는 그럴 때마다 이렇게 말했다. "당신이 기부할 마음이 있다는 사실을 알게 되어 기쁩니다. 하지만 지금은 파란불만 들어와 모두 떨어졌으니, 이미 소용없는 일이네요." 주식을 하는 사람들 중 주가가 올랐을 때 매도를 하는 사람은 거의 본적이 없다. 그저 이쪽 주가가 오르면 저쪽 돈을 쓸 뿐이다. 그렇게 파티를 즐기다 보니 지갑만 점점 더 얇아져 가는 것이다. 지금 당신이 부자라 해도 한 평생 부자로 지낼 수 있는 것은 아니다. 몇 년 전까지 이름난 부자로 살다가 한순간에 궁핍한 삶을 살고, 그렇게 죽음에 이르는 사람들도 많다. 한평생은 고사하고 10년도 못 버티고 사라진 사람이 얼마나 많았는가? 탐욕으로 탈세와 부를 축적하고 국가와 사회를 기만하다가 결국 감옥살이까지 하는 사람들의 예는 너무나 많아서 하나하나 열거조차 할 수 없다.

　사람이라면 무엇이 소중한 것인지 알아야 한다.

　알다시피 오랫동안 부富를 유지한 사람들 대부분은 양심적이고 도적인 사업가들이다. 그들은 국가를 위해 자신의 책임을 다했고, 사회와 직원을 위해 모든 걸 바쳤다. 이렇게 도덕적인 사람들은 실제로 자신을 위한 소비를 많이 하지 않는다. 씀씀이가 헤픈 사람들은 더 많은 재화를 원할 뿐만 아니라 권력까지도 쫓는다. 그렇게 권력을 취하면, 다시 타인으로부터의 칭찬, 즉 명예도 얻기를 바란다. 이런 사람들은 사회적 존경이라는 것이 스스로의 헌신에서 온다는 것을 모른다. 돈을 뿌려 하는 광고는 잠깐의 관심 끌기에 지나지 않는 것이다. 진심을 다한 사회적 기여가 없는 삶이란 허황된 것이다. 마음이 가난한 이는 부자가 될 수 없다. 탐욕은 마음의 가난을 드러내는 또 다른 표현이다.

사람들은 돈만 있으면 부자라고 생각한다. 하지만 실상은 그렇지 않다. 마음의 가난을 오직 욕망만으로 채우기 위해 수단과 방법을 가리지 않고, 자연환경과 강산을 파괴하는 사람이 있다면, 때론 그 한 사람의 욕망으로 인한 대가를 사회 전체가 책임져야 하는 경우도 생긴다. 그렇게 세상을 어지럽히는 사람은 결국 자업자득의 대가를 치르게 되지만 말이다.

사람들이 가난을 두려워하는 이유는 그러한 가난을 경험해 봤기 때문이다. 너무 빨리 부를 이룬다면, 그렇게 이룬 부의 원천이 어디에 있는지 알지 못한다. 심지어는 스스로가 책임져야 것이 무엇인지조차 잊어버린다. 기업과 사람의 성공은 많은 사람들이 노력한 결과로 인한 것이다. 지금 내가 가진 것이 수많은 사람들의 노력에서 온 것임을 알고 감사하며 다시 되돌려 줄 수 있어야 한다. 이러한 삶의 이치를 모른다면, 지금 가진 것조차 한순간 잃어버리게 될 것이다. 우리가 가진 모든 것은 물과 같아서 배를 띄울 수도 배를 뒤집을 수도 있는 것이다.

양심적인 적당한 욕심이란 선의善意를 바탕으로 우리 자신의 가치를 보임으로써, 사회와 주변 모든 것에 보답하는 것이다. 그러나 도덕성이 결여된 탐욕은 결국 우리를 정신과 물질이 부족한 깊은 수렁으로 이끈다. 그렇게 수렁 속에서 힘을 쓸수록 더 빠져들며, 고통 또한 점점 가중되는 것이다.

개인의 생존과 가치는 국가, 사회, 가정에 대한 기여에 있다. 어떤 일이든 지나친 몰입으로 스스로의 양심과 책임을 저버려서는 안 된다. 사람과 사람의 관계란 타인이 내게 주는 것에 대한 영원한 감사이다. 내가 받을 것에 앞서, 내가 해줄 수 있는 것을 더 많이 생각해야 한다.

"탐욕"에도 양면성이 있다. 자비로운 마음으로 기쁘게 제 것을 내어줄 수 있는 마음은 남을 이롭게 할 뿐 아니라 내 자신도 이롭게 한다. 사사로운 욕심으로 탐욕을 부리면, 물질뿐만 아니라 마음에 깃든 악마의 지배도 받게 된다. 이는 결국 나를 고통스럽게 하는 원인이 될 뿐이다. 단 것만 찾을 것인지 쓴 것도 함께 찾을 것인지는 한순간의 생각에 달려있다.

탐욕을 예방하는 명약이란 자기 분수를 지키는 것이다

탐욕의 끝은 남이 나를 위해 얼마나 도움을 줬고, 나는 얼마나 받아낼 것인지에 대한 끊임없는 집착이다. 또한 그런 반면에 나는 남을 위해 얼마나 많은 도움을 줬는지는 애당초 생각조차 못하는 것이다. 이러한 사고방식은 일종의 독재이자 지극히 비이성적인 잘못된 생각이다.

내가 알고 있는 한 회사의 경영자는 매일같이 이런 질문을 반복하곤 했다. "다들 내게 뭘 해줬지? 다른 직원들이 내가 회사를 다니는데 무슨 도움이 됐지? 일을 하는 주관자로서, 저들이 내 회사를 위해 뭘 해줬지?" 그에게는 현실을 객관적으로 볼 수 있는 눈이 없었던 것이다. 회사가 일정한 규모를 갖출 수 있었다는 것은, 모두가 함께 노력해 만들어낸 재화와 가치가 있었다는 것을 의미한다. "나는 그저 지금 이룬 재화를 보관하고 잠깐 사용한 사용자에 불과하다. 내게 주어진 이 권한을 어떻게 직원들과 함께 누릴 것인가?"라는 생각이 그에게는 없었다. 그의 머릿속에는 "회사는 나의 소유이고, 직원들은 나의 은혜 아래 기생충 같은 존재"라는 생각만 가득했던 것이다. 그러한 생각들로 인해, 결국 그는 엄청난 대가를 치렀다. 물론 이제는 그도 자기반성과 수행을 통해 감사할 줄 알게 됐고, 다른 사람의 도움 없었다면 자신의 영광도 있을 수 없었다는 것도 깨닫게 됐다.

하나의 가정을 이룬 부부 또한 마찬가지다. 항상 주기만 하는 사람 옆에는 늘 받기만 하는 사람이 생긴다. 그렇게 받기만 하다 보면 한순간 부족한 것에 대한 트집과 흠결만 찾는다. 왜냐하면 상대방이 해주는 것에 이미 습관 된 사람의 눈에는 지금 상대가 해주지 못하는 것만 보이기 때문이다. 그렇게 내가 원하는 모습을 상대에게 강요하게 되고, 그러한 상황을 참지 못하는 누군가는 어느 순간이 되면 참지 못하고 결국 떠날 수밖에 없다. 이것은 공이 튀어 오르는 것과 같은 원리다. 공을 천천히 바닥에 내려놓으면 튀어 오르지 않겠지만, 그 공을 발로 차면 저 멀리 날아갈 수밖에 없는 것이다. 사람들은 무언가를 잃고 나서야 예전에 모르던 것을 비로소 알게 된다. '그 사람이 내게 얼마나 좋은 사람이었는가?'라는 생각이 드는 그 순간 후회와 반성을 시작하는 것이다.

상대에게 모든 면에서 완벽히 하라고 요구하는 것도 마찬가지다. 집에 있는 사람을 마치 하인 부리듯 하고, 함께 나설 땐 그 사람이 꽃병과 같기를 바라며, 사업에 있어서는 유능한 조수이기를 바라는 것! 이것은 상대방에게 손오공 같은 변신술을 요구하는 것과 다를 바 없는 것이다. 사실 이러한 욕망은 누구에게나 있다. 누구나 가장 빠른 시간 내에 내가 원하는 대로 상대방을 바꾸고 싶어 한다. 이러한 마음을 충족하지 못하고 불만이 쌓이면, 그로 인한 후유증이 생기고, 결국에는 사람 사이의 존중과 감사도 잃게 만든다.

우리 스스로 마음을 풍요롭게 해야 하는 이유가 바로 여기에 있다. 충실함은 감사하는 마음에서 오는 것이다. 나는 어릴 적 부모님께 밥 한 톨도 낭비하면 안 된다고 배웠다. 한 톨의 쌀알도 농민들의 피땀으로 만든 것이기 때문이다. 지금까지도 나는 땅에 떨어진 한

톨의 밥알조차 주워 먹는다. 이것은 작위적인 것이 아니다. 매사에 아끼고 감사할 줄 아는 좋은 습관을 어릴 적부터 가졌었기 때문에 그런 것이다.

나는 늘 우리 사원에 있는 라마승들에게 최소한 매일 오후 한 시간 씩이라도 반드시 수행을 하라고 시킨다. 그리고 그 한 시간 동안만이 라도 모든 은혜에 대해 감사하는 마음을 가지라고 한다. "여러분이 이렇게 아름다운 곳에서 천해의 자연에 묻혀 수행을 하며 의식주를 고민하지 않는 것은, 여러분을 믿고 따르는 많은 사람들의 수고가 있기 때문입니다. 그들은 여러분이 올바른 수행을 할 수 있도록, 자신 들의 힘든 일을 마다하지 않는 것입니다. 그렇기에 불법佛法을 널리 펼쳐 중생을 이롭게 할 수 있도록 여러분이 더욱더 정진해야 하는 것입니다."

우리 사원에는 늘 사람들이 오간다. 그 중에는 관광객도 있고 성지 순례를 하는 신도들도 있다. 나는 이 모든 사람들을 똑같이 대해야 한다고 라마승들을 가르친다. 그들의 관직이 높든 낮든, 부유하든 가 난하든, 이미 그들이 왔다면, 그들도 이곳을 인정한 것이라 할 수 있 다. 그렇기에 감사한 마음으로 잘 대접해야 한다. 어떤 사람이라도 잘 보살펴야 한다. 맛있는 먹거리가 없고 편하게 잠잘 곳이 없어도 괜찮다. 누울 수 있고 끼니만 때울 수 있으면 된다. 이렇게 이곳에 돈 냄새가 나지 않는다면, 그들은 보다 더 많은 편안함을 느끼게 될 것이다. 우리 사원의 라마승들은 그렇게 사회에 대한 사랑과 고마움 을 전한다. 사람들이 이곳을 떠날 때, 그들은 우리 사원의 분위기를 그가 사는 가족과 마을로 가지고 갈 것이다. 이 또한 일종의 보답이 라 할 수 있다.

사람들이 당신을 위해 도움을 주고 싶어 할 것인가 아닌가는 오롯이 그들의 마음에 달렸다. 당신이 무엇을 했다고 하여 보답을 바라면 안 된다. 이것도 하나의 욕심이다. 절에 와서 부처님께 예불을 올리는 것만 정성이라 하고, 당신은 여행을 왔으니 돈만 내라는 마음으로 대한다면, 그것은 종교가 아니다. 여행지에서 호텔을 경영하는 것과 무슨 차이가 있겠는가! 수행하는 사람은 사원에 온 사람들이 언제나 차분하고 느긋할 수 있도록 만들어 줘야 한다. 수행을 하는 곳은 마음을 정화하는 곳이다. 먼저 자신의 마음을 깨끗이 정화해야 다른 사람에게도 욕심을 부리지 말라고 말할 자격이 생긴다. 그러므로 종교적 장소란 몸과 마음을 편하게 하고, 마음을 깨끗이 하며, 또한 무한한 사랑을 키우는 곳이어야 한다.

반대로 생각해보면, 사실 사람들보다 우리 사원이 얻는 게 더 많다. 사람들이 우리 사원을 보고 존경한 만한 가치가 있는 곳이라고 평가해주는 것보다 우리에게 있어 더 큰 보답은 없기 때문이다.

탐욕은 가시 돋친 장미와 같다. 눈앞의 아름다움에 손을 내밀면, 자신의 무모함으로 인해 상처를 받는다. 하지만 복을 소중히 하고 감사하는 마음이란 어둠 속의 한 줄기 빛과 같은 것이다. 비록 그 빛이 강하지는 않더라도 최소한 발아래에 놓인 길 정도는 볼 수 있도록 도와줄 수 있는 것이다. 그러다보면 우리의 마음 또한 조금 더 편안하고 든든해질 수 있는 것이다.

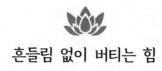

흔들림 없이 버티는 힘

회사의 사장이 직원들을 아낀다면, 직원들도 회사를 집처럼 생각하게 된다. 직원들이 떠날 일도 없고, 오히려 단결된 그들의 열정과 애사심으로 인해 회사도 꾸준한 성장을 거두게 될 것이다. 또한 사장은 부의 축적뿐만 아니라 존경까지도 받게 될 것이다. 타인의 긍정적 평가는 이러한 작은 헌신만으로도 충분히 얻을 수 있는 것이다.

일전에 높은 사람이 우리 사원에 방문하고자 한 일이 있었다. 그때 누군가 특별한 음식을 대접하는 것이 좋지 않겠냐고 제안한 적이 있었다. 그때 나는 그 사람에게 "이곳에는 귀천이 없습니다. 그저 우리에게 있는 것으로 기여할 뿐, 없는 것으로 특별한 배려를 할 수는 없습니다. 대접이 필요하다면, 그리고 그가 더 먹을 수만 있다면, 두 사람 분량의 음식을 내어드릴 수는 있습니다. 당신이 직접 가져와 그 사람 앞에 놓아 달라고 한다면, 그것도 할 수 있습니다. 하지만 높은 사람이라고 해서 나보고 더 나은 것을 내어오라고 할 수는 없습니다. 이것은 우리의 관행입니다."라고 말했다.

미국에서 온 손님도 있었다. 그는 도착하자마자 이렇게 말했다. "관광객도 신도와 같이 절에 머물며, 공짜로 먹을 수 있다고 하는 글을 여행 잡지에서 봤습니다. 그 내용을 믿을 수 없어 찾아왔습니다." 그렇게 먹을 것을 먹고는 이곳에 살고 싶다고 해서 우리가 사는 방도 내어주었다. 이 사람의 태도는 좋지 못했다. 교양 없는 말투에 바라는 것도 많이 지나쳤다. 조금 후엔 솜이불도 넣어줬고, 물도 넣어 줬다. 꼭 생수여야 한다는 요구도 있었다. 물론 그가 한 요구가 모두 완전히 불합리한 것만은 아니었다. 사원에 있는 것으로 우리는 할 수 있는 한 최선을 다해 그를 만족시켰다. 돌아갈 때쯤 그는 내게 차를 좀 태워줄 수 있는지를 물었다. 이에 나는 말했다. "단순히 당신을 위해 차로 태워드릴 수 없지만 저도 산을 내려간 김에 당신을 같이 태워드릴 수 있습니다." 그렇게 산을 내려갔다. 그는 다시 내가 어디서 머물 것인지를 물으며, 돈이 없다고 말했다. 나는 "내 제자 중 한 사람이 여관을 열었습니다. 제가 가서 말을 전할 테니 그곳에서 하루를 묵으면 됩니다."라고 말했다. 내가 여관 카드를 만들어 주자 그는 다음날 청두成都(중국 쓰촨성 성도)에 가야 하는 데 차표 살 돈이 없으니 돈을 좀 달라고 했다. 그 순간 나는 가슴이 철렁 내려앉았지만, 결국 그에게 돈을 주었다. 조금은 과한 요구였지만, 정말 돈이 없다면 가고자 해도 갈 수 없을 것이란 생각이 들었다. 나는 표를 한 장 사고, 또 그에게 약간의 돈도 주면서 가는 길에 음식이라도 사 드시라고 했다. 그렇게 그는 떠났다.

얼마쯤 지났을까! 다른 라마승으로부터 내 개인 계좌를 묻는 전화가 왔었다는 말을 전해 들었다. 그렇게 또 며칠이 지났고, 내 계좌에는 두 차례의 입금이 있었다. 그 금액만 해도 거의 5천여만 원에 달했다. 그 당시 나는 누가 입금했는지 알지 못했다. 가끔 내게 돈을 보내오는 제자들도 많았기 때문이다. 얼마쯤 시간이 조금 지나고 나서 나는 한 통의 전화를 받았다. 다짜고짜 "돈을 보냈습니다."라는 말이 들렸다. 나는 크게 한 번 웃으며 "누구신가요?"라고 물었다. 그러자 그가 말했다. "지난번 당신 절에서 사기치고 먹고 놀던 놈입니다. 저는 책에서 소개한 그런 장소가 드물어 거짓말인지 아닌지 확인코자 가 보았습니다. 저는 부처님도 믿지 않습니다. 그저 궁금했을 뿐입니다. 그래서 제게 있는 돈을 조금 보냈습니다. 라마승들이 먹는 음식이 그렇게 좋지 않은 것을 봤습니다. 제 돈이 먹는 것을 개선하는 데 쓰였으면 좋겠습니다." 그래서 나는 다시 알려주었다. "제가 우리 라마승들의 삶을 개선하지 않는 것이 아니라 본디 저희의 삶이 그렇게 간단합니다."

우리는 선의에서 비롯한 선행을 많이 한다. 조용히 베풀고 있다 하여 반드시 그 보답이 돌아오는 것도 아니다. 하지만 그저 흔들림 없이 가만히 있기만 해도, 어느 순간이 되면 좋은 열매를 맺을 수 있다. 한 방울의 물이 바위를 뚫는 것처럼 말이다.

탐욕의 근원은 어디에 있는 것일까?

대부분의 재난은 사실 끝없는 사람들의 탐욕에서 생긴 것이다. 본인의 내면에 있는 욕망이 도대체 무엇인지를 반성하지 않는 사람은 항상 비이성적인 행동을 한다.

어떤 사람들은 인류가 영혼의 주인이 되어야 한다고 한다. 종교학자, 교육자, 의사 등이 이러한 범주에 속한다. 그럼에도 요즘 사람들은 돈에 대해 지나치게 집착한다. 이러한 이유로 사회적인 혼란도 초래되는 것이다. 일부이지만 선생님조차 학교에서 가르쳐야 할 것은 가르치지 않고, 재테크의 한 수단으로 방과 후 과외에 집착한다. 간혹 환자를 수술할 때 촌지가 없으면 최선을 다하지 않는 의사도 있고, 약을 팔기 위해 불필요한 처방전을 남발하는 의사도 있다. 어떤 노인이 생을 마감했는데 그 옆에는 그 노인이 5년은 더 먹을 수 있는 약이 놓여있었다는 뉴스 보도를 본 적도 있다.

우리는 늘 자신의 마음을 살펴보며 스스로 묻는다. 이것은 정말 내게 필요한 것인가? 내게 이게 없으면 정말 안 되는 것일까? 할 수 없는 것이라면 노력하면 된다. 내게 소용이 없는 것이라면, 이 쓸데없는 것을 다른 사람들에게 나눠주면 된다. 차라리 우리의 삶을 더 의미 있게 하고, 가치 있도록 하는 게 더 낫다.

물질적인 기쁨과 권력의 즐거움은 오래가지 못한다. 오히려 몸과 마음을 병들게 할 뿐이다. 이렇게 오래갈 수 없는 쾌락을 우리는 바로 '독약'이라고 한다.

다른 사람에게 당신의 존재를 느끼게 하고, 그렇게 당신 삶의 생존 가치를 깨닫는 기쁨이야말로 영원한 기쁨이다.

탐욕의 마음으로 얻은 것은 양귀비꽃과 같다. 아름다운 겉모습은 눈부셔 보이지만, 그 속에는 강한 독성이 숨겨져 있다. 눈앞에 놓인 기쁨만 추구하고 기회만 엿보는 삶은 고통에 삼켜질 위험이 크다. 진정한 기쁨은 탐욕과 가까이 있지 않다. 오히려 진심어린 봉사와 감사에 있다.

분노를 다스리는 방법

우리는 하나같이 평범한 사람이다 보니 칠정육욕七情六欲(불교에서 말하는 일곱 가지 감정과 여섯 가지 욕망)에 시달린다.

이러한 마음은 모두 타고난 것이다. 통제할 수 있다가도 통제할 수 없는 것이다. 사람은 좋아 보이는데 화를 잘 내는 사람도 있다. 이런 현상은 그의 혈기가 넘치도록 왕성하거나 때로는 신체적 원인 때문에 생긴 것일지도 모른다.

우리가 말하는 분노란 그저 단순히 화를 내는 것을 말하는 게 아니다.

화에는 긍정적인 면도 있기 때문이다. 말을 듣지 않는 아이를 위해 부모가 꾸짖는 것은 선의善意이자 선심善心이다. 이것은 자신의 아이를 위한 것이다. 사람들은 원치 않는 일까지 항상 마음에 두는 경향이 있다. 특히 명예나 이익 같은 것이 그렇다. 얻고자 하나 얻지 못할 때는 반드시 좋지 않은 일들이 뒤따른다.

내가 아는 사람 중에 무슨 대상을 받고자 했으나 받지 못한 연예인이 있었다. 그는 상을 받지 못한 불만을 심사 위원에게 돌렸다. 그런 불만은 몇 년의 시간이 지나도 풀리지 않았다. 그는 고통과 괴로움 속에 산 것이다.

두 사람은 서로 욕하고 싸우며, 세상 악독한 말들로 서로에게 상처를 주었다. 말은 칼이 아니지만 사람의 마음을 난도질할 수 있다. 계속 상처를 줄지 말지를 정하기 전, 우리는 반드시 원망하는 마음이 있는가를 먼저 살펴보아야 한다. 누군가와의 다툼을 한 번 떠올려보자. 그리고 상대방의 표정, 말투, 몸짓 등을 머릿속에 재구성해 보자. 당신을 향한 그 표독한 마음을 떠올리면, 오히려 당신의 마음이 더 아플 수도 있다. 이러한 아픔은 사실 우리 스스로 다른 사람과의 다툼을 자기 복제하는 과정에서 만들어지는 현상이다. 지나간 일을 상상하는 것만으로도 살기가 되살아나는 것이다. 이런 살기는 자신을 지치게 만든다. 상처를 준다는 것은 누군가에게 가하는 것이 아닌 우리 자신이 받는 것이다. 분노와 미움은 남을 해치는 수단이 아니라 내 자신을 해치는 수단이다.

분노의 폭발력은 매우 크다. 역사적으로 국가적 분쟁의 내면에는 사람 사이의 충돌이 있었다. 두 사람의 충돌이 발단이 되어 국제적 재난으로 확산되는 것이다.

사소한 말다툼으로 타인의 생존권을 빼앗는 사람도 있다. 오래전 외국에 나가 있을 때 한 동양인 젊은이가 그와 전혀 상관없는 사람 4명을 죽인 사건을 본 적이 있다. 왜 그랬을까? 내막인즉 이랬다. 하루는 그가 어떤 식당에서 나오는데, 다른 서양인 학생이 그를 향해 휘파람을 불었다고 한다. 그 순간 이 동양인 젊은이는 인종차별을 당했다는 생각이 들었고, 순간적인 불쾌감이 그를 휘감았다고 했다. 그는 바로 권총 한 자루를 사서 학교 앞으로 가서 그 서양인 학생을 기다렸다고 했다. 그리고 닮은 사람을 보자, 일순간 흥분하여 권총을 난사했다고 한다. 그렇게 4명의 생명이 사라졌다. 하지만 그가 죽인 사람들은 휘파람을 불었던 학생과 무관한 사람이었다. 나중에서야 그는 이 사실을 알았다. 분노로 인해 이성을 잃어버린 사람은 그 분노가 일으킨 환각에 사로잡혀 예기치 못한 재난을 야기할 수도 있는 것이다.

불교에서는 분노를 불씨로 묘사한다. 작은 불씨 하나라도 조심하지 않으면 온 산이 다 탈 수도 있기 때문이다. 가족 간의 사랑이나 친구와의 우정도 이런 노여움으로 인해 수시로 파괴될 수 있다.

원망을 유난히 잘 기억하는 사람도 있다. 하지만 그 원망이 태우는 것은 남이 아닌 자기 자신이다. 분노가 가득한 사람은 불편한 마음으로 고통 속에서 살게 된다. 수십 년이 지난 일도 생각하는 순간 이를 갈며 치를 떨 수 있다. 증오로 가득한 이런 기억은 사람을 생지옥에 살게 만든다.

오독五毒 가운데 그 결과가 가장 참혹한 것이 바로 분노다. 그 폐해는 사회 전체를 병들게 한다. 역사적으로 이러한 분노는 인간의 무한한 이기주의에서 기인했다.

전통적인 교육관의 입장에서 보면 사물에는 두 가지 측면이 있다. 옳은 것의 반대는 그릇된 것이고, 충신이 아니면 간신이라는 것이다. 이러한 이분법적 교육방식은 양면성을 띠고 있다. 문제를 편파적으로만 접근하면, 우리가 가진 이성적 사고의 힘을 발휘하지 못하게 된다. 이것은 보다 다양한 방법론으로 반드시 바꿔야할 대상이다. 마음을 포함하여 세상 모든 것은 일체一體로서의 양면성을 가지고 있다. 옳다고 하는 일도 절대적으로 옳을 수는 없다. 또한 틀리다고 한 것도 때로는 맞는 것이 될 수 있다. 바뀌지 않는 것은 없는 것이다. 좋은 사람이라고 좋은 면만 있는 것도 아니다. 좋음이 오히려 다른 사람을 불편하게 할 수도 있다. 심지어 악인이라 할지라도 나름 좋은 면이 있을 수도 있다. 사람은 모두 부처님의 마음과 악마의 마음을 함께 가지고 있다. 이 둘 중 어떤 마음에 더 많은 비중을 두는지에 따라 행동이 바뀌는 것이고, 그것을 보고 우리는 그 사람을 평가하는 것이다.

불경은 넓은 마음을 가지고 타인의 처지에서 생각하라고 가르친다. 세상에는 완전히 절대적인 것이 없으니, 몇 차원을 더 생각해 문제를 해결하라고 한다. 이러한 생각을 항상 스스로에게 일깨워줘야 한다. 누군가 당신에게 화를 낸다면, 그 순간 그 사람의 좋은 면을 더 생각해 보자. 당신에게 백 번을 잘 대해준 친구가 한 번 잘못했다고 하여, 그 친구를 나쁘다고 생각하지는 않을 것이다. 많은 사람들이 내게 자주하는 얘기가 있다. "제가 예전에 알던 그 사람은 이렇지 않았는데, 어째서 이렇게 변했는지 모르겠어요."라는 말이다. 당신이 이전에 알고 있던 그는 긍정적인 모습의 그이고, 지금 보이는 그는 부정적인 모습의 그일 뿐이다. 부정적인 모습의 그가 다 드러난 다음에는 다시 긍정적인 모습의 그나 나타날 것이다. 이렇게 생각만 바꿔도 다른 사람들과 함께 지내가 쉬워진다.

이름이 알려질 만큼 나쁜 사람이 어느 날 갑자기 좋은 일을 한다면, 사람들은 그 사람이 좋게 변했다고 생각하고 박수를 보낸다. 하지만 진실은 그런 게 아니다. 단지 그 사람이 가지고 있던 좋은 면 하나가 드러났을 뿐이다.

이기심을 버려야 하는 이유는 여기에 있다. 평소에는 괜찮은 사람이라 해도 자신의 사고방식을 바꾸지 못하고, 늘 자기만 옳다고 주장할 수도 있다. 그런 사람은 타인의 결점만 찾는다. 그리고 다른 사람들이 자신을 이해해 주지 않으면, 도리어 억울해 한다. "나는 다른 사람에게 상처를 주지 않는데, 그들은 왜 나를 이렇게 대할까?"라는 생각은 하나같이 자신은 살피지 않으며, 자기만의 시각으로 문제와 일을 생각하는 것에서 비롯하는 것이다.

분노를 다스리는 가장 좋은 방법은 다른 사람들을 더 많이 고려하는 것이다. 그 사람의 바람, 그 사람의 마음, 그 사람의 입장을 조금 더 생각해 주면 된다. 상대방의 입장에서 감사하는 마음을 가지다보면, 어느새 자신의 마음도 넓어지고 상처받을 기회도 줄어든다. 시시콜콜 따지며 사소한 행동 하나도 마음에 담아 둔다면, 그 고통도 결국 자신에게 돌아온다.

사람의 마음이란 이런 것이다. 즐거울 땐 세상 모든 나쁜 것도 다 수용하며, 자비심과 선량함은 물론 온갖 지혜를 다 드러낸다. 하지만 부정적인 생각에 휩싸이면, 모든 일은 구름과 같은 안개 속을 날아가는 것과 같아서 본연의 마음을 완전히 잃어버리게 된다. 사람의 마음은 작기도 하다. 머리카락 한 올과 피부 한 점을 뒤져봐도 어디에 있는지 찾을 수 없다. 마음이 크기도 하다. 사람의 작은 분노에서 세상 모든 재난이 일어나지는 않았는가? 또한 이 세상에 즐비한 자애와 선행도 마음의 힘으로부터 비롯되지 않는가? 이것이 바로 마음의 일체적 양면성, 즉 붓다인 동시에 악마인 이유다. 마음으로부터 우리의 습관과 나쁜 감정을 바꾸고자 한다면, 그것을 인식하고 분석하려는 것이 우선되어야 한다. 그래야 우리의 감정적 폭발을 어떻게 대처할 수 있을지를 알 수 있다. "나를 알고 적을 안다는 지피지기"가 필요한 것이다.

의심을 버리면 고통도 멀어진다

사람들이 당신을 칭찬할 때 "나를 왜?"라며, 그 동기를 생각하는 사람이 있다. 이것은 그의 마음속에 의심이라는 악마가 나타난 것이다. 의심은 우리가 느끼는 가장 큰 고통의 근원 중 하나다. 사람은 확정되지 않은 일에 있어, 그 결과를 생각하는 습관이 있다. 이 때문에 늘 남의 행동과 말, 그 동기를 추측하려 하는 것이다.

질투 또한 또 다른 고통의 하나이다. "남들은 모두 있는데 왜 나는 없지? 저들은 가졌는데, 왜 나는 못 가졌지? 저 사람은 지식이 있는데, 왜 나는 없지? 나는 겨우 강의만 하는데, 저 사람은 집을 지을 줄 알지?"라는 생각은 이러한 질투심의 표현이다. '강의를 준비한 당신이 집을 짓는 데 있어 얼마나 시간을 들였는가?'라고 묻고 싶다. 사람들은 어떤 일에 있어 다른 사람들이 본인보다 더 많은 노력과 공을 들였다고는 생각하지 못한다.

질투의 과정을 통해서도 우리는 우리가 가지고 있는 또 다른 결점 많이 찾아볼 수 있다. 만약 당신이 열심히 장사를 했는데 끝내 성공하지 못하다고 가정해보자. '왜 망했지? 누가 날 이렇게 만든 거지?'라며 생각에 생각을 거듭하고 의심에 의심을 거듭할 것이다. 하지만 이 모든 것은 본인의 생각일 뿐이다. 과연 이것뿐일까? 또 계속해서 의심한다. '계약한 날은 문제없겠지? 지금 쓰고 있는 상가는 괜찮겠지? 내가 앉았던 소파는 괜찮을까? 조상의 무덤을 잘 못 쓴 건 아닐까?', 결국 사람들은 자신이 성공하지 못한 책임을 전가하기 위해서 이미 땅속에 묻혀있는 조상까지 끄집어내어 고민한다. 이렇게 의심의 꼬리는 끝없이 늘어나는 것이다.

삶에는 무수한 성공과 실패가 있을 수 있다. 실패했을 때마다 의심하고 질투만 한다면, 그것은 스스로를 정말 불편하게 만드는 일이다.

우리는 이런 사람을 주변에서 심심치 않게 볼 수 있다. 고급 주택과 자동차는 물론 수십억 이상의 자산을 가지고 있는 사람이 친구들과 차를 마시고 있다고 상상해보자. 친구가 말했다. "최근에 투자한 주식으로 돈 좀 벌었다네. 재산도 수십억이나 늘었다네. 별장 두 채는 이미 구입했으니, 이제 멋진 스포츠카를 한 대 살까 한다네." 이런 말을 들은 당신의 마음은 이내 불편해질 것이다. 그리고 생각할 것이다. '그때 그 돈으로 나도 주식을 살 것을! 어쩜 그렇게 멍청했었지! 내가 그때 그 주식만 샀어도 스포츠카를 탈 수 있었을 것을……!' 마음이 답답해질 것이다. 결국 기분만 상한 모임이 된다. 쓸데없는 고통만 한가득 안고 돌아오게 될 것이다. 나도 투자해야지 생각하고, 집으로 돌아오자마자 몇 억을 투자했다고 해보자. 다음날 그 주식이 올랐다고 하자! 즐거운 마음에 그 친구들과 유흥을 즐겼다고 해보자! 그렇게 며칠 후 주가가 떨어지면, 당신은 또 다른 고통에 사로잡혀 '왜 그 주식을 샀지? 투자를 안 했으면 좋았을 것을'이라며 또 다른 고통을 찾고 있을 것이다.

다른 사람의 회사가 증시에 상장되는 것을 보고 우리 회사도 빨리 상장해야겠다고 생각하는 사람도 있을 것이다. 그렇게 그도 노력해서 본인의 회사를 상장시켰다고 하자! 하지만 여러 개의 상장사를 가지고 있는 사람을 만나면, 그는 또다시 그 사람들을 뒤쫓고자 할 것이다.

모든 일에는 욕심과 질투가 작용한다. 이때 질투는 언제나 내가 없는 것만 보게 하고, 내가 가지고 있는 것은 보지 못하게 한다. 여기서 오는 심리적 괴리감은 결국 자신만 괴롭힌다.

내게는 현직 판사로 있는 친구가 한 명 있다. 얼마 전 그 친구는 큰 수술 도중 자칫 생명이 위험한 순간을 맞이한 적 있었다. 평소 그 친구는 매우 밝은 사람이었다. 그 일이 있은 후 다 함께 차를 한 잔 마신 적이 있다. 그 자리에서 또 다른 친구가 말했다. "며칠 전부터 속이 너무 불편하다네. 어제도 어떤 음식이 잘못된 것인지 식중독에 걸린 것처럼 속을 다 게워냈다네. 오늘은 머리도 너무 아픈 것이, 어쩜 난 이렇게 재수가 없는 것인지 모르겠네? 건강하고 행복하니, 자네들은 얼마나 좋은가?" 그 친구가 했던 말은 내게 있어 괜찮은데 두 달 전에 죽음의 문턱에서 돌아왔던 사람에게 골치 아프다는 것은 전혀 문제가 아니다.

지금 당장 명품 시계를 차고, 명품 옷을 입고, 멋진 스포츠카를 타고 있는 사람이라고 할지라도, 산더미 같은 은행 빚으로 인하여 한순간 굶어 죽는 신세로 전락할 수도 있다. 그렇기 때문에 사람은 서로를 비교하면 안 된다. 사람이란 늘 부족함을 갖고 있기 때문이다. 티베트 속담에는 이런 말도 있다. "인생이 어찌 괴로울까? 이리저리 비교하고 비교하다 죽을 때까지 비교하기 때문이다."

의심이 일어나는 원인에는 내가 남을 의심하여 스스로를 괴롭히는 것만 있는 것은 아니다. 그런 과정에서 스스로를 부정하는 것도 원인이다. 이것은 부족한 자신감의 다른 표현이다. 사람 앞에서 제일 낯선 이는 내 자신이다. 사람은 자신만 똑똑하다고 여긴다. 자신만의 방법으로 타인을 단속하고 제재하는 것에 익숙하다. 나뭇잎 하나조차도 같은 쌍이 없는데, 삶의 궤적과 생활 방식, 생각과 습관이 어떻게 같을 수 있겠는가? 긍정도 부정도 아닌 중도의 상태는 가끔 타인을 의심하도록 만든다. 이것은 본인이 세상을 제대로 알지 못한 것에 따른 자업자득이다.

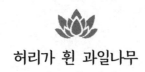

허리가 휜 과일나무

컵을 엎으면 물도 엎질러진다. 거만으로 가득 찬 사람은 자신의 결점을 관찰하지 못한다.

오만에는 다양함이 존재한다. 가정환경이 좋은 사람은 그 환경을 자랑하고, 얼굴이 잘생긴 사람은 그 용모를 자랑한다. 잘생긴 부자라면 부와 용모 둘 중 뭐든 자랑할 것이다. 이것이 오만이다. 과실을 많이 맺은 과일나무는 굽어있을 뿐 곧게 뻗은 게 없다. 진심으로 성숙하고자 하면 겸손해야 한다. 겸손하면 타인의 장점을 배울 수도 있고 타인의 단점을 피할 수도 있다. 삶에 암적인 독소라 할지라도 이렇게 하다 보면 멀어진다.

무명無明(잘못된 의견이나 집착 때문에 진리를 깨닫지 못하는 마음의 상태)과 무지無知를 없애고자 하면 반드시 배워야 한다. 문화적 소양과 지식이 없으면, 내 안의 무지를 버릴 수 없다. 무지의 해결 방법은 학습을 통해 지혜를 키우는 것이다. 이 지혜는 또 다른 도구이다. 선인들의 경전과 말, 그리고 그들의 풍부한 경험을 통해, 자아에 대한 집착과 이기주의를 타파할 수 있는 방법을 찾아야 한다. 이기적인 마음이 사라진다면, 그 사심 없음으로 세상 모든 일을 포용할 수 있다.

삶의 정수나 경험은 타인을 통해서 취해야 하는 것이다. 당신에게 시간과 기회가 있다면, 철학, 예술, 역사, 종교, 사회 등 각 분야의 강의를 가리지 않고 들어야 한다. 그렇게 곱씹어 쌓은 이론으로 자아를 바꾸고자 노력해야 한다. 나의 무지함을 해결해야 긍정의 자아를 넓힐 수 있고, 나아가 이성적인 사람으로 변모할 수 있다. 자신의 소양과 감성지수, 이성지수 등을 향상시킴으로 더 큰 지혜를 얻을 수 있는 것이다.

무명은 우매함과 무지에서 온다. 대부분은 무지가 원인이다. 사람은 외골수적인 경우가 많다. 이기적인 시각으로 문제에 접근하다 보면 점점 편협해진다. 편협은 큰 길도 좁게 보이도록 만든다. 큰 뜻을 펼칠 수도 없으며, 다각적인 사고도 불가능하게 한다. 물론 큰 인물로 성장할 수도 없다.

사람이 이기적인 마음을 버리고 타인과 사물, 그리고 주변을 객관적이고 다각적인 사각으로 바라볼 수 있다면, 무명이 사람에게 미치는 영향이란 거의 없을 것이다. 무명을 없애고자 한다면 그만큼 많이 생각해야 한다. 또한 내게 도움이 될 수 있는 것들을 선택하여 바꿀 수 있도록 노력해야 한다. 이러한 노력이 있다면 "오독五毒"도 "오지五智"가 될 수 있다.

석가모니불 붓다는 천상천하 유아독존天上天下, 唯我獨尊의 존재라고 한다. 무기를 버리고, 분쟁과 원한을 버리고, 서로 화해할 수 있게 하는 것, 이런 것을 할 수 있게 하는 것은 그의 말씀과 가르침뿐이니, 유일한 존경을 받지 않을 수 없다는 뜻이다. 다소 오만한 이런 태도는 우리에게 있어 무방하다. 아니, 필요한 것이다. 다시 말해, 우리는 오독이 가진 긍정적인 힘을 가져야 한다. 이렇게 하려면 많이 관할하고 또한 많이 생각해야 한다. 오독의 본질을 깨우치면, 이것은

약이 될 수 있다. 몸과 마음을 해하는 오독이 그것을 치료하는 약이
되는 것이다.

머리를 굽힐 줄 안다는 것은 또 하나의 성장이다. 삶이 주는 기쁨
과 고통이라고 해서 모두 다 외적인 환경이나 인위적인 요인에
의하여 강요되는 것은 아니다. 사람의 가장 큰 적은 자기 자신이
다. 삶의 모든 것을 어떻게 대할지는 우리의 선택에 달려 있는 것
이다. 보다 낮은 자세로 사람과 일을 대하다 보면 만족을 알게 된
다. 우리는 이로 인한 즐거움과 편안함을 얻을 수도 있다.

제3장

덧없이 허망한 삶과 죽음

세상사 어떤 일이든 그 하나하나 뜯어놓고 보면
덧없지 아니한 것이 없다. 지금이 영원할 것 같으나
1초만 지나도 이 모든 것은 과거가 된다.

생로병사生老病死의 덧없음

　세상의 모든 일과 만물은 하나같이 인연이 모여 이뤄지지 않은 것이 없다. 이러한 상호 의존적인 관계 속에서 완전히 독립된 개체란 것도 있을 수 없다. 찰나에 생기고 찰나에 사라지니 이 모든 것은 덧없음이 지배하는 것과 같다. 실체에 속한 모든 것은 시공간의 제약 없이 덧없이 변하는 것이다. 더하든 덜하든, 늘리든 줄이든, 존재하든 소실하든, 모두 다 한순간 허망해지는 것이다. 영원한 것도 없다. 사람의 모든 것은 하나같이 생로병사의 덧없음 속에 머무는 것이다. 흐르는 세월 속에서는 일분일초마저 곧 추억이 된다는 것을 보면, 세상에는 시간의 법칙도 없고, 영원한 것도 없는 것이다.

　사람이 누리는 모든 부귀공명이나 천상에 오른 중생의 복록福祿(복되고 영화로운 삶)에도 무상無常(모든 것의 덧없음)은 찾아오고, 또 덧없이 사라진다. 지금은 우리가 가장 집착하는 육체도 영원히 우리에게 귀속되는 것이 아니다.

　무상에는 다양한 모습이 존재한다. 태어남에 죽음이 있고, 함께함에 헤어짐이 있다. 또한 높은 곳에 오르면 반드시 낮은 곳으로 내려와야 한다. 친하고 소원한 것도 덧없음이요, 고통과 즐거움도 덧없이요, 해박함과 모자람도 덧없음이다. 보다 구체적으로 보면, 태어나서 늙고 병들어 죽는 모든 사람의 생로병사生老病死 또한 덧없는 무상이라 할 수 있다.

전통적인 중국 사상은 죽음을 삶만큼 중요하게 생각하지 않는다. 죽음은 두렵고 꺼리는 존재에 불과하다. 죽음과 관련된 말은 하나같이 부정적이며, 삶과 관련된 말은 모두 다 긍정적이다. 우리는 삶을 중요하고 귀한 것이라 여긴다. 태어날 때부터 죽을 때까지 생일을 축하한다. 반면 죽음에 대한 준비는 거의 없다. 죽음을 소홀히 대하는 것이다.

우리는 세상에 나오는 순간 주변과 함께한다. 부모님이 계시고, 친척과 친구가 있고, 이웃은 물론 의사나 간호사도 있다. 안전한 조건에서 태어나 타인의 힘에 의지하는 것이다. 그렇게 태어나 주위를 살피고 느끼며 천천히 성장한다. 주변 사람들의 인력과 재력, 사랑은 물론이고 사물의 힘까지도 우리를 함께 키워주는 것이다.

사람들의 성장과정에는 상대적인 안정감이 있다. 우리는 그러한 환경과 성장 요인에 익숙한 편이다. 그러나 죽음에 대해서는 두려움과 불안감을 갖는다. 이것은 죽음의 과정이 낯선 탓에 안전하다는 느낌이 없기 때문이다.

삶과 죽음 앞에서 모든 사람은 평등하다. 무상이란 세상의 기준으로 우열을 가려 찾아오는 것이 아니다. 우리는 태어나자마자 질병에 시달리며 늙어 죽는 과정을 겪는다. 무상은 신비로운 것이 아니다. 그저 우리가 인정하고 싶지 않을 뿐, 한 번은 반드시 직면해야 하는 사실이다.

희망만 가득한 것 같은 삶에 대한 집착

우리는 "아집"의 울림에 고통스러워하면서도 소위 "자아"의 유무는 믿어 의심치 않는다. 태어났으니 "나"는 세상에 있다고 생각한다. 그러면서 "내일은 무엇을 할까? 모레는 무엇을 할까? 지금은 무엇을 할까?"란 문제만 생각한다. "나"라는 자아는 믿음직스러운 존재가 아니다. 그럼에도 우리는 "아집"으로 인해 천진난만한 환상을 만들고, 그것을 "희망"이라 부른다. 대다수의 사람들은 이런 "희망"을 쫓으며 산다. 그리고 그러한 삶의 즐거움을 무한히 만끽하려 한다.

만약 종교적 신앙이 없다면 그러한 희망은 오락가락 흔들릴 수밖에 없다. 꿈이라는 둥지를 틀고, 그 안에서 손에 잡히지 않는 이미지를 만드는 것이다. 때가 되면 초등학교와 중·고등학교를 다닐 것이고, 조금 더 자라면 대학에 갈 것이다. 대학을 졸업하면 연애를 할 것이고 배우자를 찾을 것이며 그렇게 직장을 구할 것이다. 이러한 바람을 이루면 아이를 가지고, 또 하루하루 그 아이가 성장하기를 기다릴 것이다. 그리고는 그 아이가 어떻게 자랄 것인지를 생각할 것이다. 그렇게 꿈이 이뤄지기를 기다리는 동안 한순간 자신의 머리카락이 하얗게 쉰 것을, 한평생을 희망 속에 묻혀 살았었다는 사실을 마침내 깨닫게 된다.

사람은 이러한 기다림 속에서 스스로 어찌할 수 없는 무상함에 직면하게 된다. 이것은 벗어날 수 없는 것이다. 타고난 복이 없어 엄마 뱃속에서 사라지는 사람도 있고, 태어나 찰나의 순간을 기뻐하다 일순간 세상에 눈을 뜨는 사람도 있다. 타고난 복으로 삶을 얻은 사람도 있지만, 그조차 어쩔 수 없는 생로병사의 과정을 겪으며, 웃음보다 더 긴 한숨의 세월을 살게 된다. 이런 이유로 우리는 건강하게 살다 무탈하게 늙어가는 삶을 희망한다. 안정적인 삶이 축복같이 여겨지겠지만, 이것은 사실 우리에게 보여주는 진리이다. "무상"이라는 존재 앞에서 희망에 집착하는 삶이란, 꿈속의 사상누각沙上樓閣에 불과한 것임을 우리로 하여 한순간에 깨닫게 만들기 때문이다.

희망으로 가득 찬 것 같은 삶에 집착하면서 끝으로 치닫는 생명의 끝자락을 피하는, 이 아름다운 이상의 대부분은 우리 스스로가 우리 자신을 위해 엮은 동화이다. 길고 긴 윤회의 굴레에서 집착을 떠올리는 순간, 반드시 고통이 뒤따른다. 삶의 시작이란, 이내 삶의 끝으로 접어든다는 의미이기 때문이다. 이러한 삶의 과정에 있어 노화와 질병은 하나의 조연에 불과하다.

필연적으로 맞게 되는 죽음에 대한 두려움

우리가 정말 쉽게 놓치고 있는 한 가지 현실은 누구나 한 푼도 없이 태어나 한 푼도 없이 죽음을 맞이한다는 사실이다. 사람은 태어나 성장하고, 그 생명이 쇠퇴하기까지 윤회의 굴레를 거듭하며 스스로 모든 것을 직면하다 홀로 돌아간다. 그 사이에 생로병사生老病死(삶과 죽음 그리고 늙음과 아픔)의 고통과 구부득고求不得苦(구하고자 해도 구할 수 없는)의 고통이 있으며, 원증회고怨憎會苦(원망과 증오)의 고통과 애별리고愛別離苦(사랑함과 헤어짐)의 고통이 뒤따른다.

우리의 삶은 집착의 연속이다. "내 차, 내 집, 내 이름, 내 이익" 등 자신과 물질에 집착한다. 하지만 그러한 집착의 결과물도 한낱 사용권에 지나지 않음은 모른다. 언제나 내가 소유자라는 생각으로 하나같이 소유권만 얻으려 할 뿐이다. 자, 우리 함께 생각해보자! '우리는 집을 소유한 것일까? 아니면 사용하는 것일까?' 누군가 이 집의 사용권은 70년으로 우리에게 소유권이 없다고 말한다면, 그것을 용인할 수 있는 사람은 거의 없을 것이다. 어떻게든 사용권을 소유권으로 전환하고자 노력할 것이다. 만약 당신의 나이가 30~40세에 이르렀다고 가정해보자! 여기에 70년을 더하면, 당신은 100살 남짓한 삶을 누리는 것이 된다. 하지만 그런 천수의 복이란 결코 쉽지 않다. 그럼에도 우리는 이런 생각을 하지 못한다. 일단은 내가 먼저 가져야 한다고 여긴다. 내가 얻기 위해 구속하려 할 뿐, 내가 얼마나 잘 쓸 수 있을까라는 생각은 하지 못하는 것이다.

또한 권력도 그렇다. 권력을 가지려 할 뿐 내려놓을 생각은 못 한다. 높은 관직에 올라 정신없이 살다가 그 삶에 찌들어 퇴직한 사람이 한 명 있었다. 그가 현직에 있을 땐 문턱이 닳도록 많은 사람이 오갔다. 그래서 그는 퇴직 후에도 그런 문전성시門前成市(찾아오는 사람이 많아 집 문 앞이 시장을 이룬 것 같다)를 기다렸다. 하지만 사람으로 붐비던 그 시절은 돌아오지 않았다. 누구 하나 찾는 이 없는 시간을 찌푸림으로 기다리던 그는 한없는 우울감에 빠져있다, 결국 쓸쓸한 죽음을 맞이했다.

그 어떤 물질과 명예라 할지라도 죽음 앞에서 10원어치 한 푼 가져갈 수 있는 사람이 있는가? 결코 없다. 헤아릴 수 없는 재산이 있다 한들, 그것을 어찌 짊어지고 가져갈 수 있겠는가? 불가능하다. 육신조차 우리가 말하는 "평생"에 국한한 것이다. 이 평생이란 길어야 팔구십 년, 짧으면 일이십 년조차 되지 않는다. 아니, 며칠에 불과할 수도 있다. 사람은 막상 죽음에 직면할 때쯤이 돼서야, 비로소 죽음에 대한 두려움을 갖는다. 이것은 삶에 대한 올바른 생사관을 못 키운 탓이다. 마치 우리가 일을 하지 않으면 돈을 벌 수 없는 것과 같은 이치다. 벌지 않으면 돈은 물론 쌀과 고기, 하다못해 푸성귀도 얻을 수 없다. 아무것도 없는데, 어찌 편한 숙면을 기대할 수 있겠는가?

우리는 언제나 태어남만 축하할 뿐, 삶의 끝은 피하려 한다. 죽음 없는 태어남이 어디 있겠는가? 붓다는 일찍이 "이 세상 사람들은 뒤바뀐 망상 속에 살고 있다."라고 꾸짖었다. 참으로 맞는 말이다. 죽음도 삶이 거치는 과정이다. 이조차 직시하지 못하며, 어찌 다른 문제들을 되짚어 볼 수 있겠는가? 윤회의 굴레 속에서 가장 큰 사건은 삶과 죽음이다. 이 밖의 것들은 한 판의 놀이마당에 지나지 않는다.

죽음은 태연하게 맞이하면 된다

죽음에도 준비가 필요하다. 쌀독에는 쌀이 가득하고 창고 한가득 채소가 쌓여있고, 금고 가득 돈을 넣어놨다면, 마음도 그만큼 편안할 것이다. 쌀과 채소와 같은 먹을 게 없더라도 돈만 있다면, 나름 편안한 숙면을 취할 수 있을 것이다. 내일 눈을 떠 쌀과 채소를 사러 갈 수 있으면 그만인 것이다. 불법에서 말하는 복을 쌓는다는 것도 이와 같은 것이다. 대부분의 사람들은 평생 남을 위해 한 좋은 일도 적거니와 양심에 물어 한 점 부끄럼이 없는 일조차 말하지 못한다. 그렇게 저지른 비양심적인 일들조차 깨끗이 정화하기 못하는 것이다. 이것은 우리가 내일을 위한 한 푼의 돈조차 마련하지 않은 것과 같다.

비록 나쁜 일을 하지는 않았지만 그렇다고 좋은 일 하나조차 행하지 않는 것도 죽음을 맞이할 준비가 안 된 것이다. 이렇게 준비하지 못한 것으로 인한 두려움은 내일 내가 무엇을 해야 할지 모르게 만든다. 이것은 딸랑 비행기 표 한 장만 사서 외국으로 나가는 것과 같다. 말도 안통하고 돈도 없는 생소한 곳에서의 공포감은 죽음과도 같은 것이다.

모든 일을 준비하듯 선행을 많이 쌓았다면, 내일 무슨 일이 벌어진다 한들 "나는 실로 바른 일을 많이 했다"라며 당당할 수 있을 것이다.

언젠가 아는 교수님 한 분과 윤회에 대해 이야기를 나눈 적이 있었다. 나는 그분에게 윤회가 존재할 수밖에 없는 다양한 이유를 이치에 맞게 설명했었다. 하지만 교수님에게서 돌아온 대답은 이랬다. "저는 그 어떤 말씀도 저는 믿을 수 없을 것 같습니다. 저야말로 철저한 무신론자입니다." 이에 나는 다음과 같이 얘기했다. "저는 교수님께 윤회를 믿으라고 설득할 생각이 없습니다. 단지 저는 윤회를 믿고 싶을 뿐입니다. 저는 그저 오늘 하루 좋은 일을 많이 해서, 죽음 앞에서도 당당하고 하고 싶을 뿐입니다. 그래서 내일이 온다면 지금까지 준비를 잘한 것일 터이고, 만약 내일이 없다 해도 손해 볼 건 없을 것이라 생각하는 것입니다. 하지만 교수님은 오히려 손해 볼 일이 많을 것 같습니다. 교수님의 방식대로 생각하면, 교수님께 내일이 없다 한들 그 누구도 손해 볼 사람은 없을 것입니다. 하지만 교수님께 내일이라는 시간이 없다면 어떻게 하시겠습니까? 지금 우리에게 놓인 문제는 내일이 있을지 없을지 아무도 모른다는 것에 있습니다. 이것은 오늘 밤 우리 둘 다 죽음을 맞이할 수도 있다는 말입니다. 오늘 내가 죽는 것을 미리 안다면, 내일을 준비할 필요도 없을 것입니다. 그러나 우리의 미래란 하나같이 확실하지 않은 것입니다. 내일이 있다고 생각하고, 우리 모두 내일을 준비해야지 않겠습니까? 적어도 내일만큼은 즐겁게 살아야지 않을까 합니다. 저는 그렇게 내일을 준비하는데, 교수님께서는 아무런 준비도 하지 않는다. 그러면 어떻게 내일을 대처하면 교수님께 더 좋을까요?"

그제야 그도 동의했다. "당신의 말에도 일리가 있는 것 같네요."

그런 말을 들어 나는 이렇게 말했다. "많은 일은 종교와 관련된다면 누군가 거부감을 갖게 됩니다. 다음의 1초가 존재할 것을 믿는다면, 지금의 1초는 다음의 1초를 위한 준비가 되어야 합니다. 죽음이란 다음의 1초이며, 이는 곧 있을 현재의 1초와 같습니다. 오늘 잠을 청했는데 내일 깨어나지 못한다면, 그것은 다음 생을 위한 삶인 것입니다. 다음 생生은 그렇게 멀리 있는 것이 아닌 1초의 찰나에 지나지 않는 것입니다."

세상 모든 일이 이런 과정의 연속임을 깨달아야 한다. 우리가 해야 할 일은 바로 내세來世의 삶이 아닌 오늘 현재의 삶을 깨우치는데 있다.

우리는 지금을 잘 파악하고, 오늘 이 시점에서 내일을 준비해야 한다. 오늘 필요한 돈과 물건을 준비하듯 마음의 즐거움도 함께 준비해야 하며, 그렇게 내일을 준비한다면, 내일의 유무란 중요한 것이 아니다. 어차피 우리가 손해 볼 일은 없기 때문이다. 마음가짐이란 이래야만 하는 것이다.

사람이란 오늘만 열심히 준비하면 된다. 내일이 올지 말지, 내일도 내가 부자로 있을지 없을지 등은 모두 다 아직 벌어지지 않은 내일의 삶이다.

영원한 일이란 불가능하다. 어떤 일에 있는 하나하나의 단계도 다 무상한 것이다. 지금 보기에 영원할 것 같은 일도 1초만 지나면 과거에 지나지 않는다. 불교서 말하는 여몽여환如夢如幻(한낮의 꿈과 환상 같은 것)이란 말도 이와 같은 의미이다. 즉 과거를 현재로 보지 말고, 현재를 미래라고 생각하지 말라는 뜻이다.

대부분의 사람들은 자신이 가진 권력과 재물을 내려놓지 못하며, 그 모든 것이 미래에도 지속될 것이라 여긴다. 하지만 그런 일은 불가능하다. 다들 청춘이 영원하기를 바라지만, 그 청춘이란 분초를 다투며 늙어가는 것으로 한시도 멈추지 않는 것이기 때문이다. 청춘이란 무상함 속에서 끊임없이 사라지는 순간일 뿐이다.

세상 모든 일은 강물과 같다. 언젠가 다른 사람에게서 "작년 이곳에서 실족한 친구가 저 강을 따라 떠내려갔어요."라는 말을 들었다. 우리는 함께하던 친구가 눈앞에서 떠내려간 강물조차 어디로 흘러가는지 모른다. 지금 눈앞에 펼쳐 보이는 강물이란, 이미 저 산 위에서 흘러내려온 강물에 지나지 않는다. 그냥 똑같은 물이라 하여, 또 그 물이 비슷하다 하여, 우리는 그저 작년의 물과 같은 것이라 생각한다. 우리의 몸도 마찬가지다. 그렇게 매 순간순간이 변하는 것이다. 우리 주변의 환경도 그렇다. 세상일의 앞뒤만이 그저 인과因果의 관계로 엮어져 있을 뿐이다.

우리는 언제든 준비만 잘하면 된다. 변치 않는 것은 없고 영원한 것도 없다는 사실만 안다면, 무엇에든 대처할 수 있는 능력이 생길 것이다. 친척이나 친구가 맞이한 죽음에 있어, 그러한 고통이 자신에게 닥치는 것을 달가워할 사람은 없다. 단지 "왜 하필 우리 가족에게만 이런 재난이 있는 것인가?"라고만 생각한다. 사람들은 "내게 무슨 죄가 있어서? 왜 내 자식만? 하필 내게만 이런 일이?"라며 한탄한다. 그런 사람들에게 나는 알려준다. "그대의 생각은 잘못된 것입니다. 그대의 아이처럼 세상에 죽음을 맞이하는 사람이 얼마나 많은지 당신은 여전히 모릅니다. 그대의 아이도 그 많은 사람들 중 하나일 뿐입니다." 그리고 나는 그 사람의 잘못된 마음가짐도 꾸짖는다. "어째서 이런 일이 다른 사람에게는 있어도 되고, 당신에게는 일어나면 안 된다고 생각하는 것입니까? 불쌍한 내 자식을 위해 이 세상 다른 사람들은 이런 아픔을 당하지 않기를 바랄 줄 아는 마음을 가져야 합니다." 이러한 마음가짐이야말로 정말 바람직한 것이다. 사랑이든 우정이든, 심지어는 뜻情마저도 시간의 무상함 속에는 영원할 수 없다. 모두 언젠가 잃어버리게 되는 것이다.

우리는 자기 자신의 육신을 가장 아낀다. 남을 사랑하고 세상을 아낀다고 말은 하지만, 실상 인간이 가장 사랑하는 것은 자기 자신이다. 내가 가장 귀하게 여기는 내 자신을 내려놓아야 비로소 세상 모든 것도 내려놓을 수 있다. 그러므로 죽음에 대한 충분한 준비가 필요한 것이다. 사람은 외롭게 떠날 수밖에 없는 존재이다. 이러한 고통은 타인이 대신 견딜 수 없는 것으로 오롯이 혼재 겪어내야 할 두려움이다. 오직 도움이 될 수 있는 것은 마음에서 우러나오는 신앙심과 그를 통해 쌓아둔 선행뿐이다. 우리가 쌓아온 덕행이 윤회를 위한 도움임을 안다면, 죽음은 걱정과 두려움의 대상 밖에 되지 않는다. 내일을 위해 돈을 버는 것처럼 선행을 쌓으면 그 또한 복이 되어 자신에게 되돌아오는 것이다.

언제나 존재하는 무상에 집착할 필요는 없다. 지금 누리는 명예나 재화, 따뜻한 정이나 기쁨에는 반드시 무상이 찾아온다. 찰나에 그 모든 것이 뒤바뀔 수도 있다. 무상이 얼마나 빠른지를 알고, 결코 피할 수 없는 것임을 깨닫는다면, 만사가 일시적인 것에 지나지 않음을 느낄 수 있다. 지금의 권세와 부로 인해 오만하지 않을 것이며, 세상의 행복과 즐거움만을 지나치게 탐닉하지도 않을 것이다. 우리는 이러한 것들을 늘 스스로 깨우치고 일깨워야 한다.

가치 있는 삶이란 총애나 모욕에도 놀라지 않고 조급해하지 않는 기백을 갖추는 것이다. 삶의 궤적이 어떠하든 종점은 누구나 똑같다. 삶의 굴곡에서 때로는 비틀거리기도 하고, 오르락내리락 하며 정말 힘들 수도 있겠지만, 이 모든 것은 우리의 삶에 대한 태도와 가치관을 수련하는 과정에 지나지 않는 것이다. 보다 담담하게 삶을 바라보고, 보다 여유롭게 죽음을 대할 수 있다면, 짧은 삶과 바쁜 인생 또한 결코 헛되지 않은 것이다.

제4장

지혜를 채워, 역경을 벗다

방법이 있다면 있는 대로 번뇌할 필요가 없을 것이며,
방법이 없다면 없는 대로 번뇌할 필요가 없다.

역경의 근원

불교의 특징은 엄중한 일의 결과, 즉 위기를 먼저 알려 준 다음 그것에 대처할 방법을 알려준다는 점이다. 위기의 원인을 먼저 찾으라는 것이다. 고집멸도苦集滅道(삶의 고통, 고통의 원인인 욕망, 욕망을 없애는 행동, 도에 이름)를 통해 사람의 고통이 어떻게 만들어지는가를 알려주는 것이다.

사람들은 왜 "삶의 고통"이란 말만 듣고 불교를 부정적인 종교라고 생각하는 것일까?

붓다는 가장 먼저 고통을 설법했다. 삶에 있어 사람들이 맞닥뜨릴 수 있는 큰일이란 생로병사뿐이다. 위기나 역경에 처했을 때 당황하기 일쑤고, 좌절과 난관, 고통과 위기 모두 자신에게 일어날 수 있다는 사실을 인정하려 하지 않는다. 또한 그러한 준비도 없다.

자신의 신체가 아플 수 있음은 누구나 인정하고 싶어 하지 않는다. 그래서 몸이 아프기 전에 예방하는 사람이 드문 것이다. 자신의 마음에서 일어나는 정서적 파동이 주변 사람들과의 관계에 있어 변화를 가져올 수 있음을 알고 있는 사람도 드물다. 그래서 자신의 말과 행동을 통제하지 않고 제멋대로 행동하며, 스스로 자신의 인간관계에 위기를 초래하는 것이다.

물론 우리를 이렇게 이끄는 주동자 또한 우리의 생각이다.

사람은 충동적인 동물이다. 정상적인 상황에서 우리에게는 세 가지 마음이 존재한다. 즉 긍정적인 마음, 부정적인 마음, 선악의 분별이 없는 중간적인 마음이 있다. 중간적인 마음이란 무기無記의 상태를 가리킨다. 긍정적인 마음과 부정적인 마음을 우리는 일반적으로 사랑의 힘과 미움의 힘이라 부른다. 이 두 가지의 힘은 전기를 만드는 근원이기도 하다. 이 가운데 어려운 일을 순탄하게 만드는 데 있어 가장 원가가 적게 드는 것이 사랑이다. 그 어떤 부작용도 없는 사랑은 우리 모두가 바라는 긍정의 힘이다. 그러나 미움에는 강력한 폭발력이 있다. 이것은 매우 강력한 부정의 힘이다. 고난과 역경을 힘겹게 벗어난 사람의 몸과 마음은 또 하나의 소용돌이에 휘말리곤 한다. 미움이라는 올가미가 바로 그것이다.

　이것이 바로 덧없는 무상에 대한 마음의 준비를 잘 해둬야 하는 이유이다. 붓다가 말한 고통처럼 사람은 태어남과 동시에 생로병사의 고통을 겪을 수밖에 없다. 이것은 지극히 정상적인 자연의 법칙이니, 걱정이나 반감을 가질 필요도 없다. 그저 매사에 성실하게 대처하면 된다. 이별처럼 인력으로 어쩔 수 없는 난제 또한 그런 것이다.

역경과 순탄함은 모두 우리의 마음에 따른 것이다. 우리의 뜻대로 움직이는 것이 순탄함이요, 우리의 마음을 괴롭히는 것이 역경일 뿐이다. 일 자체에는 좋고 나쁨의 다름이 없는 것이다. 지나치게 순탄한 삶은 투지가 부족하게 된다. 또한 마음도 약해져 쉽게 지치게 되고 자칫 길을 잃기도 쉽다. 하지만 수행자에게 있어 역경은 매우 소중한 것이다. 이 역경은 몸과 마음을 닦는 시험 중 한 가지이다. 사람이란 어떤 인생을 선택하든 자신의 마음에 맞서 투쟁을 할 수 있다. 역경에 직면할 수 있어야 비로소 더 잘 성장할 수 있는 것이다.

고요함으로 흔들림을 다스린다

생로병사와 같은 자연법칙으로 인한 고통만 아니라면, 삶에서 부딪히는 좌절이나 투자의 실패, 각종 감정이나 가족에게 생긴 여러 문제들이란, 깊이 생각함으로써 모두 예방할 수 있는 것들이다. 그러므로 우리는 강물 같은 윤회의 굴레에 있는 삶 속에서, 지금 우리에게 있어 더 중요한 것이 무엇인지를 우선 깨달아야 한다.

사람은 자기의 힘만으로 삶의 모든 위기를 해결할 수 없다. 좌절과 고통 또는 심적인 어려움 앞에서 대부분의 사람들은 결코 조용한 해결책을 찾지 못한다. 한 대야 가득 흙탕물을 뜨다 보면 물만 더 혼탁해질 뿐, 그 속에 무엇이 들었는지 볼 수 없게 된다. 유일한 해결 방법은 가만히 기다리며, 흙탕물 속의 흙이 가라앉도록 놔두는 것이다. 그렇게 기다리면 물이 깨끗해지는 것을 볼 수 있게 된다. 괴로움과 좌절로 풀리지 않는 마음은 스스로 다스리는 게 제일 좋은 방법이다. 하지만 이 방법이란 마음의 흔들림을 쫓아 조바심을 내는 것이 아니다. 잠시 직면한 문제를 잊고 불안한 마음부터 가만히 가라앉히는 게 우선되어야 하는 것이다.

역경에 부딪힐수록 사람은 쉽게 흥분한다. 이러한 공포와 무력감은 예상치 못한 부정적인 감정을 불러일으킨다. 그 대부분은 잡념이다. 잡념이란 비이성적인 존재로 흙탕물과 같은 것이다. 퍼내려 할수록 탁해질 뿐이다. 생각이 많으면 혼란도 더 크다. 이것은 우리가 문제를 해결할 능력이 없는 것이 아니라 지나친 망상으로 인한 것이다. 자기 스스로 똑똑하다는 믿음의 방벽을 세운 것이다. 더불어 잘못된 인식의 늪을 스스로 만들어 내는 짓이다. 한마디로 일어나지도 않은 일들을 미리 단정함으로써, 자기가 만든 망상의 늪에 스스로 뛰어드는 것이다.

　사람 사이의 다툼도 이런 것이다. 싸움이란 갑자기 일어난 위기다. 다들 그 문제를 빨리만 해결하고 싶어 한다. 마음을 가라앉힐 틈도 없이, 바로 오해를 풀고 싶어 한다. 하지만 화가 풀리지 않은 채 변명만 늘어놓는다면, 상대방은 받아들이기는커녕 더욱 더 반발만 할 것이다. 충돌 속에서는 문제를 빠르게 해결하고 싶어 해도 해결을 할 수 없을 때가 있다. 그러한 좌절과 역경에 직면했을 때 가장 좋은 방법은 자신을 스스로 진정시키는 것이다.

　고난과 좌절 앞에서 우리가 무너지는 것은 일 그 자체로 인한 것이 아니다. 이것은 문제를 해결하기 전, 우리 스스로 마음을 평온하게 다스리지 못하기 때문이다. 때로는 움직임이 더 큰 진동을 일으킬 수 있다. 그럴 때는 그저 가만히 있는 것으로도 충분하다.

마음을 가라앉히다

생로병사와 관련된 것이 아니라면, 이 세상의 모든 위기란 결국 모면할 수 있다. 사실 생로병사라 할지라도 있는 그대로만 받아들일 수 있다면, 전혀 문제가 되지 않는다.

힘겨운 일 앞에서 재수 탓을 하지 마라. "세상사 새옹지마 복이 아님을 어찌 알겠는가!" 문이 막혀 있으면 창을 열면 되고, 창이 막혀 있으면 다른 문을 열면 된다. 결국 방법은 있다.

사람의 뇌는 단편적이고 획일적인 사고思顧만 하지 않는다. 다양한 생각을 할 수 있다. 우리가 만약 매사에 한 가지 방법만 생각한다면, 그 어떤 출구도 찾지 못할 것이다. 다만 사람들은 위기와 어려움 앞에서 일순간 편향적인 생각에 쉽게 빠져든다. 스스로가 단편적이고 획일적인 사고로 직면한 문제를 해결하고자 하는 것이다.

무엇이든 폭넓게 생각할 필요가 있다. 개인의 힘이란 한계가 있는 것이고, 세상살이에는 수많은 자문이 필요하다. 정신적인 문제라면, 종교적 수행이 가장 좋은 방법이다. 세상에는 풍부한 경험으로 매사 모든 일을 분명하게 파악할 줄 아는 철학자들이 많다. 반드시 책을 많이 읽지 않았다 할지라도, 그들의 사회적 역량은 무시할 게 못 된다. 그러므로 지혜로운 사람을 우리 주변에 많이 둘 수 있어야 한다. 그렇다면 어떤 사람이 지혜로운 사람일까? 지혜롭다는 말은 똑똑하다는 뜻이 아니다. 내가 똑똑한 사람을 지혜로운 사람이라 하지 않는 이유는 그 의미가 달라서이다. 불교에서 말하는 지혜로운 사람은 사심 없이 자신의 생각을 타인에게 전해주고 싶어 하는 사람이다. 주관적인 자의식을 앞세워 일을 잘 분석하는 사람을 가리키는 것이 아니다.

대체로 우리는 어려움과 좌절 앞에서 어떻게 하면 좋을지 머리를 최대한 짜내어보려고 한다. 하지만 생각이 지나쳐 뒤죽박죽 섞이면 오히려 마음을 가라앉힐 수 없다. 이럴 때는 누군가를 찾아야 한다. 아무것도 할 줄 모르는 사람이라도 괜찮다. 본인의 생각을 말함으로써, 일렁이는 파도의 물거품 같은 기분을 조금이라도 가라앉힐 수 있으면 된다. 사람의 에너지란 바닷바람 같다. 오히려 세게 불면 불수록 파도만 높아지게 한다. 결국 저 넓은 바다는 보지 못하고 눈앞에 일렁이는 파도만 보게 되는 것이다. 하지만 눈앞에 펼쳐진 파도는 실제로 높은 것이 아니다. 그저 우리가 눈앞의 파도만 보고는 스스로의 환상에 사로잡혀 진짜 높은 것이라 착각하는 것이다.

줄곧 한 가지 일에만 몰두한다고 하여 세상만사 모든 시비를 전부 따질 수는 없다. 그러므로 어떤 일이 생기든 가능한 바로 마음을 가라앉히도록 해야 한다. 여기에는 훈련이 필요하다. 흥분하지 말고 냉정하고 차분하게 생각을 먼저 해보라고 말 한다고 해서, 곧바로 냉정을 유지할 수 있는 것은 아니다. 오랜 수행이 있어야만, 세상사 앞에 충동적이지 않을 수 있다. 그것은 오랜 훈련의 결과이다.

지금부터라도 자기 자신을 훈련할 수 있어야 한다. 어떤 일 앞에서도 절대 당황하지 않고 다른 사람의 말을 먼저 경청할 수 있어야 한다. 그 다음 생각을 할 수 있어야 한다. 대화를 할 때도 머릿속에서 먼저 생각한 다음에 대답을 할 수 있으면 좋다. 다른 사람의 말에 곧바로 대답하는 것은 좋지 않다. 이러한 것들은 일종의 훈련이 필요하다. 무엇이든 머릿속으로 한 번 생각하는 것. 즉, 말을 한 번 여과하는 것은 지극히 간단한 이성적 행동이다. 단지 몇 초라도 중간 중간 떠올리는 훈련을 꾸준히 한다면, 어떤 상황에도 당황할 일은 없다. 이로써 이성의 귀중함을 몸소 알게 될 것이다.

세상사 모든 문제를 혼자 해결할 수는 없다. 주변 사람에게 손을 내밀 일은 항상 있다. 이것은 나쁜 것이 아니다. 길을 가다 넘어져 피를 철철 흘리고 있을 때, 당신을 부축해주거나 업어줄 수 있는 누군가가 있다는 것은 좋은 일이다. 하지만 그들도 그 길을 대신 걸어가 줄 수는 없다.

사람들과 항상 좋은 유대관계를 가지고 있다면, 위기 앞에서 그 사람들의 빠른 도움을 기대할 수 있다. 하지만 그런 좋은 관계를 가지고 있지 못하다면, 누구 하나 선뜻 달려오려 하지 않을 것이다. 이러한 원인은 무엇일까? 억울한 누명을 뒤집어쓸까봐 타인을 밀어내는 것은 아닐까? 우리가 위기를 대처할 때, 내 생각으로는 다음의 두 가지 방법을 사용할 수 있을 것 같다. 첫째, 자기의 마음을 키워내는 방법이다. 이는 참선으로 이성을 유지하는 방법이다. 둘째, 친척이나 주변 친구들에 도움을 구하는 방법이다. 이는 모두의 힘으로 당장의 복잡한 심정을 나눠진 후, 그 다음 참선을 통해 다른 해결책을 찾는 방법이다.

연꽃의 아름다움은 진흙 속에서 필지언정 물들지 않음과 맑은 물에 씻겨도 요염하지 아니한 자태에 있다. 연꽃에는 스스로를 청결하게 하는 에너지가 있는 것이다. 처음부터 순결하고 티 없는 우리의 마음에는 본래 자비롭고 지혜로운 잠재 능력이 담겨 있다. 본성은 물들지 않는 것이다. 고요한 마음에는 특별한 힘이 있다. 타인을 모욕하지 않을 수 있으며, 고요함으로 소탈해질 수 있으며, 차분함으로 여유로울 수 있다. 마음이 고요해지면 더 큰 힘이 생긴다. 이렇게 마음을 가라앉혀 마음을 고요하게 만드는 것, 이것이 생각을 맑게 하여 마음의 연꽃을 피우는 방법이다.

절체절명의 위기에서 다시 태어난다

나는 종종 이런 이야기를 한다.

내가 상하이에 있을 때, 원저우溫州(중국 저장성 남부에 있는 도시)에 사는 여자에게서 전화를 받은 적이 있다. 저녁 10시쯤이었다. 그녀는 내가 전화를 받자마자 울기 시작했다. "울지 마세요. 그런데 누구신가요?" 그녀는 대답했다. "저를 모르실 거예요. 친구의 친구를 통해 알게 됐어요." 그녀가 자살을 생각하자 그녀의 친구가 다른 친구를 통해 내 전화번호를 물어보고 그녀에게 알려준 것이다.

그녀는 이어서 말했다. "당신을 직접적으로 알지는 못해요. 제 친구의 친구가 자살하기 전에 당신에게 전화 한번 해보라고 했어요. 그저 죽고 싶다고 말하려 했을 뿐이에요." 나는 "정말 고맙습니다. 죽기 전에 전화라도 해 줘서 진심으로 감사합니다."라고 대답했다. 그녀는 한참을 울었다. 나는 그녀에게 다시 얘기했다. "울지도 흥분하지도 마세요. 무슨 일인지는 모르지만, 자살하기 전에 이렇게 제게 전화를 한 것만 봐도, 우리가 보통 인연은 아닌 것 같아요. 죽기 전에 최소한 무슨 일인지 말해줄 수는 없나요. 그렇지 않으면 전화를 받은 의미가 없을 것 같아요." 그제야 그녀는 애인이 바람피운 것과 자신이 얼마나 잘 대해줬는지 등을 이야기했다. 끊임없이 말을 이어가는 그녀 앞에서 내게는 어떤 말참견의 기회도 없었다. 그저 "슬퍼하지 말고, 할 말이 있으면 천천히 다 하세요."라고 할 수밖에 없었다. 듣자하니 예전에 두 사람 사이는 정말 좋았던 것 같았다. 그녀는 언제 어디서 그가 뭘 사줬고 또한 함께 뭘 먹었었는지 시시콜콜한 부분까지 모든 것을 얘기했다. 저녁 10시부터 자정이 조금 넘은 시간까지 전화는 계속 이어졌다. 핸드폰 배터리가 떨어져 호텔의 유선전화까지 동원했다.

"아, 그래요? 정말 안됐네요."라는 대답 외에 3시간 남짓했던 그 시간 동안 내가 말을 꺼낼 수 있는 틈은 없었다. 새벽 3시가 다 되어 그녀의 이야기는 거의 끝났다. 나는 대화의 돌파구를 찾을 겸, 그녀보고 당신은 어떻게 생겼냐고 물었다. 그녀는 스스로 예쁘다고 말했다. 무릎까지 내려오는 긴 생머리가 제일 맘에 들어서 제일 아낀다고 했다. 이어서 내가 "혹시 높은 곳에서 사람이 뛰어내린 장면을 본 적이 있나요?"라고 물었더니, 본인은 본 적이 없다고 대답했다. 내가 "저는 뛰어내린 사람을 많이 봤습니다. 머리가 깨지고, 온몸은 피범벅이 됩니다. 정말 역하답니다."라고 하자, 그녀는 "무서우니 말하지 마세요."라고 말했다. 오히려 나는 "조금 후 당신이 뛰어내리면 그 예쁘다는 머리도 피투성이가 될 겁니다. 더 이상 듣고 싶지 않은 건 괜찮습니다. 저는 그저 빌딩에서 투신한 사람을 많이 봤다고 말하는 것일 뿐입니다. 뛰어내렸는데 팔다리만 부러지고 죽지 않은 정말 비참한 경우도 있습니다. 얼마나 불쌍한지 모릅니다. 후유증으로 얼굴도 망가지고, 하고 싶은 것을 할 수도 없고, 죽고 싶다고 하지만 죽지 못하는 경우도 많습니다."라고 말했다. 그리고 잠시 뒤, 다시 얘기했다. "시간을 보니 벌써 새벽 4시가 다 됐네요. 제게 6시간이나 낭비했군요. 일면식도 없이 이렇게 많은 얘기를 했는데, 제 체면을 생각해서

저를 한 번 만나보고 다시 생각하는 건 어떨까요?" 내 말에 그녀도 동의했다.

나는 곧 미국에 갈 일이 있으니 저를 기다렸다가 만나보고, 다시 결정하면 좋을 것 같다는 말을 덧붙였다. 미국에 있는 동안 그녀가 걱정되어 두어 번 통화를 더 했다. 그녀는 매번 내가 언제 돌아오는지를 물었다. 그럴 때면 나는 "두세 달 후면 바로 돌아갑니다. 금방입니다."라고 대답했다. 귀국을 하니, 정말 그녀가 찾아왔다. 직업 모델인 그녀는 찰랑거리는 긴 머리를 가진 미인이었다. "이렇게 예쁘면 부러워하는 사람도 많을 텐데 남자 때문에 죽으려 하다니, 자신을 너무 소중하지 않게 생각하는 건 아닌가요?"라고 말했다. 그리고 다시 물었다. "아직도 죽고 싶은가요?" 이내 그녀가 "이제 죽고 싶지 않아요. 그리고 다른 남자친구를 다시 만나게 됐습니다."라고 말했다.

좌절과 고난에 처한 사람 옆에 누군가 이야기를 들어주는 사람만 있어도 한 사람의 목숨을 구할 수 있다.

사람은 언제 어디서 좌절과 고난에 직면할지 모른다. 그러므로 침착한 마음으로 평정심을 가진 후, 지금 일어난 일들을 다시 생각할 필요가 있는 것이다. 스스로 해결할 수 없는 것은 친척이나 친구를 찾아 도움을 청한다면, 누구든 마다하지 않고 여러분을 도와줄 것이다. 그러한 도움에도 여전히 마음이 불안하다면, 정신과 의사나 종교인을 찾아 마음을 비우는 방법을 배울 수도 있다.

일을 해결함에 있어 일순간 자기 자신에게서 어떤 방법조차 찾을 수 없을 때도 있다. 하지만 다른 사람들에게는 항상 방법이 있다. 그러므로 우울해할 필요도 없는 것이다. 해결할 방법만 찾을 수 있으면 된다. 해결할 방법이 있다면, 고민할 필요도 없다. 얼마든지 바꿀 수 있는 방법이 있기 때문이다. 그리고 해결할 수 없다 하여 고민할 필요도 없다. 해결할 수 없는 문제란 누구도 해결할 수 있는 것이 아니기 때문이다.

굽힐 수 있고 펼 수도 있는 것이 지혜이다. 하지만 좌절과 고통 앞에서 늘 대범할 수 있는 사람은 드물다. 우리가 어떤 일을 당했을 때, 그 일의 크고 작음은 중요치 않다. 어떤 일이든 결코 우리 자신을 온전히 망가뜨릴 수 있는 것이란 없기 때문이다. 우리를 맥없이 주저앉게 만드는 것은 나약한 사람의 마음과 일을 처리하는 태도나 생각이다. 일이란 커질 수도 있고 작아질 수도 있다. 스스로 성장하고자 한다면, 눈앞에 직면한 일에 앞서 스스로의 마음을 제어하는 능력을 먼저 키워야 한다. 삶의 경험을 통해 자신의 마음을 넓혀 나갈 수 있어야 하는 것이다.

사람과 사람들

개인보다는 단체가 위기에 직면할 일이 더 많다. 단체의 규모가 클수록 더 그렇다.

많은 사람들이 모인 단체가 위기에 놓이면, 그로 인한 문제의 해결도 쉽지만은 않다. 절대적인 위기 대처 및 조정 능력이 필요하다. 단체의 위기는 인간관계와 관련된 경우가 많다. 함께 손바닥을 맞춘다는 것은 매우 중요한 일이다. 또한 리더는 모든 사람의 힘을 한곳으로 모을 수 있는 능력이 있어야 한다. 예를 들면 우리 사원이 그렇다. 사원에는 한 가지 공통된 힘, 즉 신앙 아래 살아있는 붓다나 라마승이 많이 모여 있다. 신앙을 위해 일하는 것이 궁극적인 절의 목표이며, 단체의 문화라 할 수 있는 것이다. 기업이나 단체도 무엇을 위해 설립한 것인지 그 목표가 분명해야 하는 것이다.

외국에는 봉사를 목적으로 한 단체가 많다. 그 단체들은 봉사를 하고자 하는 사람을 주축으로 그들의 도움이 필요한 사람들을 도와주기 위해 만들어진 것이다. 그들은 돈이나 재화가 아닌 노동력으로 봉사활동을 한다. 처음 봉사활동을 하는 사람들은 넘치는 열정으로 사회를 위해 자신의 힘을 보태고자 한다. 하지만 이 또한 시간이 갈수록 갈등이 생기기도 한다. '누구는 일을 많이 하고, 누구는 일을 많이 하지 않는다.' 등의 갈등의 이유가 만들어지는 것이다. 그러므로 단체는 자신들만의 규정과 기업의 문화를 미리 정해둬야 한다. 그렇게 단체를 제도적으로 관리하고, 민주적인 방법으로 자신들의 리더를 선택해야 한다.

1인 기업이라 할지라도 의사결정을 할 때는 반드시 대표를 보좌할 수 있는 담당 관리자가 있어야 한다. 여러 가지 상황을 일일이 검토해야 하는 것이다. 토론을 통해 모두의 생각을 나누고 서로 공감해야만 한다. 결국 일을 추진하는 데 있어 일단 손해가 발생하면 심각한 상황을 초래할 수도 있는데, 그 순간 모두가 감내해 낼 수 있는 능력이 어느 정도인지에 따라 성패가 달라지기 때문이다.

아는 사람 중에 패션 업계에 종사하는 사람이 있다. 그녀는 수십억 원씩 다른 사람들의 투자를 받아 옷 장사를 시작했다. 시작 당시에는 모두 다 열정적이었다. 어릴 적부터 알던 사이라 그녀와 함께한 것이다. 하지만 브랜드를 런칭하는 과정부터 모두의 의견은 일치하지 못했다. 제각기 다른 노력으로 인해, 결국 회사는 지속적인 손해를 봤다. 그렇게 몇 년이 지난 후 회사는 파산 직전까지 내몰렸다. 회사의 해산 절차를 피하고자, 마침내 내게 찾아왔다. 솔직히 나는 경영은 모른다. 하지만 다음과 같은 약간의 조언은 할 수 있었다.

"먼저 새로운 피를 수혈할 방법이 있나요? 괜찮은 브랜드라고 생각해서 투자할만한 사람이 있습니까? 그 사람이 주도적으로 나서 사업을 추진한다 해도 다들 괜찮겠습니까? 만약 그런 사람이 없다면, 남은 돈은 얼마나 있습니까? 가진 자본금을 모두 탕진한다면, 그 손실을 다 같이 부담할 수 있겠습니까? 함께 손실을 부담하는 것은 가장 나쁜 방법입니다. 하지만 여러분이 다 같이 헤쳐나갈 수 있다면 지금 사업은 지속해도 괜찮습니다. 하지만 그렇게 운영하다 보면 원금은 물론 오히려 빚더미에 나앉을 수도 있습니다. 심지어는 회사가 해산될 수도 있습니다. 그때도 빚을 다 같이 나눠질 수 있겠습니까? 이 정도의 마음 준비를 하고, 서로 함께 힘을 합쳐야 합니다. 어떤 위기가 있을지 먼저 생각한 다음, 여러분의 의견을 하나로 모아야 합니다. 무엇이 잘못된 것인지 함께 따져본 후, 다시 시작해야 합니다. 지금 여러분께 하나 된 의견이 없다면, 이번 기회를 빌려 손을 떼고 파산 절차에 들어가는 게 좋습니다. 의견 일치 없이 지금처럼 지속한다면, 투자한 여러분뿐만 아니라 다른 가족들까지도 피해를 볼 수 있습니다. 그때의 파장은 지금보다 더 클 것입니다."

　나는 위기가 발생했을 때 그 문제를 한 테이블 위에서 함께 논의하는 것이 가장 좋다고 생각한다. 모든 의견에 일리가 있을 수도 있다. 하지만 한 사람의 생각과 여러 사람의 생각은 분명 다른 것이다. 긍정적인 의견도 있고, 부정적인 의견도 있을 수 있다. 리더는 그런 여러 사람들의 생각을 한데 모아 일을 결정할 수 있어야 한다. 당면한 문제를 혼자서 처리하는 것보다 이렇게 함께 일을 처리하는 것이 훨씬 쉽다.

어디서 살든 사람은 서로 다른 환경에서 서로 다른 단체로 모이게 된다. 이러한 단체의 구분은 그저 모인 사람의 숫자 차이에 불과하다. 함께 힘을 합치면, 땔감을 모아 태우 듯 불꽃도 거세진다. 단체의 힘이란 한 개인의 힘보다 크다. 그렇기에 단체가 겪는 어려움이 개인이 겪는 어려움보다 많은 것이다. 단체의 성공과 실패에 있어, 그 전제 조건은 모두의 힘을 어떻게 합치는가에 있다. 이런 이유로 몰락하는 단체의 가장 직접적인 원인 역시 해이해진 사람의 마음에 있는 것이라 말할 수 있는 것이다.

신뢰가 기본이다

성공할 것인가 못할 것인가는 신뢰의 여부에 있다. 기업이나 동아리나, 한 분야에서 성공해본 사람은 직원들을 진심으로 믿는다. 직원들 또한 그러한 마음으로 리더를 바라본다.

때로는 신뢰도 돈 위에 만들어진다. 기업의 이익이란 바로 돈을 향한 집념이다. 기업의 흡인력이란 단지 기업문화에만 그치는 것은 아니다. 이것이 이상이자 목표가 될 수는 있지만, 결국 모두가 필요로 하는 것은 돈이다. 그러므로 한 기업에서 각자가 얻는 이익은 개개인의 능력에 따라 타당하게 분배되어야 한다. 그래야 모두가 최선을 다할 수 있다.

어려움 또한 마찬가지다. 모두에게 타당하게 이익을 나눠줬고, 모두가 노력한 만큼 제 몫을 받았다면, 다들 회사의 위기를 함께 감내해낼 것이다. 위기의 순간 리더의 성실함은 정말 중요하다. 숨김도 감춤도 없어야 한다. 한마디 말로 이러한 관계를 모두 표현할 수는 없다. 적어도 나는 이런 것이 서로에 대한 믿음이자, 사람과 사람 사이에 있는 오랜 관계라고 생각한다. 당신이 힘들 때, 최소한 당신을 위해 힘이 될 오른팔 몇 명만 있어도 그러한 위기는 넘길 수 있다.

붓다는 2,000년 전에 불교를 창시했다. 그 당시 불교는 널리 성행했다. 당시 붓다의 사촌 데바닷타Devadatta는 자신의 분파를 독립하고자 했었다. 그는 북인도에 있는 국가의 아사세왕의 힘으로 붓다의 신도들을 분열시켰다. 연로하신 붓다는 데바닷타를 설득하거나 타이르지도 않았다. 여러 해 동안 붓다를 따라다녔던 사촌 데바닷타였지만, 그가 가진 아집이 강해 어떤 가르침조차 소용이 없었기 때문이었다. 당시 붓다는 그가 가장 아꼈던 사리불Sāriputra을 보내서 떠난 이들을 설득했다. 붓다의 위대함이 어디에 있는지, 데바닷타의 야망은 무엇인지, 사리불은 하나하나 비유를 들어 그들을 설득했다. 그렇게 데바닷타를 따랐던 이들은 결국 붓다에게로 돌아왔다. 이 이야기에서 알 수 있는 것은 주변에 평소 온유하여 모두의 신임을 받는 이가 있다면, 그를 통해 위기를 대처하는 것이 가장 좋은 방법이라는 것이다. 이는 믿음을 통해 새로운 국면을 만들어 내는 방법이다.

신뢰란 사람과 사람, 사람과 사회, 사람과 국가 사이에서 조화를 이루며 공존할 수 있는 다리의 역할을 하는 것이다. 믿음도 없는 생존환경에서 모두 다 서로를 배척하고 속이며 계산만 한다면 어떻게 발전이 있을 수 있겠는가? 믿음의 전제에는 사심 없이 남을 위해 모든 걸 바칠 수 있는 박애가 필요하다. 약간 밑지는 "장사"라 할지라도, 그 끝에는 의외의 "소득"이 기다릴 수 있다. 서로가 신뢰를 쌓는다는 것은 순간의 물질적 욕심보다 훨씬 더 믿음직스러운 요소다.

제5장

마음과 바람

마음의 힘은 무궁무진한 것이다.
이러한 힘이 모이면 더 많은 것을 이룰 수 있다.

이타利他(남을 이롭게 하는 마음)가 구호에 그쳐서는 안 된다

야만의 시대, 마을과 마을 간에는 의사소통이 사실상 불가능했다. 자기 마을이 아니면 야만인으로 치부하여 상대를 죽였고, 토템 신앙의 귀신을 위해 제사를 지냈다. 훗날 서로 말이 통하니 사람과 사람 사이에 그다지 큰 차이가 없음을 깨닫게 된 것이다. 인종, 피부색, 지역을 막론하고 쾌락을 추구하고 고통을 거부하는 이치란 모든 사람에게 있어 똑같은 것이다.

모든 이의 바람이 똑같다는 것은 반대로 서로의 욕구를 존중할 필요를 배워야 한다는 의미다. 붓다는 불교 신자라면 모든 고난의 중심에 있는 중생을 이롭게 하고자 하는 보리심菩提心(불도의 깨달음을 얻은 깨달음으로 널리 중생을 교화하려는 마음)을 가져야 한다고 했다. 보리(菩提)라는 말은 고대인도 산스크리트어에서 유래한 말로 번뇌를 정화하고 지혜를 갖춘다는 의미이다. 보리심은 완전한 이타주의利他主義에서 출발한 소망인 것이다. 이는 우리 자신의 결점을 깨끗이 정제하여 자신의 마음 가득 장점만 갖도록 하자는 이데올로기의 하나인 것이다. 즉 보리란 무한한 지혜와 자비로운 마음가짐으로 자신의 고통을 떠나 쾌락을 얻는 경지이자, 모든 생명의 존재가 고통을 두려워하지 않고 즐거이 감내하도록 하는 것을 의미한다. 번뇌와 고통에 휩싸인 중생이 있다면, 우리는 최선을 다해서 그들을 도와야 한다. 여기서 말하는 중생이란 사람뿐만 아니라 세상 모든 생명을 포함하는 개념이다. 이것은 현재의 과학기술로 입증한 생물뿐만 아니라, 앞으로 우리가 입증할 모든 생물, 나아가 인류보다 더 나은 생물까지도 함께 어우르는 개념이다.

중국에서 말하는 "인민을 위한 봉사"와 불교의 "중생을 이롭게 하는 것"은 어느 정도 동공이곡同工異曲의 유사함이 있다. "성심성의껏 인민을 위해 봉사하라"와 우리 불교계에서 말하는 "보리심을 가져라"라는 말의 본의도 모두 바람직한 출발점을 가지고 있다. 다만 여기서 중요한 점은 어떻게 실천해야 할 것인가이다.

세상에 본인의 온 힘을 다 바쳐 중생을 위한 삶을 살 수 있는 사람은 없다. '지금 당신이 할 수 있는 것은 무엇인가?'를 생각하며, 누군가 도움이 필요한 사람을 위해 마음을 다해 최선을 다하는 것만이 우리가 지금 당장 할 수 있는 일이다. 이러한 마음가짐이 발심發心이며, 바로 선한 생각과 선한 소망을 드러내는 힘이다.

보통 사람이라고 할지라도 가족에게 선한 소원을 베푸는 것은 쉽다. 부모가 자녀에게, 자녀가 부모에게 성심을 다하는 것은 가능하다. 친척이나 친구, 심지어 주변 사람들에게까지 이런 일을 미루어 하는 것도 가히 어려운 바가 아니다.

하지만 우리가 싫어하는 사람, 특히 원수 또는 사업상의 경쟁자나 정치적인 라이벌, 나아가 우리가 일을 추진하는 데 유언비어를 퍼뜨리고 악담을 퍼부었던 사람, 혹은 일을 잘 처리해도 전혀 인정해 주지 않는 사람이 대상이라면, 그런 사람들을 위해 무엇인가 봉사를 한다는 것은 정말 어려운 일이 아닐 수 없다.

마음의 고통을 덜기 위한 최선은 이타적인 생각을 갖는 것이다. 고통의 근원은 모두 본인의 탐욕에서 비롯된다. 이러한 문제를 해결하는 관건은 바로 "이기적인 마음"을 "사심 없는 마음"으로 바꾸는 것에 있다.

마음으로부터의 성공

사람은 모두 자기중심적이다. 늘 "이게 잘못됐어. 저게 잘못됐어. 이것에는 내 관심이 없어. 저기에 내 관심이 있어"라는 식으로 말한다. 이는 하나같이 모든 일의 출발점을 본인 위주로 생각하는 버릇에서 온 것이다. 이러한 고민의 결과는 자기 자신을 둘러싼 채 겉돌아 맴돌 뿐이다.

어떻게 자아라는 굴레를 벗어날 수 있을까? 방법은 있다. 타인을 배려하는 마음을 갖기 위해 눈을 돌리면 된다. 이러한 마음가짐은 가족부터 시작하는 것이 제일 쉽다. 그렇게 천천히 외부로 시야를 돌리는 것이 필요하다. 그렇게 시야를 넓히고 넓히다 보면 마음가짐도 더더욱 커지게 된다. 이렇게 갖게 된 습관이 바로 불교에서 말하는 "보리심"이다.

보리심이 생기는 순간 비로소 자아라는 사고의 범주를 벗어날 수 있다. 자기 자신을 중심으로 생각하는 사고의 굴레를 벗어나는 유일한 방법이란, 이러한 보리심으로 나를 바른 길로 이끈 후, 남도 옳은 길로 이끌어 모두를 함께 이롭게 만드는 것뿐이다. 보리심을 발휘한다는 것은 정말 선하고 오묘한 이치라 할 수 있다.

불경에는 바다에서 해적을 만난 선장의 이야기가 있다. 해적을 만난 선장이 함께 있던 500여명의 상인을 죽였다는 이야기다. 그 500여명의 상인은 모두가 수행자로 조만간 나한의 반열에 오를 사람들이었다. 선장도 그 사실을 익히 알고 있었다. 선장은 충분히 해적들을 죽일 능력이 있었다. 하지만 선장은 해적을 죽인다면 그 또한 살생이라고 생각했다. 더불어 선장은 해적을 걱정했다. '저 해적들이 나한의 반열에 오를 500여명의 상인을 모두 죽인다면 끝없는 지옥의 고통을 받을 텐데, 차라리 나 혼자 지옥에 가는 게 더 낫지 않겠는가! 한 사람을 죽이는 지옥의 죄업보다 나한의 반열을 앞둔 500명을 죽이는 업보가 더 클 터인데, 그 오랜 고통을 언제 벗어날 것인가!' 그렇게 선장은 강도에 대한 극한의 자비심으로 강도를 죽였다. 훗날 붓다는 말했다. "30겁의 시간을 들여서 쌓을 선장의 복됨이 일순간 만들어졌구나!"

그 선장은 강도에 대한 보리심으로 그렇게 많은 공덕을 쌓은 것이다. 우리 모두가 중생을 위한 보리심을 가진다면, 그 힘은 더욱더 놀라운 것이 될 것이다. 또한 앞으로 쌓을 미래의 공덕도 무한히 커질 것이다.

어떤 이는 지금의 내겐 중생을 이롭게 할 능력이 전혀 없다고 한다. "능력도 없이 보리심을 발휘하는 것은 공염불이 아닌가요?"라는 질문을 할 때도 있다. 하지만 사실은 그렇지 않다. 붓다는 아사세왕에게 이렇게 답문한 적이 있다. "임금으로서 당신이 나랏일에 바쁘니 수행할 시간이란 결코 많지 않습니다. 지금부터라도 중생의 고통을 벗기기 위하여 그들을 이롭게 할 방도를 생각한다면, 실제 다 이루지 못한다 하여도, 그 복은 참으로 클 것입니다. 그 크기란 허공虛空으로 빚은 그릇으로도 모두 담을 수 없을 것입니다."

모든 일의 성공이란 한 가지 소망과 그 시작에서 비롯되는 것이다.

생각이 있어야 비로소 이룰 수도 있는 것이다.

마음은 행동이 발전하도록 이끄는 추진체와 같다. 일의 성패는 그
일이 시작된 순간의 생각에서부터 이뤄지는 것이다. 좋은 소망과
그것을 하고자 하는 마음이 원만한 결과를 이끄는 관건인 것이다.

소망의 힘을 펼쳐라!

불교에서는 마음이 있어 물질도 있다고 말한다. 그렇다고 이것이 뜻하는 바가 물질이 없다는 의미는 아니다.

일찍이 불교는 '마음의 문화' 또는 '내교內敎(불교를 지칭하는 말로 그 외의 종료는 외교라고 한다)'라고 불렸다. 즉 사람의 의식으로 인한 능동적인 작용이 가장 중요한 요소라고 봤다. 이것은 어떤 일이든 생각이 먼저 있어야 하고, 그 소망이 있을 때 성공도 있을 수 있다는 것이다.

집이 필요하다는 생각이 있기에 행동이 뒤따르는 것이며, 그 결과 집을 짓는 것이다. 지금 우리가 보고 있는 비행기나 로켓 같은 첨단 기술의 산물도 사람의 상상력이 극에 달한 후에서야 비로소 만들어진 것이다. 발명가의 발명이 실현되기 전, 타인의 눈에 비칠 그는 미치광이로 밖에는 안 보인다.

사람의 바람과 생각이란 정말 중요한 것이다. 생각의 힘은 무궁무진하며, 이러한 힘이 모이면 실로 많은 것을 만들어 낼 수 있다. 집을 지을 때도 혼자의 힘으로 짓는 것보다 남의 힘을 빌려 함께하면 더 빨리 지을 수 있다. 그렇게 철근과 시멘트, 그리고 물을 찾아 한데 모음으로써, 더 높은 빌딩도 올릴 수 있는 것이다. 이 모든 것의 시작은 우리의 생각에서 비롯되는 것이다.

불교에서는 일을 시행하기 전에 생각이 먼저 분명하고 정확해야 그 계획을 실현할 수 있다고 한다. 여기서 한 걸음 더 나아간 생각이 "반성"이다. 행동, 말, 마음을 움직이는 내면을 관찰하지 않고 반성을 하지 않았을 때, 사람의 손발은 일을 망치는 도구가 되고, 그 입은 말실수를 하게 만드는 도구가 되기 때문이다. "생각"은 눈, 귀, 코, 혀 등 사람의 감각기관을 제어한다. 이러한 생각을 통해 우리는 우리의 감각기관을 통해 사건을 이원적二元的(두 가지의 다른 요소나 원리로 이뤄지는 것) 대립식으로 파악하게 되는 것이다.

불교는 사람이 사물을 바라보는 시각의 다양성을 알려준다. 마음을 단련한 경험이 별로 없는 사람은 항상 사물을 이분법적으로만 바라본다. 흰색이 아니면 검정색, 옳지 않으면 틀린 것, 충신이 아니면 간신, 좋은 사람이 아니면 나쁜 사람으로 치부하며, 중간이란 없다고 여긴다.

불교의 설법에 따르면, 사람은 눈으로 색상을 볼 때 머리에서 먼저 그것을 분석한다고 한다. 색상에는 흑백 외에도 청색, 녹색, 황색, 자주색 등 다른 색이 존재하며, 때로는 흑백의 혼합도 있고, 때로는 청록색의 혼합도 있다. 그러므로 누군가 부정적인 것을 봤다면, 긍정적인 것은 없는가를 생각해야 한다. 다양한 처지에서 바라보다 보면, 우리의 눈, 코, 입, 귀, 혀와 몸이 접하는 모든 것을 정확하게 볼 수 있다. 우리는 이러한 접촉의 결과를 통해서 세상만사가 옳고 그름의 흑백을 구분하듯 그렇게 단순하지 않다는 사실을 깨닫게 된다. 한마디로 불교는 우리가 마음의 눈을 통해 세상 모든 것을 평등하게 바라볼 수 있도록 가르치는 것이다.

일에는 긍정적인 면이 있으면 부정적인 면도 있으며, 옳은 것이 있으면 그른 것도 존재할 수 있다. 이것은 동전의 앞면을 본 다음, 그 뒷면도 보고 싶어 하는 것과 같다. 이러한 생각을 누가 하는 것이겠는가? 사람의 뇌가 한다. 사람의 "원력願力(불교인이 목적을 이루기 위해 갖는 내적인 결심과 그에 따르는 힘), 즉 생각의 힘이 작용해 동전의 뒷면을 보고자 하는 것이다.

동전에도 앞뒷면이 있듯 친구 또한 영원한 친구는 없다. 평소 듣기 좋은 말을 잘 해줘서 오늘까지 좋았던 친구가 갑자기 내일 자기 기분에 따라 내 험담을 털어놓는다면, 대부분의 사람들은 그 친구를 나쁜 사람이라고 생각한다. 사실 그렇지 않다. 그렇다면 그 친구는 어제까지 나쁜 사람이었고, 오늘은 좋은 사람인 것일까? 아니면 어제까지 좋은 사람이었는데, 오늘은 나쁜 사람인 것일까? 그렇지도 않다. 좋은 말과 나쁜 말을 할 능력을 가진 그 친구는 오늘은 갑자기 아무 말도 하지 않는 중간적인 입장을 취할 수도 있다. 그러므로 우리는 매사를 정확하게 볼 수 있어야 한다. 오늘의 적이 내일의 우방이 될 수도 있고, 지금의 철천지원수가 언젠가는 내 생명의 은인이 될 수도 있는 것이다. 반대로 지금 가장 좋은 친구가 과거에는 본인의 가장 큰 원수였거나 빚을 받으러 쫓아다녔던 채권자였을 수도 있다.

일찍이 총카파Tsongkhapa(라마교의 황모파黃帽派를 세운 승려)라는 라마스님이 한 말이 있다. "그대가 한 점 선한 마음을 가지고 있다면 보고 듣는 것과 행하는 모든 길이 평탄할 것이고, 그렇지 아니하고 그대가 악한 마음을 가지고 있다면 보고 듣는 것과 행하는 모든 길이 흉악할 것이다." 선과 악의 시작은 말과 행동이 아닌 마음에 달려있다. 마음이 주도적인 것이다. 말과 행동은 그 마음의 뜻을 따라 움직인다. 마음은 속세俗世를 뛰어다니는 요지경瑤池鏡과 같다. 사람은 마음속의 차별로 인해 사물의 본 모습을 늘일 수도, 줄일 수도 있는 것이다. 또한 마음은 우리의 생각을 뒤바꾸는 주요한 원인이다. 그래서 불교는 항상 대자비 maha-pranidhana(일체 중생을 구제하고자 하는 부처의 소망)한 마음으로 자비를 베풀고 중생을 깨우치게 하라고 가르치는 것이다. 이는 우리가 이기적인 마음을 다스리고 마음의 크기를 조절할 수 있게 하는 좋은 방법이다.

제6장

반성

몸은 씻으면서 왜 마음은 씻지 않는가?
참회를 통해 마음을 씻어야 한다.

겉으로 드러난 아름다움은 의미 없는 것이다

"체면치레"는 현대인의 삶에 있어 중요한 요소 중 하나다. 외적인 차림과 청결은 사람과 사람의 사귐에 있어 예의이자 타인에 대한 존중이다. 이런 아름다움을 좋아하는 마음은 누구에게나 있다. 단정하고 세련된 옷차림과 깔끔한 용모는 타인에게 좋은 인상을 줄 수 있을 뿐만 아니라 자기 자신에게도 도움이 된다. 거울을 볼 때 자신을 아끼며, 자신감 넘치는 미소를 짓는다는 것은 본래 좋은 일이다.

경제 성장, 사회적 진보, 국가의 발전을 이루는 요소에도 일정한 "이미지 프로젝트"가 있다. 즐비한 고층빌딩과 미화관리, 곧게 뻗은 도로를 달리는 차량, 북적거리는 행인 등은 국가와 도시의 발전을 가늠하는 지표가 된다. 이는 평가기준에 있어서도 그렇다. 그 도시에 어떤 특색을 가진 랜드마크가 있는지, 사람들의 옷차림은 어떤지 등을 살펴보게 된다. 이렇게 겉모습이란 이슈 메이커이자 산업의 구조를 발전시키는 요인이다.

사람들은 겉모습을 꾸미는데 늘 바쁘다. 이렇게 점점 화려해지는 세상은 마치 "유흥가"와 비슷하다. 물질적 풍요 속에 급속한 경제성장을 이룩했음에도 사람들의 마음 한구석에는 오히려 공허한 허전함이 가득하기 때문이다. 외모에 대한 지나친 집착은 지금 사람들의 내적 불안정함과 부족한 안정감에 대한 외적 증거다. 이는 하드웨어에 집중한 나머지 소프트웨어의 중요성을 잃은 것과 같다. 여기서 소프트웨어란 우리의 마음이다. 우리가 성장의 과정 가운데 내적 외적 요소를 병행 발전시킬 수 있다면 그것은 당연히 좋은 일이다. 하지만 물질적 부족함 없는 경제 성장의 이면에 불행한 사람이 늘어나는 보편적인 사회 현상을 보면, 외적 아름다움의 의미가 삶에 있어 그렇게 큰 것이 아니라는 것을 반증하는 결과라 할 수 있다. 그러므로 만약 우리가 마음만 잘 다스릴 수 있다면, 이것은 우리의 삶에 있어 큰 도움이 될 수 있다.

요즘 사람들은 물질적 소유의 부족 속에 있지 않다. 오히려 풍족한 상황 속에서 속을 쓰려한다. 이러한 원인은 우리가 마음의 욕망을 해결하는 방법부터 차근차근 배우지 못한 것에 있다. 물질적 축적만을 추구하면 마음속의 욕망은 끝없이 늘어날 뿐이다. 속세에서 느끼는 외적 느낌이란 쉼 없이 뛰어다니는 야생마와 같은 마음이다. 외적인 것들에 얽매이지 않고자 한다면, 우리 스스로 마음을 차분하게 바라볼 줄 아는, 내면을 인식하는 면역력을 키워야 한다.

마음에 대한 반성

요즘은 의료적 도움 등 아름다운 외모를 만들 방법이 많다. 하지만 마음에 대한 반성은 쉽지 않다. 대부분 사람들은 상대방의 외모는 쉽게 평가할지언정 마음을 비난하지는 못한다. 이는 타인의 마음을 뚫어 볼 능력이 없기 때문이다. 그래서 타인이 우리를 판단하는 잣대의 테두리 속에서 살면서도 마음만은 한없이 텅텅 비어가는 것이다. 시간이 지나 외적인 불확실성을 느낄 무렵에서야 마음의 뿌듯함이 얼마나 중요한지를 깨닫고, 비로소 마음을 돌보기 시작한다. 내적 성장의 중요성을 언제 깨달았는지는 중요치 않다. 마음에 대한 반성이 먼저 선행되어야 한다. 이러한 마음의 반성도 자각이 있어야 잘 할 수 있는 것이기 때문이다.

사람은 자신의 습관에 대한 타인의 관심을 금기어처럼 여긴다. 누군가 자기의 단점을 지적하는 순간, 스스로 잘못을 알면서도 자기 보호의 기재를 발동시킴으로써, 본인의 단점을 변명하기에 급급해지기 때문이다.

불교의 가장 큰 장점 중 하나는 몸과 말이 아닌 자기 마음의 반성이다. 마음이 만사의 근원이기 때문이다.

진정 본인 스스로 앞을 향해 나아가고자 한다면, 반드시 자기반성을 먼저 배워야 한다.

누군가 그대의 말투에 문제가 있다고 트집을 잡는다면 자기 자신으로부터 그 원인을 찾아봐야 한다. "지금 내가 제대로 말하지 못하고 있구나!" 이러한 마음가짐이 바로 반성이다. 반성이 있어야 방법을 찾아 고칠 수 있는 것이다. 걸음걸이나 옷차림 등 행동거지 하나하나를 모두 반성해야 한다. 이렇듯 타인의 관점이 옳았음을 먼저 깨닫고 받아들일 수 있어야 그 다음이 있을 수 있다. 생각을 바로잡고 행동하는 것! 이렇게 안으로부터 퍼져 나오는 울림이야말로 가장 진실하고 깊은 참회이자 반성이다.

올바른 표현은 아니지만, 겉치레에 치중하는 사람을 보고 "미군 병사들이 영국 신사 행세를 하려 한다"라고 말하는 경우가 있다. 이는 아무리 꾸며도 결코 그럴듯하지 못하다는 의미이다. 귀족 가문의 출신은 태생적 신사 유전자, 즉 신사다움을 타고난다. 불교의 관점에서 보면, 그는 그가 쌓은 과보果報(선행으로 이룬 업보) 덕에 그 집에 태어난 것이다. 그리고 그의 외적인 일처리 방식 또한 조상 대대로 형성된 패턴을 따른다. 신사란 어릴 적부터 그러한 영향을 받으며, 자신만이 가질 수 있는 품격을 형성하는 것이다. 한순간 가난과 빈곤에 휩싸일지언정, 이러한 신사의 귀족적 품격은 사라지지 않는다. 경험이 뒷받침되지 않는 외모, 옷차림, 언어만으로 신사인 척하는 것은 오히려 신사답지 못한 행동이다. 이렇듯 발전이란 안팎의 모든 것을 스스로 반성할 수 있어야 한다.

무슨 일이든 마음이 먼저 변해야 한다. 말과 행동도 마음을 통해 바꿔야만 비로소 근본적인 반성이라 할 수 있다.

마음은 본디 착한 것이다. 탐욕, 분노, 우매, 오만, 의심, 질투 등의 번뇌의 먼지에 가려져 보이지 않는 것일 뿐이다. 일찍이 붓다는 세상은 본디 고난의 연속이라고 말했다. 사람을 고통 속에 몸부림 치게 하는 근원은 우리의 마음속에 있는 번뇌를 스스로 놓지 못하기 때문이라고 했다. 사람에게는 누구나 복잡한 속세에서의 질주를 잠시 멈추고자 하는 마음이 있다. 이는 고통에 지쳐 혼란하고 불안한 느낌이 들 때, 기댈 곳을 찾고자 갈망하는 마음이 있기 때문이다. 그러므로 우리는 자신의 이 마음을 직시하여 바꾸고자 해야 한다. 스스로의 마음을 반성하고 깨달으며, 모든 일에 마음 깊은 배려를 먼저 행해야 하는 것이다.

반성에도 의지할 곳은 필요하다

"반성"은 다른 말로 "참회"라고도 한다. 이것은 몸과 말, 의지 등 모든 과오를 말하는 것이다. 물론 반성에 있어서도 본인 스스로 마음을 먼저 움직이는 것이 제일 중요하다. 모든 행동의 전제에는 생각이 있기 때문이다.

반성과 참회의 순간에도 마음이 의지할 곳은 필요하다. 이것은 잘못을 저지르고 친한 친구에게 털어놓는 것과 같은 이치다. 기댈만한 친구라는 생각이 들었다면, 그 친구 역시 의지할 수 있는 대상이 되기 때문이다.

불교에서는 기댈 수 있어야 그 순간 스스로를 속박할 수 있는 효과가 생긴다고 말한다. 먼저 기대고자 하는 마음이 있어야 참회와 반성을 할 수 있기 때문이다. 이것의 장점은 첫째 믿을 수 있어야 속 시원히 잘못을 털어놓을 수 있음이요, 둘째 잘못을 털어놓을 사람이 있음으로 더 이상 과오를 저지르지 않도록 스스로 단속할 수도 있음이다.

만일 자기 속으로만 "잘못했구나!"라고 생각하고 누군가에게 털어놓지 않는다면, 다음에 다시 잘못을 저질러도 그 사실을 아는 사람은 없다. 나만 아는 잘못은 구속력도 없음이요, 스스로도 쉽게 용서하고 지나칠 수 있다. 잘못을 저지른 뒤 그 사실을 알렸다면, 잘못을 본 사람이 이렇게 말 할 수 있을 것이다. "지난번에 다시는 실수를 하지 않겠다고 하고서는 어떻게 잘못을 또 저질렀니?" 이러한 선의의 충고는 스스로 잘못을 저지르지 않도록 하는 최선의 속박이 될 수 있다. 이러한 이유로 수많은 불교 신자들이 잘못을 저지르고 불상 앞에서 참회하는 것이다. 즉 이는 붓다에게 기대고자 함이다.

잘못을 저지른 뒤 가장 신뢰하는 사람을 찾아 털어놓는 것은 의지할 곳과 구속받을 곳을 함께 찾는 일이다. 이러한 선순환으로 인해 실수도 점점 고쳐지게 된다. 이것이 불교를 믿는 신자의 마음가짐이다. 불교 신자들은 신앙을 통해 자신을 고칠 수 있는 것이다. 만약 신앙이 없는 사람이라 해도 신뢰할 수 있는 사람을 통해 반성을 한다면, 본인의 행동을 교정할 수 있다.

반성할 때 기댈 곳이란 법적 후견인과 같은 것이다. 우리가 의지할 수 있도록 해줄 뿐만 아니라, 우리에게 스스로 맞서 싸울 힘을 준다. 반성코자 하는 결심과 뜻에는 스스로에 대한 격려도 필요하고, 기댐으로 얻을 수 있는 맞서 싸우는 힘을 통한 믿음과 약속도 필요하다.

마음을 맑게 하는 비결

진정한 반성으로 스스로가 발전하고자 한다면 의지력과 동시에 굳건한 신념도 필요하다.

잘못을 자주 저지르는 사람도 마음이 고귀한 사람이 될 수 있을까? 물론 될 수 있다. 본인에게 꾸준한 마음이 있는지만 보면 된다. 당신이 매번 잘못을 저질러서 신념도 없고 스스로 고칠 수도 없다는 것을 다른 사람들이 알게 된다면, 또한 그렇게 잘못을 반복하고 변하지 않는다면, 당신은 남들의 비웃음을 살 것이다. 이것은 우리 자신을 저 밑바닥으로 떨어뜨리는 것으로 결코 고귀한 것이 아니다.

사람의 고귀함은 어디서 오는 것인가? 이것은 우리가 범한 잘못에 대한 반성과 바르게 고치려고 하는 약속에서 나온다. 이러한 마음의 고귀함은 스스로를 속박함으로써 드러난다. 이렇게 우리는 지금의 잘못된 행동을 효과적으로 구속함으로써, 잘못에 대한 진정한 반성을 할 수 있다.

당신의 잘못을 알게 된 누군가가 당신을 책망할 수도 있다. 이렇듯 타인의 책망을 두려워할 수 있어야 비로소 스스로를 속박할 방법도 찾을 수 있다. 이러한 반복의 과정에서 반성을 하면 점점 실수를 범하는 일도 적어진다. 반성의 효과도 커질 것이고, 또한 반성할 때마다 형성되는 역량도 강해질 것이다. 습관이 형성되면 자기 성찰이 이뤄지기 시작한다. 일이 생기기 전, 스스로가 먼저 자신을 비춰볼 수 있게 된다. '내가 이렇게 하는 것이 바른 것인지 아닌지? 진정 잘못한 것이라면 어떤 심각한 결과를 가져올지?' 이렇게 다각적인 생각을 반복하면서 실수의 확률을 줄여나갈 수 있는 것이다.

참회의 가장 큰 장점은 잘못을 저지른 뒤 그 잘못을 알게 되는 것이 아니다. 잘못을 알게 된 후 다시는 그런 일을 저지르지 않도록 자신을 단속함으로써, 그 잘못이 자신에게서 점점 멀어지도록 만드는 일이다. 이것이 잘못을 고치는 가장 좋은 방법이다.

자신의 단점을 알게 된 사람은 반성을 통해 내면에 쌓인 스스로의 자성능력을 보여줄 수 있다. 비록 아무런 지위조차 없고 무엇 하나 이룬 바는 없을지라도, 이러한 사람은 타인의 눈에 고귀한 사람으로 비춰진다. 사람의 귀족적 품성과 고귀한 힘은 대부분 마음에서 나온다. 이러한 반성의 힘은 남을 해치지 않고자 하는 바탕 위에서 나오는 것임을 여러분도 깨달을 수 있을 것이다. 남을 해치지 않는 사람의 마음속에는 사랑도 쉽게 싹튼다.

사람의 마음속에서 가장 폭발력을 갖는 두 가지 힘은 미움과 사랑이다. 미워하는 마음이 터지도록 놔둔다면, 남에게 상처를 줄 수 있다. 우리가 반성할 줄 안다면 미움의 힘도 사람의 힘으로 바꿀 수 있다. 남을 사랑하는 데 우리의 힘이 쓰인다면, 긍정적인 효과도 보다 많이 만들어진다. 적극적으로 스스로 반성하고 긍정적인 힘을 유지하는 것, 우리는 여기에 더 많은 힘을 써야한다.

몸은 씻고 꾸미는 걸 좋아하면서도 왜 마음을 씻고 들여다보는 것은 싫어할까? 잘못을 뉘우치고 마음을 깨끗이 할 줄 알아야 한다. 우리가 몸을 닦는 것은 개인위생에 신경 쓰지 않아 이미지가 나빠질

까 봐 스스로 겉모습에 치중하기 때문이다. 그러나 마음을 닦는 사람은 많이 없다. 겉모습만 꾸미며 마음은 닦지 않는 것이다.

마음을 씻으면 어떤 좋은 점이 있을까?

사람들은 잘못을 저지른 후 그것을 마음속에 담아둔다. 마음은 악성 종양과 같아서 언제 어디서든 생각만으로 사람을 불쾌하게 한다. 사람들은 그것이 불쾌한 것임을 뻔히 알고 있음에도 체면이나 자아에 대한 집착으로 인하여 그냥 마음속에 담아두기만 한다. 우리가 마음속으로 참회를 해도 남들은 잘 모른다. 그러나 참회를 하지 않아도 알지 못한다. 하지만 잘못을 그대로 두면, 본인의 목소리까지 곰팡이가 슬어 우리를 불쾌하게 할 수 있다. 이렇게 만들어진 불쾌한 마음은 타인과의 공존에 있어 부정적인 영향을 끼친다. 이는 썩은 물건이 온 집안에 악취를 풍기는 것과 같다. 숨 쉬는 것도 힘들어지고 말도 잘 안 나오며, 결국 몸은 물론 마음까지 지치게 된다. 그 결과 타인에 대한 감정과 느낌도 모두 다 부정적으로 변하는 것이다. 쉽게 화를 내고, 감정 폭발도 잦으며, 본인의 결점이 드러날까 불안해하다가 그 결점이라도 건드리면 이내 폭주하는 것이다. 남들은 전혀 생각지도 않는데, 그저 자신의 약점을 들킬까 두려워하는 것이다.

붓다에 대한 참회든, 주변 사람들에게 솔직히 털어놓고 반성하든, 우리의 잘못을 다른 사람들에게 말하는 것만으로도 모든 악취는 사라진다. 그렇게 악취가 사라지면, 몸과 마음도 비로소 즐거워진다. 그렇다면, 어떨 때 사람들은 누군가를 찾아 자신의 속내를 털어놓고자 하는 것일까? 이것은 사실 무엇인가에 기대고자 하는 사람의 심리적 발현 때문이다.

진심어린 참회를 하다 보면 속박은 불현듯 풀린다. 이는 마치 탁한 기운으로 가득 찬 방안에서 불현듯 창문을 열자, 이내 신선한 바람이 들어와 공기가 환기되는 것과 같다. 탁한 공기라는 부정적인 힘의 속박에서 풀려난다는 것은 쓸모없는 잡념이 맑은 정신과 즐거움으로 일거에 바뀐다는 의미이다. 이러한 양지의 밝은 힘은 남 앞에 스스로 드러날 뿐만 아니라, 우리에게도 더 많은 긍정의 힘을 가져다줄 수 있다.

반성할 줄 아는 사람은 언제든 자신의 결점을 찾아낼 수 있다. 사람들은 그러한 사람과 함께 있기를 바라며, 또한 함께 할 때 그들의 진심을 다하려 한다. 유유상종이라는 말도 바로 이러한 이치에서 나온 것이다. 몸과 마음이 평온하여 언제나 자기반성을 행하는 사람들은 타고난 천수를 다할 뿐 아니라, 자신과 비슷한 사람들을 쉽게 찾아내 함께 어울린다. 기운이 같은 기운을 이끄는 것이다. 한 번 가본 후 가면 갈수록 더 가고 싶은 모임도 있다. 이것은 그 모임이 가진 긍정적인 힘에서 비롯된 흡인력 때문이다.

모든 일을 마음에 담고 자신의 결점은 모른 채 다른 사람을 원망만 하는, 반성이란 것 자체를 모르는 사람이 있다면, 그 사람 주변에는 똑같은 군상들만 모이게 된다. 이 사람들은 만날 때마다 자기가 처한 고난과 고통만 이야기하면서 마음 깊은 원망만 쌓는다. 오가는 말 속에 서로가 서로에게 영향을 주고받다 보면, 결국 원망만 가득한 "원망으로 뭉친 단체"가 되는 것이다. 이렇게 원망으로 뭉친 모임은 우리에게 부정적인 영향을 끼치게 되며, 부정적인 영향이 지속되다 보면 우리의 삶도 나쁜 방향으로 이끌리게 된다.

올바른 참회란 우리의 몸과 마음에 이로움을 쌓는 것이다. 우리의 힘을 보다 적극적으로 기를 수 있게 만들어주는 기본이 되는 것이다.

참회를 통해 나아지려는 마음이 있다면, 기적도 일어난다. 참회하려고만 한다면, 우리의 마음은 이내 깨끗이 정화될 수 있다.

불교에는 마음을 깨끗하게 만드는 방법이 많이 있다. 불법佛法은 조미료와 같은 것으로 우리가 생활 속에서 잘만 활용한다면, 언제 어디서나 좋은 영향을 받을 수 있다.

마음을 깨끗이 하고 제때 참회한다는 것은 의지하고자 하는 힘, 반성하고자 하는 힘, 속박하고자 하는 힘, 억제하고자 하는 힘의 상호보완적인 역할을 통해 이룰 수 있다. 세상의 시작과 함께 오래도록 쌓아온 인간의 습성은 본래의 투명했던 마음을 가리는데 특화되어 있다. 마치 스모그와 같은 것이다. 효과적인 참회와 끝없는 반성만이 고통의 늪에 더 깊이 빠져들지 않도록 우리를 도와줄 수 있다. 누구나 인과에 대한 두려움 없는 마음을 바탕으로 진심으로 고해하고 참회만 한다면, 그 사람의 마음과 정신은 비로소 맑아질 수 있는 것이다.

진심어린 반성과 참회는 끝이 없다

변덕스러운 윤회의 굴레 속에서 벌어지는 수많은 일들은 우리가 잘 되길 바란다고 해서 잘 되는 것도 아니고 나쁘게 하고자 해서 나빠질 수 있는 것이 아니다. 일의 발전이란 개개인이 쌓아온 선과 악의 업보에 따라 느끼는 기쁨과 고통에 불과하다. 사람들이 습관적으로 심는 씨앗은 미래에 감수해야 하는 번뇌와 고통의 씨앗이다. 대부분의 경우 선함보다는 악함이 더 많다.

사람은 태어나면서부터 거짓말과 도둑질, 살생 등과 같은 10가지 못된 짓은 가르치지 않아도 할 줄 안다. 아니 능숙하게 잘한다. 반성으로 깨끗하지 못한 우리의 마음에는 탐욕, 분노, 질투, 오만, 의심 등이 가득 차 있다. 그러나 10가지 선한 일十善業(즉 살생하지 않음, 도둑질하지 않음, 사음하지 않음, 망언을 하지 않음, 양설을 하지 않음, 악구를 하지 않음, 기어를 하지 않음, 탐욕하지 않음, 화내지 않음, 어리석지 않음)은 아무리 귀 기울여도 배울 수 없다. 결국 우리는 성실한 일처리와 변화보다 오랜 시간 쌓여 온 부정적인 에너지와 습성에 더 이끌리는 것이다. 이러한 부정적인 습성과 습관은 반성과 참회를 통해서 씻어내야만 한다. 그렇지 않으면 이런 습성과 부정적인 에너지는 아라야식阿賴耶識이라는 우리의 무의식 속에 머물러 있게 된다.

선악의 원인이 되는 씨앗을 심고, 때가 되어 싹을 틔우는 것은 어쩔 수 없는 법칙이다. 선악의 원인이 더 이상 발전하지 않도록 하는 유일한 방법은 모든 생명을 존중하는 마음을 가지고 스스로 반성하고 참회하여 자기 마음을 깨끗이 씻어내는 것뿐이다. 하지만 언제까지 참회하고 반성해야 업력業力(결과로써 업보를 가져오는 업인의 힘)을 깨끗이 씻어낼 수 있을까? 이는 우리의 신체와 같다. 신진대사는 물론 외부 환경과의 접촉으로 생기는 오염에 매일 같이 청결하게 씻고 양치하고 목욕하는 것과 같다. 오늘 씻었다고 내일 우리 몸이 더러워지지 않는다고 할 수는 없다. 오히려 제때 씻지 않으면 더 많은 때가 껴서 더 더러워지게 된다. 마음을 씻는 것도 이와 같은 이치이다. 마음을 깨끗이 닦고자 매일 잠들기 전 하루의 일과를 반성하고, 그 잘못을 참회하며 긍정적인 생각을 꾸준히 유지해야만 한다. 이로써 마음속 세계도 깨끗이 정화할 수 있는 것이다. 매일매일 진심어린 반성과 참회를 꾸준히 지속할 수 있어야만, 오래도록 쌓여 온 업력이 완전히 정화될 수 있는 것이다.

구체적인 방법은 이와 같다. 매일 잠들기 전 오늘 자신이 했던 생각과 행동을 돌이켜 보고, 신앙에 어긋나는 것이 있다면 부끄럽고, 두렵고, 뉘우치는 마음으로 성찰과 반성을 하면 된다. 다시는 똑같은 악업을 행하지 않기를 바라야 한다. 오직 마음에서 우러나오는 미안함, 마음에서 불러일으킨 참회만이 진정 쓸모 있는 것이다. 말로만 외치는 것은 소용없다. 잠자리가 물 위를 스치듯 잠시 말로만 떠들고, 마음을 다하지 않으면서 마음을 깨끗이 정화하기란 어려운 일이다. 이것이 가장 중요한 점이다. 이러한 이치를 깨닫는 것만으로도 우리에게는 많은 도움이 될 수 있다.

오래도록 사람들이 만들어 온 선악의 원인과 결과를 온전히 깨끗이 정화한다는 것은 그리 쉬운 일이 아니다. 꾸준한 마음이 먼저 있어야 한다. 붓다와 여러 보살의 원력願力 및 자신의 경건한 마음에 기대어 끊임없는 반성과 참회를 유지해야 한다. 그래야 양적인 변화에서 질적인 변화에 이를 수 있고, 마침내 우리 마음도 깨끗이 씻어낼 수 있게 된다.

무슨 일이든 꾸준하게 지속할 수 있어야 물방울로 바위를 뚫는 결과를 얻을 수 있다. 이는 우리의 마음 깊은 반성과 참회에 있어서도 마찬가지다. 소리 높여 부르짖는 태도도 좋은 것이다. 하지만 착실하고 꾸준한 노력이 뒤따라야만 비로소 실질적인 효과를 거둘 수 있다.

제7장

내려놓음

"내려놓음"은 삶의 필수적 행위예술이이며,
"과거를 내려놓는 것"은
지금 이후의 미래를 창조하는
역량을 키우는 것이다.

"아집我執"은 두 눈을 가린다

내려놓으려면 우선 내가 어디서 왔는지부터 말할 수 있어야 한다. 사람이든 동물이든 "나"는 항상 존재한다. "나"의 개념이란 생명체로서 내가 존재한다는 것이다. 내가 존재하기에 나를 둘러싼 수많은 욕구도 생기는 것이다. 내가 있어 내 몸도 있는 것이고, 우리와 전혀 무관해 보이는 것들도 "우리"를 통해 보이게 되는 것이다. 이것은 우리의 머리카락이나 손톱과도 같다. 머리카락이나 손톱은 감각이 없기에 잘라내도 아프지 않다. 다만 우리와 연결되어 있기에 우리 신체의 일부라고 여기는 것이다. 나이가 들면서 생겨난 "내 옷, 내 음식, 내 가족, 내 차, 우리 집, 우리 공동체, 우리 도시, 우리나라"도 그와 같은 것이다.

우리는 이러한 것들로 인해 나름의 확고한 믿음을 갖게 된다. 우리는 이 세상을 살고 있는 하나의 독립체로서 생명을 얻은 그 날부터 죽음에 이르는 길을 걷고 있는 존재다. 그 과정에서 많은 것을 갖고 싶어 하지만, 그러한 모든 것은 태어나면서 갖고 나오는 게 아니다. 태어난 지 얼마 안 되는 아이도 자신의 표정을 이용해 원하는 것을 얻기 위한 거짓말을 한다. 세상에 나옴과 동시에 "나"의 욕구는 "나"의 욕망을 쫓아 점점 커지는 것이다.

세상에 갓 태어난 아이의 세계에 대한 인식에는 어른들이 후천적으로 가르쳐 준 것만 있는 것이 아니다. 일부 아이들은 기어 다니기 시작하면서 곤충을 보면 때려잡으려 한다. 그런 아이에게 놀이란 바로 살생이다. 하지만 작은 생물이 귀여워 손바닥에 올려놓고 이야기하는 아이들도 많다. 어릴 때의 생각은 시간이 가면서 "집착"이 되는데, 이러한 것도 욕망의 하나라 할 수 있다. 대부분의 욕망은 모두 후천적으로 생겨난 것이다.

이 세상에 갓 태어난 아이가 처음부터 세상의 것들을 알고서 원하는 것은 아니다. 그저 어른들을 통해 자연스럽게 주입되는 것이다. 옷은 어떤 색깔로 입을지, 어떻게 말을 잘할지, 무엇을 가져야 부유하다고 할지, 어떤 교육을 받아야 학문을 쌓을 수 있을지 등, 이러한 모든 것은 어른들이 가르쳐 준 것이다. 아이의 욕망은 눈으로 보는 것, 귀로 듣는 것, 코로 맡는 것, 몸에 닿는 것을 통해 점점 부풀어 오르는 것이다. 즉 시각色, 청각聲, 후각香, 미각味, 촉각觸에 대한 자신의 감수성을 통해 욕망 또한 나날이 강해지는 것이다. 이러한 강렬한 욕망이 바로 망념妄念, 즉 터무니없는 생각이다.

망념이란 아직 성공하지는 못했지만 앞으로 이루고자 하는 일종의 생각이다. 이러한 터무니없는 생각은 사람들에게 정서적 고통과 육체적 고통을 가한다. 나이가 들면서 우리는 삶이라는 것이 그렇게 간단한 것이 아님을 깨닫게 된다. 생물 중 인간만큼 복잡한 것도 없다. 인간은 스스로를 고등동물이라 부르지만, 이러한 고등성高等性은 인간의 복잡한 마음에서 나오는 것이다. 스스로 반성할 줄 알고 분석할 줄 알며, 그러한 분석을 통해 따뜻한 마음을 갖는 것은 사람의 긍정적인 면모라 할 수 있다. 사람의 감정은 다른 동물에 비해 매우 풍부하다. 다시 말해, 인간이 다른 동물에 비해 고귀한 존재일 수 있는 이유는 바로 감정 때문인 것이다.

그렇다면 사람의 고귀함은 어디에 있는 것일까? 고통에 직면한 사람은 그 고통을 바꿀 방법을 찾으려 한다. 생각을 통해 문제를 해결하고자 노력하며, 때로는 단체의 힘을 빌리기도 한다. 동물은 이러한 면모가 상대적으로 부족하다. 예를 들어 인간에게 있어 밥을 먹는 행위란 단순히 생존만을 위한 것이 아니다. 시각적 즐거움의 만족, 청각적 즐거움의 만족 등 욕구 실현이란 의미도 있는 것이다. 사람들, 특히 부자들이 식사를 하는 것은 식사와 동시에 '저 사장님은 매일 전복에 명주를 즐긴다.'는 말이 듣고 싶은 것일 수도 있다. 실제 와인을 알지 못하는 사람이 커다란 와인 저장고를 만들어 스스로 품위가 있음을 자랑하고자 하는 것이나, 시가를 피우고 양주를 마시며 품위 있는 사람이란 말을 듣고자 함은 자신의 귀를 만족시키기 위한 수단인 것이다. 귀가 즐거운 삶은 남이 말하는 대로 사는 삶이다. 반면 눈의 만족을 위해 사는 사람도 많다. 루이비통이나 구찌 같은 명품 가방을 좋아하는 사람이 이에 속한다. 우리가 이런 것들을 진심으로 좋아하는 것일까? 반드시 그렇지는 않다. 대부분의 사람들은 그러한 물건들이 뭐가 좋고 왜 좋은지 전혀 알지 못한다. 단지 그것이 비싼 것이라는 사실만 안다. 다른 사람이 명품 가방을 들고 다니는 걸 보니 고급스러워 보이므로 자신도 하나 들고자 하는 것이다. 이것은 사실 자신의 허영심을 만족시키는 것에 지나지 않는다. 정작 고상한 것을 모방하고 유행을 쫓는 사람들 중, 명품에 녹아있는 진정한 문화적 함의含意를 알고 싶어 하는 사람은 극소수이다. 그저 본인의 시각적 즐거움을 위해 표면적인 것만 추구하는 것이다. 이것은 진정한 고귀함이라 할 수 없다.

욕망은 눈과 귀를 통해 우리의 마음속에 전달된다. 그렇다면 우리 인간은 왜 이러는 것일까? 우선 어째서 우리가 이렇게 집착하는 것인지를 알아볼 필요가 있다.

욕망은 눈과 귀를 통해 제일 먼저 생긴다. 그 다음에는 후각을 만족시키려 한다. 먹음직스러운 음식이 그렇다. 남들이 요리하는 냄새를 맡으면 먹고 싶은 욕구가 생긴다. 인간의 가장 큰 문제는 여기에 있다. 인간은 자신의 욕망을 채우기 위해 살생을 자행하는 것이다.

가장 높은 지성을 갖춘 동물을 자칭하는 인간이라면, 반드시 생명 그 자체를 존중할 수 있어야 한다. 이것이 정상적인 인간이다. 하지만 사람은 욕망을 위해 살생을 일삼는다. 맛은 별로인 고기조차 진귀한 것이란 말 한마디에 자신의 욕망을 채우고자 살생을 하는 사람들도 있다. 이러한 욕망 때문에 사람들은 수많은 야생동물을 잡아먹는다. 이게 바로 집착이다. 명성에 집착하고, 색깔에 집착하고, 맛에 집착하며, 욕망만 채우려 살생을 행하는 것이다. 사람들은 표범, 수달, 담비, 코끼리, 호랑이 등을 죽인다. 이 동물들이 병을 치료하는데 효과가 있다는 이유로 살생을 한다. 하지만 정말 효과가 있을까? 전혀 그렇지 않다. 그저 진귀한 동물을 통해 또는 그 동물의 일부를 가지고 있음으로 타인에게 자신의 능력을 보여주고자 하는 것일 뿐이다. 이것은 일종의 소유욕을 만족시키기 위한 행위에 지나지 않는다. 본질적으로 생명을 존중할 줄 모르는 잘못된 표현일 뿐이므로, 우리는 이러한 것에 함께 동조하면 안 된다.

삶에 필요한 대부분의 것들은 하나를 가지고 하나를 내려놓으면 되는 실로 간단한 것이다. 그러나 이를 행하려면 매우 어렵다. 이유인 즉, 우리가 "나"라는 허구에 집착해 그것을 가져가지도 내려놓지도 못하며 돌아서 자신을 힘들게 만들기 때문이다.

욕망과 탐욕이라는 거대한 악마

내려놓음은 욕망과 탐욕을 내려놓는 것이다.

태초에 사람의 소유욕이란 정말 단순한 것이었다. 초기 농업사회에서의 사람의 욕망이란 먹을 게 있으면 만족하고, 남자는 농사짓고 여자는 베를 짜는 하루하루의 능동적 반복에 지나지 않았다. 시간이 지나서는 집에 소 몇 마리를 더 들이고 곡식을 더 많이 수확하는 것만으로도 감사해했다. 다음 해에도 풍년이 계속되기를 바라며 한 해 동안 각종 의식을 거행하며 천지신명에게 소망을 빌었다. 이 풍년의 소망이 바로 사람들의 욕망이다. 사회가 발전할수록 인간의 이러한 욕망은 늘어났고, 그러한 욕망이 커지며 인간의 능력도 한층 더 발전했다.

이러한 예는 너무 많아서 일일이 열거조차 할 수 없다. 내 가까운 벗 중, 중국의 개혁개방 이후 바로 출국한 친구가 있다. 한번은 그 친구의 차를 탄 적이 있다. 앞에 작은 트럭 한 대가 정말 느리게 운전해 우리 차를 가로막았는데, 그 친구는 순간 화를 내며 조급하게 경적을 울려댔다. 나는 그 친구에게 이렇게 말했다. "경적을 울리지 말게나. 저 차는 느릴 수밖에 없으니 천천히 한쪽으로 빗겨 가면 될 것이 아닌가!" 내 말에 그 친구도 겸연쩍게 웃었다. 뒤이어 그 친구가 지난 얘기 하나를 내게 털어놨다. 가난했던 어린 시절 시골에 살 때는 비둘기표 자전거 한 대를 갖는 게 소원이었다고 했다. 그러다가 자전거가 생겼지만, TV나 영화에서 승용차를 가지고 있는 외국인들을 보니 다른 욕심이 생겼다고 했다. 평생 가질 수 없는 것이라 생각했었단다. 훗날 대학을 마치고 직장을 다니며 봉고차 한 대를 살 수 있었는데, 그 봉고차를 운전할 때면 길 위의 자전거가 그렇게 거추장스러웠었다고 한다. 그 당시에는 정말 엄청나게 많은 자전거가 차 앞으로 달려들었다고 했다. 하지만 정작 본인이 자전거를 탈 때는 그 뒤에서 경적을 울리는 차가 오히려 짜증났었다고 했다. "낡아빠진 차 한 대 가지고 뭐가 대단하다고 짜증나게 경적을 울린담."이라고 생각했었다는 것이다.

그 친구는 나와 이런 얘기를 하면서, 그 짧은 순간에 내려놓는 법을 배웠다. 나는 느낄 수 있었다. 자전거를 탈 때는 뒤에서 경적을 울리는 자동차가 짜증났고, 경적을 울릴 때는 자전거가 눈에 거슬렸고, 고급차를 몰 때는 앞에 있는 트럭이 눈에 차지 않았다는 사실을 그 친구가 알게 된 것이다. 지금 그 친구는 고위직 관료다. 어디를 갈 때 경찰차의 에스코트를 받는다. 가끔 다른 차들이 비켜주지 않으면, 짜증을 내려다가도 내가 좀 지나쳤다는 생각이 들곤 했단다. 그래서 지금은 정부에서 배정한 관용차를 타지 않고, 본인의 일반 승용차를 탄다고 했다. 이러한 과정을 통해 그 친구는 자신의 심리적 태도가 바뀌면서 마음속의 욕망을 조금이나마 내려놓게 된 것이다.

인간의 욕망은 없다가도 생기고 있다가도 사라진다. 그러한 변화의 과정을 통해 욕심이 줄고 집착도 버릴 줄 알게 되는 것이며, 마침내 내려놓음을 배우게 되는 것이다. 사람은 누구나 이러한 과정을 거친다. 이해할 것인가 말 것인가는 스스로의 깨달음뿐이다.

삶이 원만하고 물질적으로도 풍족한 것은 좋은 것이다. 하지만 오로지 욕망과 탐욕에 휘둘려 온종일 분주하기만 하다면, 끊임없는 번뇌와 고통이 뒤따른다. 하루 24시간, 1년 365일 내내 분주한 삶만 마주하고 있다면, 아무리 바쁜 와중이라 해도 반드시 자기 마음의 부담부터 줄일 수 있어야 한다.

불상佛像이 수집가이다

어째서 사람들은 욕망에 집착하여 내려놓지 못하는 것일까? 중요한 사실은 사람들은 본인이 소유한 것이 무엇이든 영원히 변치 않을 것이라고 생각한다는 것이다. 이런 이유로 사람들은 자기가 소유한 것을 잃지 않기 위해 더 가지려 하는 것이다. 가지고자 하는 마음만 더욱 요동치게 되는 것이다.

우리는 갖고 싶어도 소유해서는 안 되는 물건이 있다는 사실을 잘 알고 있다. 단지 자신조차 설득하지 못하고 '혹여 그런 물건을 놓칠까?' 하는 불안한 마음으로 인해, 온갖 방법을 동원해서라도 그런 것들을 갖고자 하는 것이다.

가난하던 시절에는 하루 세 세끼만 배부르게 먹어도 만족했다. 밤참 한 끼라도 더 먹을 수 있다면 더할 나위 없이 좋은 일이었고, 새 옷 몇 벌만 살 수 있어도 충족할 수 있었다. 하지만 요즘은 늘어난 경제력만큼 옷이 너무 많아져 전부 다 입을 수조차 없음에도 더 많이 사려고 한다.

과거 가난하던 시절의 사람들의 욕망이란 나중에 구두 한 켤레 신을 수 있으면, 좋은 옷 한 벌 입을 수 있으면, 차를 타거나 집 한 칸만 있다면 정말 좋겠다는 소소한 바람이었다. 오늘날에는 집도 있고, 차도 있고, 부족한 것 없는 경제적 풍요를 누리면서도 또 다른 욕망을 키운다. 조금 더 큰 집, 조금 더 귀한 옷, 명품이라면 더 좋겠다는 생각을 한다. 결국 옷조차 입기 위해 사는 것이 아닌 사기 위해 사는 지경에 이른 것이다. 명품을 사와서 옷장에만 걸어 놓는다. 시간이 지나서 보면, 안 입어 본 것은 말할 것도 없고, 딱지조차 떼지 않은 것들도 즐비하다.

사람의 욕심이란 끝이 없다. 처음에는 옷 두어 벌, 차 한 대, 또는 처음 산 명품 가방 하나에도 즐거워한다. 이것은 기업하는 사람들이 처음으로 돈을 벌어 현금을 손에 쥐는 것과 같다. 처음 돈을 번 기쁨은 그래도 오래갈 수 있다. 이후 비교적 필요 없게 된다. 그 기쁨은 은행의 적금통장처럼 변한다. 처음 통장을 가졌을 때 그 안에 새겨진 숫자는 중요하지 않다. 마냥 즐거울 수 있다. 하지만 나중에는 통장에 붙는 0의 개수를 볼 것이다. 이는 욕망이 부풀고, 소유욕이 줄지 않는 결과이다. 이러한 소유욕을 억제하고 해결하기 위해서는 정말 큰 용기가 있어야 하는 것이다.

외국의 가정은 신앙이 보편화 되어있다. 우리에게 잘 알려진 외국 기업인들의 가정도 그렇다. 그들은 부모님을 통해 사회 환원의 책임을 배운다. 나 혼자의 노력으로 모든 부를 쌓을 수 없다는 것을 어렸을 때부터 알게 되는 것이다. 록펠러, 포드, 빌 게이츠, 웰치 등 서양의 부자들은 모두 독실한 기독교 신자들이다. 그들의 사업 밑바탕에는 신앙이 있다. 근검절약하고 노력하는 그들의 태도와 부를 이룬 후 그것을 사회에 공헌하는 행동도 이러한 신앙이 있었기 때문에 가능한 것이다.

동양인, 특히 중국인들은 사회 환원이나 자선활동을 위한 심리교육을 제대로 받지 못한 경우가 많다. 그래서 유형의 재산을 자녀에게 물려주고자 하는 것이고, 소위 보물과 같은 물건을 수집하려고 하는 것이다. 이것은 대부분 개인의 소유욕을 채우기 위한 행동이다.

내 주변에도 골동품 수집을 좋아하는 사람이 있다. 그는 진귀한 물건을 수집하여 내게 전화를 하곤 한다. 나는 전화를 받을 때마다 "좋다"라고 답했다. 한번은 너무 지나치게 수집을 하는 것 같아서, 결국 나는 그 친구에게 "이걸 다 수집해서 어디에 쓸려고 그러나? 집에 가져다 놓든지, 은행에 넣어두든지, 금고에 보관을 해야 할 텐데, 가지고 다니지도 못할 거면 땅에 묻어두는 것과 무슨 차이가 있는 건가? 기껏 꺼내 봐야 두세 개 정도일 터이고, 10개쯤 가지고 있다면야 항상 꺼내 볼 수 있겠지만, 이런 골동품이 수백 개나 있으면 다 볼 수도 없지 않은가? 보려고 해도 다 볼 수 없을 것 같네. 내가 뭘 가지고 있는지 리스트만 겨우 볼 수 있을 것 같네."라고 핀잔을 줬다.

하루는 그 친구가 당나라 때 불상 하나를 소장하게 됐다고 전해왔다. 나는 그 즉시 알려줬다. "자네는 분명히 알고 있어야 한다네. 지금 세상을 얼마나 살 것 같은가? 올해 쉰이니 자내가 장수하기를 바라도 기껏 40여 년쯤 더 살 수 있을 뿐이네. 보아하니 불상을 소장한 것 같은데, 그것은 당나라 때부터 지금까지 몇 천 년이나 존재한 것이네. 자네 나이가 얼마나 됐다고 불상을 소장하는 것인가? 불상이 잠시 며칠쯤 자네를 맡아두는 것에 불과하다네. 자네가 진정 무엇을 하는 것인지 확실히 알 필요가 있다네. 자네가 이 세상에 있는 건 잠깐 핀 꽃 한 송이에 불과한 것이지만, 불상이 골동품인 것은 이 세상에 오래도록 있었기 때문이네. 자네가 수집가가 아니라 불상이 수집가란 말일세." 나는 그 친구보고 정신 좀 차리고, 모든 정력을 그런 것에 쏟지 말라고 충고했다.

우리의 욕망은 이렇게 끊임없이 이어지며 습관을 형성하게 한다. 욕망으로 인한 수집이 우리에게 즐거움만 주는 것이라면 좋은 것이겠지만, 대부분 불쾌한 느낌도 함께 받게 된다. 사람들은 쇼핑을 좋아하지만, 그 쇼핑의 즐거움은 극히 짧은 것이다. 물건을 고르고 결제를 할 때는 즐거운 것 같지만, 막상 카드 명세서를 받으면 후회한다. 그렇게 산 옷을 옷장에조차 넣지 못한다면 그 후회는 더욱 커진다. 결국 쓸모없는 물건으로 인해 마음의 부담만 증가되는 것이다. 가끔 난 우화 같은 우스갯소리를 한다. "상점에 걸려있는 옷은 밖에서 볼 때는 예쁩답니다. 하지만 그 옷을 사려고 마음을 먹었는데, 다른 이가 와서 그 옷을 사가면, 그 순간 저 옷은 내가 사려했던 것인데 라는 생각이 들기 시작하죠. 이것은 이미 본인이 욕망으로 사로잡혔기 때문이랍니다. 돈을 지불하고 나왔을 때 종업원이 조심하지 못해 옷에 커피를 쏟았다고 생각해 보세요. 마음이 아프겠지요? 이런 슬픔은 내 것이 침해당했기 때문이랍니다. 이것이 바로 부담입니다."

차를 살 때 그 차가 전시장 안에 있으면 남의 차이지만, 계약금을 내고 나면 태도가 달라진다. 새 차를 샀는데 누군가 열쇠로 긁었다고 생각해보자. 마음이 긁힌 것처럼 매우 아플 것이다. 집을 사는 것도 마찬가지다. 돈을 지불하기 전에는 다른 사람이 집을 두드린다 해도 상관없다. 하지만 돈을 내면 소유욕이 생기기 시작한다. 그래서 누군가 우리 집을 쿵쿵 두드리면 화가 나는 것이다.

사람이 소유욕을 가지고 있다하여 모두 나쁜 것은 아니다. 세상에 나와 육체를 가짐으로 자기 몸을 소중하게 생각할 줄 알고 삶을 충실하게 살아가는 것, 그리고 그러한 삶을 통해 얻을 수 있는 육체적 만족이란 반드시 필요한 것이다. 하지만 그것이 무엇이든 과한 것은 좋지 않다. 외적인 요소로 인해 통제당하지 않으려면, 삶과 욕구의 균형을 지키는 유연성을 가져야 한다.

물질적인 삶을 창조하고 추구하면서, 우리는 내면의 균형을 잡는 데 필요한 것이 무엇인지를 잘 알 수 있어야 한다. 지나치게 욕심을 내도 안 되며, 너무 인색해도 안 된다. 이러한 마음가짐으로 욕망과 물질적 환경에 휘둘리지 않을 때, 우리의 행복지수도 높아지는 것이다.

욕망을 내려놓고 자아를 해탈해야 한다

불교는 사람이 세상에 온 이유가 자기 자신을 해탈시키기 위함이니 즐겁게 하루를 살아야 한다고 말한다. 하지만 우리는 지나친 욕망과 소유욕으로 인하여, 언제나 온갖 방법을 다해 갖으려 노력한다. 결국에는 돈을 버는 것도 하나의 게임처럼 여기게 된다. 0이 하나라도 더 붙으면 기뻐하며 욕망을 충족하게 된다. 그 다음부터는 더 많은 0을 붙이기 위하여 기를 쓰고 노력한다. 그러면서 자신의 명성에도 연연해한다. 남들이 뭐라고 말하는지는 듣지도 못하면서, 다른 사람들이 나를 어떻게 이야기하고 다니는지 알 수도 없으면서, 모든 걸 다 알고자 한다. 이 모든 것은 우리 안에 있는 소유욕의 장난질이다.

사람은 능력이 커지면 커질수록 소유욕도 강해진다. 평범한 사람일 때는 평범하지만 유명인이 되면 욕망도 커지는 것이다. 말단 직원에서 관리직, 사장, 대표로 변하는 과정에서 욕망과 사고방식도 변한다. 주변 환경이 만들어내는 물질적인 시달림을 받지 않는다면 좋은 일이다. 하지만 사람들은 이러한 외적인 것에 좌우되어 자신의 마음을 장악하지 못한다. 예를 들어 누군가가 돈을 벌 수 있는 능력을 갖춘다는 것은 좋은 일이다. 직원들과 친척들을 모두 잘 살게 하고, 그들이 화목한 가정을 꾸릴 수 있도록 하는 능력을 가질 수 있다면,

그것은 정말 좋은 일이다. 그러나 가장 두려운 것은 우리가 모든 것을 소유하게 되는 그 순간 우리는 스스로의 욕망에 사로잡혀 물질에 좌우된다는 것이다. 즉 물질의 노예가 되는 것이다. 그나마 물질에 지배당할 때는 물질로부터의 탈출도 가능하다. 하지만 욕망에 지배당하는 순간 우리는 눈에 보이지 않는 욕망으로 인해 그만큼 헤어나오기 힘들게 된다.

꾸준히 별장을 사는 친구 얘기를 아니 할 수 없겠다. 마음에 드는 별장이 또 있다는 그 친구의 전화를 받은 적이 있다. 나는 그 친구에게 이렇게 얘기했다. "도대체 뭐 하는 건가? 그걸 사면 즐거울 것 같은가? 그렇게 많은 별장에서 다 지낼 수 있겠나? 내가 보기에 자네가 집주인이 아니라 가정부 같아 보이는 건 아시는가? 자네는 매일같이 그 많은 집들을 관리한답시고 동분서주하며 한 달에 겨우 며칠만 집에 있고, 자네 집 가정부는 모든 것이 다 있는 자네 집에서 다리 꼬고 TV나 보고 수영이나 하며 지내고, 자네는 일주일에 한번 기껏해야 토요일 저녁에나 돌아와 잠만 자고, 자네 집 가정부는 자네가 오는 단 하루만 진짜 가정부 일뿐 다른 때는 그 친구가 주인이 아닌지 모르겠네. 호화로운 방에서 살게 해줘, 월급 줘, 전기 요금 내줘, 모든 비용을 다 대주고 있으니! 게다가 대여섯 대의 차가 있으면 뭐하겠나? 대부분 주차장에 세워두고, 정비해줘, 각 종 비용 다 내줘! 누가 사장이고 가정부인지 나는 모르겠네. 오히려 자네가 더 하인 같아 보인다네. 능력이 좋으니 가진 것도 많겠지! 하지만 쓸 수 있는 게, 얼마나 되겠는가? 하루 세 끼 먹고 싸는 것도 지겹다면, 이미 자네는 먹는 것마저도 충분한 거야. 이제는 자네도 나이가 됐으니, 세상에 어떻게 돌려주는 게 옳은 것인지 한번쯤 생각해 보시게……."

어떤 것이든 내려놓고자 한다면 즉시 내려놓아야 한다. 그렇지 않다면 내려놓음이란 정말 힘든 것이다.

세계적인 오토바이 메이커 생산업체를 운영하던 사람이 있었다. 나는 항상 그 사람에게 좀 돌리며 일을 좀 쉬라고 말했다. 처음 회사를 시작했을 때 그 사람은 몇 개국의 시장만 더 장악하면 된다고 했었다. 그 회사의 오토바이는 성능이 좋아서 그런 것인지, 처음 몇 개국이 유럽 전체 시장으로 나중에는 전 세계 시장을 석권하게 됐다. 그쯤 나는 "세계적인 기업도 이뤘겠다, 곧 60을 앞두고 체력도 많이 부족할 테니, 이제 좀 쉬는 게 어떻겠냐?"고 권했다. 특히 그는 불교를 믿고 있었기에, 나는 그에게 "이따금 일을 내려놓고 불경을 읽으며, 욕망을 줄여 보는 건 어떻겠습니까? 밑에서 일하는 훌륭한 인재들도 많고, 그들이라면 지금의 브랜드를 전 세계로 뻗어나가게 할 것입니다. 그들에게는 능력이 있고, 당신의 브랜드도 이미 구축됐으니 머리를 잠시 식힐 줄도 알아야 합니다."라고 충고했다. 그는 매번 이번만 넘기면 좀 쉬겠다고 약속했다. 하지만 말만 그렇게 하고는 일에 매진했다. 나중에 전해 들었지만, 그는 회사 책상에 앉아 결재를 하던 중 갑자기 급사를 했다고 한다. 겨우 쉰 몇 살 밖에 안 된 그는 평상시 매우 건강했던 사람이었다.

사람은 적절한 때에 자신의 욕망을 절제할 수 있어야 한다. 욕망에서 벗어나 내려놓을 줄 알아야 비로소 여유를 가지고 살 수 있다.

자신의 욕망과 바람을 조절하고 절제하는 법을 배워야 살면서 마음 밖의 환경에 휘둘리지 않을 수 있다. 여유로운 하루를 보자고자 한다면 쫓기만 해서는 소용없고, 적당히 멈출 줄도 알아야 한다. 스트레스를 줄이려면 마음부터 내려놓을 수 있어야 하는 것이다.

무엇을 내려놓을 것인가?

만약 욕망 자체가 좋은 것이라면 열심히 쫓아야 하는 것이다. 하지만 우리는 종종 자신의 마음을 제대로 살피지 못하고 욕망이 가져다 주는 보이지 않는 압력에 굴복하게 되는 경우가 많다. 자신의 욕망을 실현하기 위해 모든 것을 쏟아 부으며 자아에 집착하고, 법에 집착하고, 외부의 것들에 집착한다. 이러한 집착은 사람의 몸과 마음을 직접적으로 망가뜨리는 원인이 된다. 아름다운 것을 갖는다는 것은 나쁜 게 아니다. 다만 어떤 방법으로 가질 것인가를 봐야한다. 불교에서 말하는 "내려놓음"은 일을 하지 말라는 뜻이 아니다. 할 만한 가치가 있는 일이라면 성심을 다해서 해야 한다. 하지만 무엇을 위해 열심히 할 것인지는 반드시 알아야 한다. 개인의 명예와 이익을 위해서라는 생각만으로 되는 것도 아니고, 모든 것을 다 바쳤다 하여 저절로 바라던 바가 이뤄지는 것도 아니다. 대부분은 동쪽으로 가고 싶다 할지라도 서쪽으로 가게 되는 불확실성에 놓이게 된다.

그러므로 무엇을 먼저 놓을 것인지를 배워야 한다. 사람은 결국 명예, 이익, 돈, 부를 위해서 살아갈 것인가? 아니라면 그러한 것들은 사람을 위해서 존재할 것인가? 이러한 관계에 대한 적절한 조절이 필요하다. '욕망과 세상 만물이 우리를 잘 살게 하려고 존재하는 것이지, 우리가 그것을 위해 존재하는 것이 아니다'라는 점을 확실히 해야 한다.

사람이란 것은 우리가 잘 살기 위해 존재하는 것이기 때문에, 이 일이 우리에게 즐거움을 주는지를 먼저 살펴봐야 한다. 우리가 필사적으로 일을 함에 있어 정말 기쁘고 즐겁다면, 그것이 표면적인 현상인지, 아니면 진심에서 우러나온 것인지를 판단할 필요가 있다. 사람의 생각이란 바람에 일렁이는 파도와 같다. 바람이 불면 파도도 높게 일렁인다. 하지만 이것은 바닷물이 스스로 뛰어오르려한 것이 아니라 바람이 있어 그런 것이다. 바람이 멎으면 파도도 잦아든다. 바다는 깊을수록 더 고요한 것이다.

기분이 좋다면 그것이 정말 기쁜 것인지 아니면 다른 사람의 칭찬이나 아첨 때문에 기쁜 것인지를 분명하게 알아야 한다. 다른 사람의 태도로 인한 즐거움은 허영심에 따른 물보라일 뿐 진정한 즐거움이 아니다.

사람들은 어째서 극단적인 행동을 하는 것일까? 과로로 죽거나 아니면 승진을 하고 부자가 됐는데도, 스트레스를 견디지 못해 투신하거나 약을 먹는 사람이 있다. 이것은 '자신의 마음이 진정한 기쁨이었는지 아니면 허상의 기쁨이었는지'조차 본인이 제대로 알지 못했기 때문이다.

그래서 우리는 침착해야 한다. 무엇이 먼저고 무엇이 나중인지 또는 무엇을 내려놓아야 할지를 매일같이 반성해야 한다. "내가 추구했던 목표들이 내 생각만큼 중요한 것일까?" 또는 "이 일이 내게 어떤 즐거움을 가져다주었나?" 등을 생각하다보면, 우리는 우리의 내면에 있는 그 많은 욕구들이 결국은 허영심이었다는 것을 알 수 있게 된다. 허영심의 만족에서 오는 기쁨은 오래가는 것이 아니다.

지금이라도 허영심의 헛된 생각을 버리고 진정한 기쁨을 어디서 찾을지를 생각해야만 한다.

누구나 이 세상에 존재하는 동안은 바쁘게 오간다. 수십 년의 세월을 곰곰이 돌이켜보면, 탄식 속에서 보낸 삶이 대부분일 것이다. 바쁜 일상을 버틸 수 없는 상태가 되면, "피곤하다! 힘들다!"는 말을 하게 된다. 이러한 이유가 무엇일까? 똑똑하다 하여 지혜가 있는 것은 아니다. 스스로의 자기 구속력은 강하게 가지면서, 어떻게 좀 더 소탈하게 살 것인지를 아는 사람은 드문 것이다.

좌절은 깨달음의 가속페달이다

인간의 자아에 대한 집착을 "아집我執"이라고 한다. 이러한 아집으로 인해 강렬한 오만이 만들어진다. 이것을 "아만我慢(스스로를 높여 잘난 체하며 남을 업신여기는 마음으로 인간의 근본적인 번뇌 중 하나)"이라고 한다. 이것은 내가 그것을 가졌기에 남들이 나를 다르게 볼 것이라는, 다른 사람이 갖고 싶어 하지만 가질 수 없는 걸 내가 가졌다는 심리에 기인한다. 이러한 마음이 오래가면 허영심이 생긴다. 이러한 허영심은 오래가지 못해 이내 사람을 지치게 만든다. 자기 자신을 돌아보며, 내가 무엇 때문에 이 세상에 사는 것인지 그 이유를 모른다면, 이것은 잠에서 깨어나도 여전히 멍한 상태에 잠겨있는 것과 같다.

자신이 똑똑해서 큰 회사를 세울 수 있었다고 생각한 친구가 있다. 때문에 그 친구는 다른 사람에게 은혜를 베풀 필요도 없고, 감사할 필요도 없다고 생각했다. 그 친구는 30대 초반에 이미 유명한 기업의 총수가 됐고, 사회, 정부 등 각계각층의 사람들과도 관계를 잘 다졌다. 사람들이 사회봉사를 좀 늘리라고 하면, 그 친구는 늘 '희망초등학교' 일을 많이 하고 있다고 말했다. 하지만 그 친구가 말하는 희망초등학교 일이란, 자기 회사의 광고를 위한 것이지 진심으로 남을 돕고자 함은 아니었다. 그러면서도 항상 이렇게 말했다. "나는 무엇이든 내 능력으로 노력할 뿐 누구에게도 신세를 지지 않는데, 다른 사람들은 왜 나한테 신세만 지려 하는지 몰라." 그 당시만 해도 그 친구의 오만은 극에 달해 안하무인에 가까웠다. 그래서 그 말을 듣고도 난 한 마디도 하지 않았다. 이유인 즉 집착을 버리지 못하면, 어떠한 교류도 할 수 없었기 때문이었다. 그릇이 뒤집어져 있으면 물 한 방울 남기지 못한다. 이는 단단한 바위산이 물을 담지 못하는 것과 같은 이치이다.

훗날 그 친구는 큰 병에 걸려 자칫 죽을 뻔한 적이 있었다. 한참을 혼수상태 빠졌다가 겨우 깨어났다. 그 뒤로 그 친구는 180도 몰라보게 사람이 바뀌었다. 병상에 누워있을 때 가족들의 사랑과 다른 사람의 걱정을 제대로 실감했기 때문이라고 한다. 그렇게 몇 개월 동안 자신의 과거를 돌이켜보며, 자신이 일군 회사가 지금의 규모까지 성장할 수 있었던 것도 그 동안 수많은 노력을 기울여준 다른 사람들이 있었기 때문이라는 사실을 그 친구도 깨닫게 된 것이다. "예전에는 왜 그랬을까? 말 못하는 동물도 자기를 키워준 사람에게 감사할 줄 아는데, 어째서 나는 그런 마음을 못 가졌던 것일까?"라며 자신을 돌이켜 보게 된 것이다. 지금의 명성과 재력도 결국 수많은 직원들의 부지런한 노력과 사회적 발전이 있었기에 이룰 수 있었다고 생각 하니, 정말 슬픈 느낌이 들었다고 했다. 그 친구는 지금 완전히 달라졌다. 이제는 입버릇처럼 사람들에게 보답하고 감사해한다고 말한다. 사소한 몇 마디 말로도 감사할 줄 안다. 식당에서 식사할 때, 종업원이 물을 따라만 줘도 "감사합니다."란 말을 한다. 지금 그 친구는 진심을 다해 많은 자선사업을 하고 있다.

삶이 순탄할 때 사람은 자신이 누구인지를 쉽게 잊는다. 어려운 상황이나 좌절 앞에서 비로소 아픔을 공감하게 된다. 마치 머리를 한 대 얻어맞은 듯 일순간 깨어나게 되는 것이다. 좌절을 맛봐야 변화도 있다. 많은 것을 가지고 있을 땐, 오히려 자기 자신조차 잃어버린다.

가진다는 것은 사실 정말 쉬운 일이다. 똑똑하기만 하면 된다. 권력, 재화, 명예, 이익 따위의 것들은 여러 사람들의 힘을 빌어서 쉽게 이룰 수 있다. 돈을 벌 때는 총명함이 있어야 하고, 돈을 쓸 때는 지혜로움이 있어야 한다. 무엇이든 가지고 나면 고통이 따른다. 가지기 전에는 커다란 고기 덩어리조차 눈에 띄지 않는다. 하지만 명예와 이익을 가지게 되면, 사람들의 눈에 그것이 나눠가질 수 있는 케이크로 보이게 되는 것이다.

"물은 차면 넘치고, 달은 차면 기운다." 사람됨도 그렇다. 스스로를 대단하다고 여기거나 자만해서는 안 된다. 세상 만물은 모두 '도度(열반에 이르고자 하는 수행으로 바라밀다를 가리킨다)'를 가지고 따져야 한다. 내가 복을 가졌다고 세상 물정을 모르고 안하무인으로 행동한다면, 그로인한 쇠락도 그렇게 멀지는 않은 것이다. 사람은 쉽게 자신의 마음을 가누지 못한다. 오늘 당신이 어떤 역할을 하든 어떤 지위에 있든, 삶에 있어 제일 좋은 "복"이란 대단한 부와 엄청난 권력이 아니다. 좌절 앞에서 세상 팔법八法(불교에서 말하는 세상의 모든 8가지 법칙)의 비현실성과 세간 이치의 장난질을 깨닫는 것이 진짜 "복"이다.

시련이 먼저 온다

　외적인 것을 내려놓는 것은 비교적 간단한 일이다. 사람은 본인이 많이 가지고 있음에도 그것을 어떻게 쓸지 모를 때, 비로소 다른 사람들과 나누고 사회와 공유하기를 바란다. 하지만 가장 중요한 점은 공유를 바람에도 본인의 생각이 "자아"와 연결되는 순간, 뭐든 놓지 않으려 한다는 사실이다.

　내려놓으려는 사람들은 대부분 종교인이다. 이런 종교인들은 대체로 가진 것이 없다. 어릴 적부터 오랫동안 해온 수행 덕분이다. 신앙을 통해 자신의 욕망을 억제하는 법을 배웠기에 그들에게 욕망이란 쉽사리 생기지 않는다. 그들은 욕망에 시달리는 사람들을 보면 내려놓으라고 가르친다. 특히 그것이 즐거운 것이 아니라면 말이다. 때로는 그러한 종교인들의 말에는 설득력이 부족한 경우가 있다. 수행자들의 생각이란 거의 완벽에 가까운 이상주의가 많다. 또한, 가진 것이 없으니 내려놓기도 그만큼 쉽다. 예를 들어 가정이 없으니 가정을 내려놓으라 하면, 그들은 그 즉시 "그래, 내려놓지 뭐!"라고 말할 수 있는 것이다.

　우리 사원에는 말솜씨 좋은 켄보塊布(불교대학 교수)가 한 분 계신다. 어떤 여자가 지금 실연을 당해 너무 고통스럽다고 하자, 그는 "그냥 없던 일로 하면 되지 않겠느냐"라고 말했다. 그 여자가 "이미 일어난 일을 어떻게 없는 것으로 합니까?"라고 하니, 그는 다시 "헤어진 사람이 죽었다고 생각하면 되지 않겠습니까."라고 말했다. 그러자 여자는 "연애를 해 본적이 없으시니 물어도 소용없네요."라고 단언했다. 이 이야기를 지금 들려주는 목적은 경험하지 못한 것일수록 내려놓기도 쉽다는 것을 알려주기 위함이다. "방관자가 사물을 더 바르게 본다."라는 말이 있다. 즉, 옆에서 보는 사람은 자신의 힘을 쏟지 않았기에 무엇이든 간단명료하게 느낀다는 것이다.

이럴 때는 불교의 스승인 붓다가 어떻게 했는가를 배워야 한다. 그는 "내려놓음"을 가장 철저하게 행한 사람이다. 붓다는 왕실에서 태어난 왕자였고, 장가를 들어 아들을 낳고서 출가를 했다. 그리고 갖은 고난을 겪은 후에야 비로소 성불을 하게 됐다. 그렇기에 붓다는 "내려놓음"의 가장 좋은 예라 할 수 있다. 만약 그가 국왕의 아들로 태어나지 못했고, 또 그렇게 많은 부를 가져보지도 못했다고 가정해 보자. 가진 적도 없는 사람이 "부를 가졌다하여 행복을 가질 수 있는 것은 아닙니다."라고 말한다면, 그 말을 누가 믿을 수 있을까 싶다. 그렇다면 다른 종교에서는 어떻게 사람들을 가르칠까? 아마도 그들은 "우리 종교는 복됨이 많습니다. 저희를 믿으면 여러분의 재산도 늘어납니다. 불교는 복됨이 적어 신자들이 가난한 것입니다. 저희 종교를 믿는 사람들은 부자들이 많습니다."라고 가르칠 것이다. 하지만 진실은 그렇지 않다. 다른 종교들을 보면 초창기에 가난하고 가진 게 없다보니 소유와 점유하고자 하는 욕망이 강했다. 땅을 차지하기 위해 전쟁을 일으켰고, 남의 물건을 빼앗아 자신들의 세력을 늘렸다. 즉 돈을 갖고 군대를 가진 후에 종교를 전파한 것이다.

붓다의 차이점은 그는 본래 모든 것을 다 소유하고 있었다는 것이다. 국가를 가졌음에도 그것을 내려놓을 수 있는 사람은 거의 없다. 하지만 붓다는 그렇게 했다. 결국에는 감정까지도 내려놓게 됐다. 붓다는 "내려놓음"을 제일 잘 하는 전문가이다. 그의 말에 설득력이 있는 것도 이러한 이유에서다. 붓다가 모든 것을 내려놨을 때, 한동안 그에게 실망하고 안타까워했던 사람들도 있었다. 왕위를 승계하지 않아 그의 아버지가 실망했고, 좋은 남편이자 아버지가 되지 못했기에 그의 부인과 아이도 안타까워했다. 똑똑한 왕자가 정권을 잡지 않았기에 국민들도 유감스러워 했다. 하지만 그는 자신만의 방식으로 마침내 아내와 자식, 아버지와 국민들을 자랑스럽게 만들었다. 붓다의 사상은 전 세계로 퍼졌고, 2,500년 넘는 오늘날까지 이어져왔다. 붓다는 그렇게 사람들에게 진정한 즐거움을 가져다 준 것이다. 이러한 "내려놓음"이야말로 진정한 "내려놓음"이다. "내려놓음"을 정말 잘 실행한 붓다이기에 그 누구도 실망시키지 않았던 것이다.

"내려놓음"은 비교적 어려운 과정이다. 우리가 소유한 수많은 것들은 버린다고 버릴 수 있는 것이 아니다. 어떻게 내려놓을 것인지를 생각하며, 지금보다 더 많은 고난의 과정을 겪어야만 비로소 할 수 있는 것이다.

사실 고난은 행복의 원동력이다. 우리가 삶의 사소함에서 느끼는 안락함은 물질적 "포장"에서 오는 것이 아니다. 진정한 부富란 마음에서 우러나오는 소담함이다. 그리고 자유로움과 감사함이다. 이를 통해 우리는 비로소 영원한 행복을 얻을 수 있다. 처음 시련이 닥치면 심적인 어려움도 더 크다. 하지만 그것을 경험하고 나서 우리가 얻을 수 있는 것은 그 어떤 어려움보다 더 크다. 이것은 고진감래苦盡甘來(고생 끝에 낙이 온다)와 같은 이치다.

최고의 안정제

"내려놓음"에도 두 가지의 요소가 있다. 하나는 물질적인 수준의 내려놓음이고, 다른 하나는 정신적 수준의 내려놓음이다.

우리는 대부분 물질적 측면의 내려놓음을 말한다. 하지만 진정한 "내려놓음"은 마음을 내려놓는 것이다. 내가 이해하는 내려놓음이란 그런 것이다. "나"라는 외적 물질에 구속받지 않아야 한다. 이것은 불교에서 말하는 공성空性(산스크리트어 수냐타를 가리키는 것으로 본체와 실체가 없는 비어있음을 뜻한다)이다. 공성이란 말은 "없다"는 것이 아니라 "무아無我(나라는 아트만은 존재하지 않는다)"를 의미하는 것으로 영원히 변치 않는 "나"에게 집착하지 말라는 뜻이다.

사람은 태어나 성장하는 과정에서 누구나 큰 욕망을 가지게 된다. 우리는 사실 강한 욕망과 희망 속에 살고 있다. 사람은 태어난 자신의 조건이 변변치 않음에도 아름다운 희망을 품는다. 예를 들면, 공부를 하지 않았을 때는 형이나 누나처럼 공부를 하고 싶어 하고, 공부를 하면 대학에 들어가고 싶어 하고, 대학에 가면 박사학위까지 마치고 싶어 한다. 그 다음에는 원만한 결혼생활을 꿈꾼다. 이렇게 사람은 기대의 연속 속에서 살고 있다. 이런 기대를 불교에서는 "원력願力(붓다에게 빌어 원하는 바를 이루고자 하는 마음)"이라고 한다. 실제 희망이란 한 번도 오지 않는 것일 수도 있고, 반면에 사람의 생각을 통해 현실로 나타날 수도 있다.

아름다운 상상이 있기에 사람은 노력을 하는 것이다. 또한 그러한 노력을 통해 일정한 기쁨을 느낀다. 가끔은 우리가 힘들게 노력해 얻은 결과라고 할지라도 우리가 원했던 바가 아닌 것일 수도 있다. 그럴 때는 자신이 바랐던 희망을 내려놓고, 현실을 직시하는 법을 배워야 한다. 그러므로 "내려놓음"이란 자신의 희망을 위해 본인의 모든 정열을 바치는 과정에서 노력하여 얻게 되면 좋은 것이고, 얻을 수 없다면 적당히 멈추며 본인 마음의 균형을 잡는 법을 습득하는 것이라 할 수 있다.

어릴 적 나보다 공부를 잘했던 고향 친구들 중에는 훗날 농민이나 노동자가 된 사람도 있고, 버젓한 기업인이 된 사람도 있다. 이것은 소실적의 소망을 가지고 모두들 좋은 직장과 좋은 성과를 이룰 수 있기를 바랐던 것이고, 그에 따른 다양한 결과가 나타난 것이다. 중요한 것은 대학을 졸업하고 좋은 직장을 다니든, 학교를 나오지 못해 농민의 삶을 살든, 자신의 노력을 후회하지 않고 지금 이룬 것에 만족할 줄 아는 것, 이것이 바로 내려놓음이다.

내려놓음은 마음속으로부터 행해야 한다. 올바른 "내려놓음"은 우리 삶에 있어 가장 좋은 안정제가 된다.

마음을 안정하고, 마음을 넓히고, 마음을 내려놓는 것에 있어, 외적인 도움을 청하는 것은 헛수고일 뿐이다. 그런 일시적인 위로만으로는 마음의 고민을 해결할 수 없다. 마음에 문제가 생기면 마음으로부터 시작해야 한다. 마음을 내려놓는다면 뭐든 다 지나간다.

적극적으로 잇는 인연

사람은 다양한 욕망을 품은 채 그 욕망을 채우기 위해 수많은 노력을 기울인다. 하지만 그것은 무조건 얻을 수 있는 것도 아니고 반드시 성공할 수 있는 것도 아니다. 최선의 노력을 다하는 그 과정을 즐길 줄 알아야 하고, 실패할지라도 바람에 날리듯 즐거운 마음으로 날려버릴 수 있어야 한다. 이것을 행하는 것이 바로 내려놓음이다.

불교에서는 "내려놓음"을 정말 중요하게 여긴다. 다른 말로는 이것을 "수연隨緣(인연을 잇는 것)"이라고도 하는데, 일부 사람들은 "인연을 잇는 것"과 "제멋대로 하는 것"의 차이를 잘 모른다. 붓다가 말한 인연을 잇는다는 것을, 사람들은 마치 노력하지 않아도 되는 것이라고 오해한다. 그렇게 열심을 기울이든 안 기울이든, 모든 게 다 그러한 모습인줄 착각한다. 공부도 마찬가지다. 매일 그냥 하면 되는 것으로 열심히 하든 안 하든 모두 똑같을 것이라 생각한다. 삶도 그렇다. 지금 매우 곤궁해도 그것을 개선하려 하지 않는다. 나중에 어떻게 되든 인연을 따라 그저 내버려 두면 된다고 생각한다. 하지만 이것은 인연을 잇는 것이 아니다. 오히려 인연을 함부로 하는 것이며, 자신의 생명과 삶을 함부로 대하는 것이다. 이러한 생각은 잘못된 관념이다. 사람들이 불교를 부정적인 종교라 생각하는 이유도 바로 여기에 있다.

불교에서 말하는 "인연 잇기"란 정말 긍정적인 것이다. 여기서의 "연緣"이란 여러 가지 다양한 힘이 합쳐야 비로소 만들어진다. 식물이 열매를 맺으려면, 모든 조건이 맞아 떨어져야 하는 것과 같다. 좋은 토양, 수분, 햇빛, 비료, 그리고 사람의 도움이 있어야, 식물도 비로소 좋은 열매를 맺을 수 있다. 이렇듯 조건이 갖춰져야 인연도 비로소 성숙할 수 있다. 식물이 열매를 맺는 데는 스스로의 주동적인 역할도 필요하다. 하지만 좋은 토양을 찾고, 좋은 비료를 찾아 여건을 만들어 주는 것은 식물의 역할이 아닌 농민의 역할이다. 이것이 바로 영혼으로서의 주도적 역할이다. 인연을 성숙시키려 할 때도 이 모든 것이 필요하다. 이것은 대단히 적극적인 과정이다. 그 모든 것을 준비하고, 좋은 볕이 있어야 하고, 양질의 토양과 수분 및 비료 등을 갖춰야 하는 것이라 할 수 있다. 이렇게 모든 것을 다 갖췄다 할지라도, 어떤 요소에 있어서는 우리가 통제할 수 없는 것도 있다. 예를 들면 기후 조건과 같은 어떤 외적인 힘이 여기에 해당한다. 우리가 식물을 돌볼 여력의 문제도 이러한 외적인 힘에 속한다. 만약 이렇게 많은 노력을 들였는데도, 비가 오지 않아 가뭄이 들거나 비가 많이 내려 홍수가 되면, 결국 아무런 수확을 못 거둘 수도 있다. 열심히 노력했다고 해도 외부적인 조건들이 맞지 않아 인연을 충족치 못해 열매를 맺지 못했다면, 그것은 어쩔 수 없는 일이다.

이럴 때는 태연하게 대처할 수 있어야 한다. 노력의 유무와 관계없이 노력했음에도 결과적으로 그렇게 된 것은 어차피 변치 않는 것이기 때문이다. 하늘이 사람의 체면을 봐서 적당한 비를 내리고 충분한 햇볕도 줘서 열매가 주렁주렁 열렸다면, 그러한 풍작은 인연의 또 다른 결과일 것이다.

먼저 노력하면서 마음의 준비를 철저히 하는 것, 그리고 결과에 연연하지 않고 담담히 받아들이는 것, 이것이 바로 불교에서 말하는 "수연隨緣", 즉 "인연 잇기"이다.

"내려놓음"이란 우리가 원하는 방향으로 진행되지 않았더라도 노력했으니 즐겁게 내려놓으면 되는 것이다. 일을 대하는 태도도 이와 같아야 한다. 누구나 좋은 직장을 가지고 싶어 하고, 좋은 회사에 다니고 싶어 한다. 다른 사람들이 여러분의 장점을 몰라줘서 그 장점을 발휘할 수 없다고 해도, 또한 여러분이 원하는 것과 다른 사람들이 원하는 것이 일치하지 않았다 해도, 슬퍼하거나 그것에 집착해 고통을 겪을 필요는 없다. 그럴 때, 우리는 그저 내려놓음만 발휘하면 된다. 어쨌든 이미 노력한 바가 있다면, 그저 인연을 따르면 되는 것이다.

"내려놓음"과 "버림"은 다른 것이다. "내려놓음"은 더 고차원적인 소유이다. 생각과 소원이 거의 이뤄질 것 같을 때는 그것을 먼저 선행해야 한다. 하지만 마음으로는 "멈추고 지켜보기"를 할 수 있어야 한다. 가지고 있어야만 비로소 어떻게 잘 내려놓을지를 알 수 있기 때문이다. "내려놓음"은 마음속에 자리한 욕망을 밀어내는 것이지, 행동을 함에 있어 그냥 소극적으로 기다리는 것을 의미하는 것이 아니다.

지난 일은 바람에 실어 보내는 것

내려놓음이란 말은 쉽지만 실천하기란 어렵다. 내 삶의 인생 역정 속에서 내 자신도 내려놓지 못할 때가 많았다.

1993년 출국 전까지 내 꿈은 전문적으로 설법을 전하는 포교인이 었다. 그래서 10여 개국 언어를 배우고 싶었다. 이 때문에 세계적으로 널리 쓰이는 공용어로써의 영어를 먼저 배우고자 했다. 출국 전부터 영어단어를 외우기 시작했다. 그렇게 미국인 선배를 통해 간단한 회화와 단어를 많이 습득했다. 그렇게 모든 준비를 다 했다고 생각했는데, 막상 출국하고 보니 내 주변에는 중국인들뿐이었다. 영어를 잘하지 못한 또 다른 이유 중 하나는 내 마음속의 편견이 있어서였다. 당시 내 영어 선생님은 인도식 억양을 가지고 있었다. 나는 내심 그런 선생님을 조금 얕잡아봤다. 그렇게 그 선생님을 배척하다 보니 심리적 편견이 만들어졌고, 지금까지도 영어를 잘하지 못하게 됐다. 이렇게 된 것은 다른 사람 때문이 아닌, 내 자신이 스스로 만든 결과였다. '후회는 없었을까?' 아니, 조금은 후회스럽다. 지금 배우려 해도 늦은 것은 아니다. 그러나 내게 있어 가장 컸던 그 꿈은 1993년 이래 10년이 지난 지금까지도 아직 이뤄지지 않았다는 사실이다. 그것을 아직까지 실현하지 못했다고 하여 자책하지는 않는다. 단지 배우려 하지 않은 것은 내 탓이고, 잘못했으면 고치면 되고, 고칠 기회가 없다면 그것으로 그만이라고 생각할 뿐이다. 내 모국어는 티베트어이다. 그리고 중국어도 잘 배웠다. 초등학교만 다녔을 뿐인데도 중국어는 정말 잘한다. 비록 영어만큼은 내가 손해를 봤지만, 중국어를 통해 그것을 커버한 것이다.

내게 왜 영어 대신 중국어를 배웠냐고 물었던 친구가 있다. 그 때 나는 그 친구에게 말했다. 전 세계적으로 중국인이 인구도 제일 많고, 특히 외국에 나가있는 화교도 많은데, 그 사람들 대부분 중국어를 말하기 때문에 그래서 배웠다고 말했다. 내가 물건을 파는 판매원이라고 가정하면, 내 고객의 대부분은 중국인이라 할 수 있다.

그리고 나는 비록 영어를 잘 하지 못하지만 우리 사원의 라마들은 영어를 잘 한다. 이는 미국 대학으로 유학을 보내서 그들이 포교를 할 수 있도록 해줬기 때문이다. 나는 다른 방식으로 나의 아쉬움을 풀었던 것이다.

일시적인 장애로 인해 자신을 괴롭히지 않아야 한다. 소원이 이뤄지지 않았다면, 다른 방법을 써서 그 소원을 이룰 수도 있는 것이다. 나는 이미 노력을 했다. 이것으로 충분한 것이다. 만약 내가 노력을 하지 않았다면, 아직까지도 나는 아쉬워했지 모른다.

불교에서는 어떤 일이든 모두 무상無常한 것이고, 영원히 존재하는 것은 없으며, 매분매초가 지나는 그 순간을 내려놓을 줄 알아야 한다고 가르친다. 1초 전에 일어났던 일도 지금의 우리에게는 이미 지난 추억일 뿐이다. 영원한 존재도 없는데, 그것에 집착하면 뭐할 것인가? 바람 부는 데로 그저 실어 보내면 그뿐이다.

과거의 일이란 현재의 나에게 있어서 한 권의 참고서일 뿐이다. 그것이 긍정적이든 부정적이든 정면으로 직시하고 감당할 수 있으면 되는 것이다. 부정적인 것이라면 반성하면 되고, 긍정적인 것이라면 우리가 앞으로도 노력해나가면 된다. 끊임없이 노력하면서 우리 삶의 나침반으로 삼으면 된다. 이렇게만 하면 긍정과 부정, 이 둘의 효과를 극대화할 수 있다. 언제든 과거의 일순간들을 내려놓을 수 있어야, 현재를 제대로 파악할 수 있는 것이다.

미래를 꿈꾸는 동시에 과거를 떠나보낼 수 있어야 한다. 삶에 있어 일분일초란 결코 종착점이 아니다. 과거, 현재, 미래는 서로 교차하며 뒤바뀌는 것이다. 무상이 사물에 부여한 본뜻은 어느 하나 명확한 개념 및 정의가 없다는 점이다. 앞만 보고 노력하는 거나 뒤만 돌아보며 노력하는 것은 하나같이 스스로를 속이는 과욕에 불과하다. 현재를 제대로 볼 수 있는 것이 보다 더 실용적일 수 있는 것이다.

삶의 진정한 기쁨의 원천

싱가포르에 처음 도착했을 때, 나는 큰 별장에서 고급 승용차를 타는 사람들이 이상하다고 여겼다. 여전히 그들은 가난하고 고통스럽다고 말했기 때문이다. 그래서 나는 물었다. "잘 먹고, 잘 살고, 잘 입고, 좋은 차까지 있는데 뭐가 고통스럽습니까?" 보통은 이런 것들을 다 가지고 있는 사람을 보고, 우리는 부유하다고 생각한다. 훗날 나는 알게 되었다. 인간세상의 그 모든 것은 허상에 지나지 않다는 것임을 말이다. 겉모습이 제아무리 휘황찬란하고 신분도 높다한들, 본인의 마음속 번뇌와 더불어 고통까지 겹쳐 스스로 해결할 수 없을 때가 되면, 그 고통이란 주변사람이 감히 상상조차 할 수 없는 것이다.

도대체 이 세상은 어떻게 되먹은 것일까? 나는 정말 수많은 사람으로부터 그들이 가진 번뇌를 듣게 된다. 그들을 보면 돈을 많이 가지고 있다고 해서 그것이 즐거움과 직결되는 것도 아닌 것 같다. 내가 본 그들의 문제는 하나같이 본인 마음에 내재된 "욕구慾求"와 "아집我執"을 내려놓을 줄 모른다는 것이다. 지나친 집착으로 가진 것이 많을수록 고통과 번뇌가 더 커지고 있다는 사실을 그들은 알지 못하는 것이다. 오히려 한 몫 챙길 건수를 바라고, 그렇게 쌓은 부富를 지키기 위해 더 많은 노력을 기울일 뿐이다.

삶이 단순하면 기쁨도 커진다.

티베트는 정말 외진 곳이다. 하지만 기쁨 충만한 요소는 오히려 더 많다. 소소한 농담에도 한참을 즐거워하고, 같이 밥 한 끼라도 먹을 때나 춤과 노래를 부르려 할 때도 매우 즐거워한다. 지금 내가 가난에 찌들어도 날 위한 사람들의 도움이 있을 것이고, 부족한 것은 이내 또 차오를 진데 어찌 기뻐하지 않을 수 있겠는가!

속세와 함께 어울리기란 그리 간단한 것이 아니다. 사람의 기쁨이란 순간에 불과하다. 어쩌면 인구가 많은 탓인지 치열한 생존경쟁에 사람들의 스트레스는 나날이 쌓여간다. 사람들 사이의 관계도 콘크리트처럼 차가워지고, 고통에 몸부림쳐도 마음의 답답함조차 토로할 데가 없다.

근본적인 원인은 사람들의 마음에 필요한 신앙심이 너무 적기 때문이다. 우리가 외적인 환경과 명리를 지나치게 중시하다 보면 정신적인 면을 홀대하는 경우가 많아지게 된다. 붓다가 성불을 이루었을 때 했던 말이 있다. 이 세상이란 본디 고난의 연속이며, 그 고난과 고통의 원인은 우리 마음에 내재된 탐욕, 분노, 우매, 오만, 의심을 내려놓지 못하기 때문이라는 것이다. 어쨌든 이런 것들을 내려놓는 방법을 배워야 하는 것이다. 이는 교육과 배움을 통해 얻을 수밖에 없다. 하지만 세상의 교육은 마음을 다스리는 법을 가르치지 않는다. 오히려 밖에서 뺏어오는 법만 배우고 있다. 불교에서 말하는 내려놓는 법, 특히 "아집我執"을 내려놓는 법을 제대로 배운다면, 그로 인한 단순함을 통해 즐거움을 쉽게 느낄 수 있게 된다. 이때 얻는 즐거움이란 진정으로 오래가는 즐거움이다.

내려놓음을 배우려면 수행을 통한 실질적 체험이 중요하다. 현실의 삶을 통한 수행이 가장 빠르고 효과적이다. 돈이나 권력, 아부만 추구하다 보면 "집착"에 사로잡히기 쉽다. 자신의 진정한 삶의 가치가 어디서 나오는지도 모르게 되기 때문에 소유만이 생존의 가치라고 생각하게 된다. 오히려 그러한 소유를 위해 실제로 많은 것을 지불하게 되고, 그러한 과정에서 생명의 불꽃도 사그라지게 되는 것이다. 가장 소중한 것은 본인의 영혼이 바라는 것이 무엇인지를 발견하는 것이다. 그 순간이 되면 잠깐 소유했던 물질을 자연으로 돌려줄 줄을 알아야 한다. 가족조차 자신을 떠날 때가 되면 이미 늦은 것이다.

그래서 붓다는 말했다. "과거의 마음은 얻을 수 없는 것이고, 미래의 마음은 더더욱 얻을 수 없는 것이다. 현재가 가장 중요하며 매 순간 1초의 현재가 진정한 '항恒(변치 않는 것)'이라는 것이다." 영원히 변치 않는 존재란 각각의 현재가 다음의 현재와 연결되는 것을 의미한다. 다음의 현재에 있어 지금의 현재란 지나감으로써 얻을 수 없는 것이 된다. 현재를 제대로 직시하고 미래를 위한 긍정적인 힘을 만들어야만 그 미래가 꿈으로만 그치는 것이 아니게 된다.

현재가 미래를 위한 힘이 될 수 있도록 하려면 현재를 파악하고 과거를 잊어야 한다. 사람은 대부분 자기가 가졌던 신분, 지위, 체면, 그리고 학문 등 과거의 것들을 놓지 못한다. 이전에 접했던 환경과 습관에 묶이게 되는 것이다.

티베트인들은 지금도 깊은 내륙으로 들어와 과거의 티베트 방식으로 생활하고 있다. 이 또한 예전의 습관에 얽매여 있는 것이다. 서양으로 나간 중국인들도 습관에 사로잡혀 현지 생활에 어울려들지 못한다. 굳이 예를 들자면 여전히 젓가락을 사용하고 나이프나 포크는

꺼리며 커피보다는 녹차를 즐기는 것이라 하겠다.

물론 마음속 깊이 전통을 간직하는 일은 매우 중요한 것이다. 어디에서 우리가 자랐던 그것은 민족과 지역, 문화에 대한 존중이다. 하지만 그러한 환경을 떠났을 때는 기존의 것들을 내려놓고 남의 것을 배울 줄도 알아야 한다. 즉 다른 사람들이 나를 인정하도록 한 다음 본인의 것을 세일즈 할 수 있어야 하는 것이다. 이 모든 각각의 단계는 모두 내려놓음이다. 불교에서는 이렇게 "아집"을 버리고 비움으로 돌아가는 것을 "무아無我"라고 한다. 외적인 환경에 구속당할 때는 우리 안에서부터 스스로를 해방시킬 수 있어야 하는 것이다.

어떤 물건을 사용할 수 있다는 것은 그 물건의 사용권을 가진 것에 불과하다. 결코 그것은 영원한 자기 소유가 될 수 없다. 재산을 가졌다 해도 그것의 소유자는 나는 물론 그 누구도 될 수 없다. 가능한 사용할 수 있는 만큼만 사용하고 다 썼다면 내려놓아야 한다. 이것은 마치 우리가 화장실을 사용하는 것과 같다. 변기란 매우 유용한 도구이자 세상 누구나 사용하는 즐거움의 원천이다. 그럼에도 우리는 변기를 쓴 다음에 그 것을 소중한 물건이라 여기지 않는다. 심지어는 더럽다고 생각한다. 즐거움이란 대체로 이런 것이다. 그것이 필요할 때만 유용하고 좋다고 생각하는 것이다. 이러한 구별은 밖에서 오는 게 아니라 하나같이 우리의 마음속에서 나오는 것이다.

한번은 제자들과 한국영화를 본 적이 있었다. 영화 속에는 사람들이 장갑을 끼고 변기를 닦는 장면이 있었다. 그 장면을 보고 제자들이 물었다. "변기를 닦는데 왜 손을 사용할까요? 솔을 사용하면 될 것을?" 이에 나는 이렇게 말했다. "저런 일을 나도 해 본적이 있는데, 저렇게 닦고 닦다보면 정말 즐겁답니다." 내가 그 일을 해봤으니 즐거움이 있다고 말할 수 있었던 것이다. 어째서 그런 것일까? 사람들이 제일 여유로운 것이 바로 화장실이기 때문이다. 종교, 계급, 지위 고하를 막론하고, 티베트인들이 종종 말하는 국왕조차 굴복하는 유일한 곳, 그 곳이 바로 화장실이다. 이런 마음가짐으로 보면, 화장실은 비료와 과일 또는 채소의 관계처럼 세상 제일 조화로운 곳이라는 생각이 드는 곳이다.

세상만사의 시작과 끝은 인과의 법칙과 자연의 법칙을 가지고 있다. 하지만 일의 크고 작음을 판단하는 것은 오롯이 우리 자신의 마음먹기에 따른 것이다. 일의 중요성, 옳고 그름을 판단하는 기준도 결국은 우리 자신의 집착과 편애 또는 호감에서 비롯되는 것이다.

진정한 쾌락이란 부담을 줄이는 과정이지 강제로 오리에게 먹이를 먹여 푸아그라를 만드는 것이 아니다. 동양 사상에서 말하는 "올바른 정도가 가장 쉬운 것"이란 말은 말만 쉽지 실천하기란 결코 쉽지 않은 일이다. 간단한 생활방식과 마음을 정화하는 것은 탄력적인 것이다. 아무리 주위가 번잡해도 본인 마음을 따라 빠르지도 느리지도 않게 제 나름 걸어간다는 일은 색다른 멋이다.

과정을 즐겨야 한다

티베트 불교계에서는 가장 깨끗한 것과 제일 더러운 것을 언제나 함께 말한다. 가장 깨끗한 것이 사실은 제일 더러운 것이고, 제일 더러운 것이 어쩌면 가장 깨끗한 것이란 의미다. 다시 말해 이는 옳고 바른 것이 반드시 옳은 것도 반드시 긍정적인 것도 아니란 말이다. 또한 우리가 옳지 않다고 생각하거나 부정적인 것이라 여기는 것도 실상은 그게 아닐 수 있는 뜻이다. 모든 일에는 양면성이 존재하기 때문이다.

우리가 집착하는 그 많은 것들이 늘 우리에게 즐거움만 준다면, 우리가 그것을 결코 유지하지 않을 이유가 없다. 하지만 집착은 대부분 우리에게 고통만 가져다줄 뿐이다. 나는 서로가 서로에 쌍욕을 해대는 상황을 종종 예로 들어 설명한다. 어떤 두 사람이 서로에게 쌍욕을 퍼붓고 헤어졌다고 가정해 보자. "어떻게 내게 그럴 수 있지? 어쩜 그렇게 심한 욕을 할 수 있어?"라고 방금 자기에게 욕을 퍼붓던 그 사람의 얼굴과 말투를 떠올리면, 정말 마음이 아플 것이다. 하지만 며칠이 지나 그런 마음을 다시 꺼내보면, "상대방의 욕에 본인 마음이 다친 것인지, 아니면 본인이 욕을 해서 마음이 더 다친 것인지."와 같은 또 다른 생각이 들 수 있다. 욕을 먹고 어떻게 즐거울 수 있을까란 말은 할 수 있다. 하지만 사실은 우리가 그 일을 마음에서 내려놓지 않았기 때문에 즐겁지 않은 것이다. 여전히 내게 욕했던 그 사람의 얼굴과 말투를 "사랑"하는 것이다. 이것은 사랑할 대상이 아니라 놓아야 할 대상이다. 하지만 지금도 우리는 사랑해서는 안 되는 것을 사랑한다.

누군가 우리에게 즐거운 일이나 재밌는 농담을 한다면 얼마나 신이 날까? 그 일을 떠올릴 때마다 매번 즐겁다면 얼마나 좋을까? 하지만 사람은 그렇게 못한다. 즐거운 일은 한 두 번 생각하고는 그냥 쉽게 놓친다. 그럼에도 고통스러웠던 일은 쓸데없이 사랑하려 한다. 그래서 인간이란 모순 덩어리라는 것이다. 고통을 힘들어하면서도 그 고통의 근원을 붙잡고 놓지 않는 것이다.

인간관계 또한 그렇다. 우리에게 즐거움을 주고 함께 잘 지내는 사람을 우리는 오히려 막 대한다. 특히 연인이나 가족에게는 더 그렇다. 밖에서는 본인의 가장 좋은 모습만을 보여주면서, 가족에게는 오히려 서슴없이 행동하고 독한 말을 쏟아낸다. 다른 사람 앞에서는 드러내지 않는 단점을 가족과 연인 앞에서 드러내는 것이다. 이러한 이유는 "내 가족이니 나를 잘 받아줄 거야"라고 본인 스스로 생각하는 태도 때문이다.

본디 사람이란 독립적인 존재다. 가장 가까운 가족일지라도 이로 인한 스트레스는 한두 번 정도만 받아줄 수 있을 뿐이다. 어떤 이유나 핑계로도 끊임없이 괴롭힐 수는 없다. 그럼에도 우리는 가족들이 잘못된 내 행동을 다 받아줄 것이라 생각한다. 하지만 나조차 즐겁지 않은 감정을 숨김없이 드러낸다면, 그것은 나와 가장 가까운 사람에게 큰 상처가 된다. 이러한 감정의 교류를 통해 우리는 서로의 관계가 더 깊고 즐겁기를 바라지만, 이는 결국 부정적인 결과만을 초래할 뿐이다.

　그래서 많은 경우 내려놓음에 앞서 반성이 우선되어야 한다. 모든 행위는 물론 내적인 것과 외적인 것 모두를 반성할 수 있어야 한다. '그러한 행동들이 당신에게 즐거움을 줬는가? 만약 즐거움을 줬다면, 나만의 즐거움이었는지 아니면 다른 사람에게도 줄 수 있는 즐거움인지?'를 생각해야 한다. 만약 나만의 즐거움이라면 그것은 욕지거리처럼 한순간의 통쾌함에 지나지 않는다. 폭풍우 같은 고통이 이내 뒤따라올 것이다. 이유인 즉, 남을 괴롭힌 고통은 한 두어 번쯤은 괜찮을 수도 있다. 하지만 세 네 번을 넘으면 적과 원수가 늘어나는 원인이 되고, 결국 이로 인한 스트레스가 쌓였을 때, 우리는 절대 그것을 감당할 수 없기 때문이다.

　내가 내려놓자고 남에게 상처를 주는 행동은 정말 어리석은 짓이다. 타인에게 주는 상처를 추어도 신경 쓰지 않는 행동을 어리석은 짓이라 아니하면 뭐라 할 수 있겠는가? 우리가 내뱉은 말이 누군가에게 상처를 줬다면, 그 누군가는 기가 막혀 죽을 것이다. 그럼에도 그 무엇 하나도 제대로 느끼지 못한다. 오히려 "나는 다 내려놨는데, 너는 왜 안 내려놓니?"라며 남 탓을 한다.

　경우에 따라 내려놓음이란 단순히 기억을 하고 안 하고의 문제나 또는 신경 쓰고 안 쓰고의 의미가 아니다. 내려놓음이란 본인의 행동, 몸짓, 언어, 마음에 가진 부정적인 집착을 조금씩 버리는 방법을 배우는 것이라고 할 수 있다. 놓는다는 것은 뭐든 대수롭지 않게 여긴다는 것이 아니다. 이것은 무엇이든 정확히 알고 뜯어본 후, 스스로에게 "이 일이 정말 내가 집착할 만한 것인가?"라고 되물을 줄 아는 것이다.

만일 우리가 추구하는 바람의 근원을 찾지 못하고 미래를 내다볼
수 없다면, 차라리 한탄하기보다 지금 현재의 과정을 즐기는 편이
더 낫다. 단언할 수는 없지만, 그 과정에서 뜻하지 않은 무엇인가
를 발견할 수도 있기 때문이다.

늙은 라마가 버리지 못한 불상佛像

티베트 어느 곳에는 정말 좋은 불상을 모시고 있던 나이 지긋한 라마 한 분이 계셨다. 하루는 도둑이 들어 그 불상을 훔쳐갔다. 그 라마는 매일같이 울음을 멈추지 못했다. 어느 날 그 라마가 나를 찾아왔다. "활불活佛(티베트 불교에서 독특한 교리적 존재인 라마의 전생을 이르는 말로 라마교의 고승을 일컫는다) 스님, 저희 사원에 있던 불상을 잃어버렸는데 어찌하면 좋겠습니까? 그 불상은 옛 스님들이 남긴 유일한 보물인데, 그만 제 손에서 잃어버렸습니다. 앞으로 어떻게 다른 스님을 볼 것이며, 신도들을 마주할 수 있겠습니까?" 그래서 나는 이렇게 말했다. "라마여, 불상을 잃어버린 것은 집착을 버리는 법을 배우라는 뜻이 아니겠습니까? 불상을 도둑맞았다 한들 절만 할뿐 먹지도 못할 것 가지고 울긴 왜 울까요? 예전에 큰 불상이 탔을 때도 울지 않았거늘 하나 남은 불상을 도둑맞았다 하여 우는 것입니까? 그저 하나 더 만들어다 그 자리에 가져다 두면 될 게 아니겠습니까?"

그러자 그는 "대대로 불상을 모셨던 선대 라마님들을 어찌 볼 수 있겠습니까?"라고 물었다. 이에 나는 다음과 같이 말했다. "아니 그들이 지금 어디에서 환생했는지조차 모르는데, 누가 네게 그걸 알려달라 하더냐? 하물며 네가 도둑을 불러 훔치도록 한 것도 아니고, 불상이야 도둑맞으면 그만인 것 아니더냐."

그럼에도 그 라마는 줄곧 마음을 내려놓지 못하고 며칠을 더 울어 댔다. 그러던 어느 날 뜻밖에도 그 불상이 되돌아왔다. 그 날 이후 그 라마는 정말 불상을 잘 지키겠노라고 맹세를 했다. 방을 하나 비우고 불상을 그 안에 넣어두었다. 그러자 신도들은 오히려 화를 냈다. 절을 하고자 해도 불상을 볼 수 없으니, 라마에게 욕을 해대기 시작했다. "라마님, 도대체 뭐하시는 겁니까? 힘들게 사원까지 찾아와 불상 앞에 절을 하고자 하는데, 저렇게 불상을 숨겨만 두고 있으니!" 이에 그 라마는 "다시 도둑맞을까 걱정스러워 그렇습니다."라고 말했다. 그러자 신도들은 "도둑이 무서워도 우리가 절은 해야지 않겠습니까? 불상 앞에 예불을 드리고자 사원까지 왔는데 절조차 못하면 저희만 헛걸음한 게 아닙니까?"라고 되물었다.

훗날 그 라마도 짜증이 나서 불상을 다시 내다놓았다. 하지만 며칠도 안 돼 불상을 다시 도둑맞았다. 도둑은 불상의 하반신만 남겨둔 채 상반신만 가져갔다.

라마는 또 다시 나를 찾아와 괴로움을 하소연했다. 나는 별것도 아니라고 말했다. "그저 도둑맞을 것을 도둑맞았을 뿐인 것이다."라고 답했다. 이에 노승의 말인 즉, "도둑맞았던 불상이 어렵게 돌아왔다 도로 도둑을 맞았는데, 그것은 신도들 탓이 아닙니까? 신도들이 내놓지 못하게 했다면, 다시 도둑맞을 일도 없었을 것입니다."라는 것이다. 그래서 나는 이렇게 답해줬다. "불상은 본디 그들이 절하기 위해 만들어진 것입니다. 이제 그 불상을 도둑맞아 그들이 절을 하지 못한다한들 당신을 원망치는 않을 것입니다. 라마님의 고민이 사라진 것입니다. 그것은 그들이 내어놓으라 하여 도둑맞은 것이기 때문입니다. 이 문제는 신도들의 문제이지, 라마님의 문제가 아닙니다."

그제야 그 라마는 "그렇게 생각해도 되겠습니까?"라고 물어왔다. 그래서 나는 "그렇게 이해하시면 됩니다."라고 답해줬다.

그 일이 있은 후 나는 새로운 불상 하나를 그 라마의 사원으로 보냈다. 그 불상은 귀한 골동품도 아니어서 누구나 훔쳐갈 사람도 없었다. 그저 절을 할 수 있는 불상이 있음에 고민도 사라졌고 신도들도 기뻐했다. 하루를 매일같이 불상을 지키고자 할 필요가 없으니, 그 라마의 문제도 해결되었고, 그러니 더 이상의 고민도 없어졌다. 그리고 나는 이렇게 말해줬다. "이제 다 된 것입니다. 불상이란 본디 보물일 필요가 없습니다. 누군가 훔치려 한다면 훔치게 놔두면 그만입니다. 매일매일 불상을 지키고자 하여, 외출할 때마다 걱정할 필요가 없는 것입니다. 만약 그렇지 않다면, 라마님은 죽어서도 눈을 감을 수 없을 것입니다. 지금 그 불상은 사라졌으니 죽어서도 안심이 될 것입니다. 옛 사람들에게 뭐라 말할 것도 없습니다. 불상 또한 버리면 그만인 것입니다."

내려놓음이란 이처럼 쉬운 게 아닌 것이다. 내려놓음에는 긴 과정이 필요하며, 천천히 배움으로 행할 수 있는 것이다.

사람은 우매한 존재다. 어떻게 될지도 모르는 일을 영원히 탓할 수는 없다. 우리가 늘 잊고 놓치는 것은 물건도 아니고 사람도 아니다. 그저 마땅히 해내야 할 담담하고 소탈한 마음이다.

제8장

버림과 얻음

봄이란 시간을 버리면
가을이란 수확을 얻을 수 있다.

고운 말 한마디는 엄동설한을 따뜻하게 한다

얻음이 없다는 "사득拾得"이란 불교의 "보시布施(자비심으로 타인에게 재물이나 불법을 베푸는 것)"를 뜻한다. 베풀다보면 더 많은 수확을 얻게 된다. 베풂이 있어야 얻음도 있다. 사득이란 사람들이 무엇을 버릴 것인지를 볼 수 있도록 한다. 보통 보시라는 말을 들으면, 재화가 있어야 할 수 있는 것이라 여긴다. 하지만 반드시 그런 것도 아니다.

언행을 베풀면 얻는 것이 가장 크다. 언행, 즉 말이란 사람과 사람 사이의 감정을 표현하는 가장 좋은 방식이다.

말에는 여러 가지 표현방식이 있다. 삶의 계층에 따라 의사소통의 방식도 다르다. 그렇다면 어떤 말이 상대방을 기쁘게 할 수 있는 것인가?

사람과 사람의 의사소통 과정에서 상대방을 기쁘게 하는 말을 우리는 "고운 말"이라 부른다. "고운 말"은 정해진 패턴 없이 사람마다 다르다. 학자라면 정확한 학문적 표현이 듣기 좋을 것이다. 하지만 학문을 연구하지 않는 사람에게 있어 학문적 표현은 어색할 뿐만 아니라 오히려 귀에 거슬릴 수도 있다. 즉 "고운 말"이 아닐 수 있다.

소통의 시작은 말이다. 말의 표현을 통해 우리는 얻고자 하는 모든 것을 얻게 된다. 그래서 말의 대가, 즉 베풂을 보시라고 하는 것이다.

선한 말을 하면 선한 보답을 받는다. 나쁜 말을 하면 나쁜 보답을 받아 서로에게 고통을 준다.

말은 학습을 통해 배우는 것이다. 문화를 배우는 데 있어 제일 큰 효과를 주는 것도 말이다. 우리는 "얻음이 없음"을 먼저 배우라고 말한다. 이것이 지혜이다. 이러한 지혜란 나의 모든 것을 내려놓고 남의 문화를 존중할 줄 아는 것이다. 이러한 문화를 전하다 보면, 생각지도 못한 것을 조금씩이나마 얻을 수 있다.

다른 언어를 배울 때도 많은 것을 버려야 한다. 본인의 모국어를 내려놓고, 다른 언어를 존경하는 마음으로 배워야 한다. 그렇게 배우다 보면 모국어에 대한 집착과 주변 환경을 내려놓게 되며, 다른 언어와 문화를 더 잘 배울 수 있게 된다. 이후에는 상대방이 쉽게 받아들일 수 있는 방법을 찾아서 본인의 문화와 사상을 전파할 수 있게 된다. 그렇게 전하는 과정에서 다른 사람들의 존경도 얻을 수 있으며, 때로는 갖고자 했던 것을 얻을 수도 있다.

말의 무게와 강도는 굳이 재를 털지 않고도 회로애락의 불씨가 빛나도록 한다. 적절한 고운 말의 힘이란 우리가 생각하고 있는 바를 바르게 표현할 수 있도록 하는 동시에 버림을 통한 자애와 지혜로 타인을 분발하게 도와주기도 하고, 기쁘게 만들어 주기도 한다. 이로써 함께 즐거울 수 있도록 만들어 주는 것이다.

정신적 빈곤과 구제

지금까지 나는 진정한 기여란 문화와 지식을 보시하는 것이라고 여겨왔다.

베이징에 있는 회장님 한 분은 나를 만날 때마다 무슨 일로 베이징에 왔는지를 묻는다. 한번은 그에게 "빈곤을 구제하러 왔소이다."라고 말했다. 그는 잘 사는 지역 사람들이 빈곤을 구제하러 가난한 시골에 내려갔다는 소리는 들었어도, 시골 사람이 이렇게 잘사는 베이징에 와서 빈곤을 구제한다는 소리는 처음 듣는다고 했다. 그래서 나는 이렇게 말했다. "회장님, 회장님이 틀렸습니다. 도시 사람들은 영혼이 빈곤합니다. 그들은 풍부한 지식과 풍족한 물질을 가지고 있고 사교성도 좋지만, 정신만은 궁핍합니다. 그래서 제가 그들의 정신적 빈곤을 구제하러 온 것입니다."

보통 사람들은 물질이 있어야 즐겁게 살 수 있다고 생각한다. 하지만 신앙을 가진 사람들은 정신적으로 충만해야 즐겁다고 생각한다. 일단 지금은 누구의 말이 옳고 그른지 따지지 말자! 물질과 정신은 둘 다 모두 중요한 재산으로 하나라도 빠져서는 안 되는 것이다.

불교에는 "자량資糧(수행의 기본이 되는 공덕)"이라는 말이 있다. 이것은 사람이 살아감에 필요한 식량이다. 일찍이 붓다는 세상살이에 있어 두 종류의 식량이 있다고 말한 바 있다. 그 중 하나가 복덕

자량福德資糧이고, 다른 하나는 지혜자량智慧資糧이다. 그렇다면 복덕福德이란 무엇일까? 이것은 사람의 장수와 건강이다. 그 다음이 사람의 명리名利(명예와 이익)이다. 이것은 바로 중국에서 습관처럼 말하는 복록수福祿壽를 가리키는 것이라 할 수 있다. 한마디로 장수에 명리를 더한 것이 복덕이다.

진정한 지혜자량이란 영적인 차원에서 자신에게 이기적으로 집착하지 않는 것을 가리킨다. 불교에서의 지혜란 늘 자신을 비움으로 무아의 경지에 도달하는 방법이다. 그럼 지혜란 어떻게 만들어질 것인가? 지혜는 듣고, 생각하고, 실천하는 것에서 나오는 것이다. 이것을 우리는 "문사수聞思修"라고 한다.

복덕자량과 지혜자량이란 우리가 세상을 사는데 있어 진정으로 기댈 수 있는 안식처로 그 중 하나는 세속적 차원이고, 다른 하나는 정신적 차원의 것이라 할 수 있다. 이 둘 중 하나라도 없는 것은 불가하다.

보시는 이 두 가지 차원에서 진행해야 한다. 특히 정신적으로 베풀수 있을 때 얻을 수 있는 것도 더 많다. 포교를 할 때 라마들이 조금만 더 자신의 시간을 희생한다면, 자신이 배웠던 불법佛法적 지식을 더욱 널리 알릴 수 있다. 비록 보시를 한 시간이 짧을지라도 다른 사람에게 미치는 효과는 정말 크다고 할 수 있는 것이다. 이런 방법으로 한 명의 스님이 열 명의 제자, 스무 명의 제자를 가르치면, 향후 그 제자들이 수백 명을 더 가르치게 될 것이다. 같은 원리로 누군가 이익을 따지지 않는 선한 생각을 가지고 본인의 정신과 사상을 보시한다면, 그러한 정신과 사상은 하루가 다르게 널리 퍼질 수 있다.

붓다의 교육은 지금까지 2천여 년을 유지해 오고 있다. 처음에는 붓다 혼자서 불법佛法을 전파했었다. 그렇게 붓다가 몇 십 년의 세월 동안 불법佛法으로 사람들의 삶을 널리 이롭게 하지 않았다면 오늘날의 불교도 존재하지 않았을 것이다. 또한 붓다가 자신이 소유한 왕위와 군대, 그리고 온갖 특권이 아까워서 6년이라는 오랜 고행을 하지 않았다면, 불교 또한 위대한 종교로 이렇게 오랫동안 이어오지 못했을 것이다. 붓다야말로 바로 진정한 보시의 모범이라 할 수 있는 것이다.

우리는 종종 작은 씨앗 하나만 베풀어도 그 즉시 보답을 받을 수 있다고 말한다. 비용이 가장 안 들어가는 보시란 바로 사랑과 자비심을 베푸는 것이다. 그런 측면에서 보면, 붓다야말로 정말 잘 한 것이라 할 수 있다. 붓다는 스스로 이룬 그 위대한 무아의 경지에서 "버림"을 "얻음"으로 모든 "향락"을 그토록 쉽게 내던질 수 있었다. 그렇게 하여 40여 년 동안 불교의 전파만을 위해 각고의 노력을 기울일 수 있었다. 이러한 바는 붓다 자신에게만 국한된 것이 아니다. 그를 따르던 수많은 제자들도 하나같이 그러했다. 선생의 삶이란 지극히 짧은 것이다. 그러나 한 무리의 제자들을 길러내면, 그 중 장사를 하는 사람도, 교육을 하는 사람도, 사람을 치료하는 사람도 나와서 세상을 이롭게 할 수많은 사회적 공헌을 한다. 이러한 공헌을 통해 우리와 세상은 비로소 끝없는 즐거움을 얻을 수 있는 것이다.

일상생활도 그와 같다. 우리가 먹을 식량을 위해 봄에 농민들이 시간을 내어 밭에 씨앗을 심고 땅을 갈고 물을 뿌리고 비료를 준다면, 가을에는 풍성한 수확을 얻을 수 있게 된다. 이것을 다른 말로하면, 봄이라는 시간을 베풀어 가을이라는 수확을 이루는 것이라 할 수 있다.

사람 사이의 교제와 사업에 대한 투자도 마찬가지다. 바친 만큼 얻는 것도 그만큼 배가 된다. 베푼 것이 없다면 얻을 것도 없다. 씨앗을 아끼며 열매를 얻기란 불가능한 것이다. 대부분의 사람들은 감나무 아래 누워 홍시가 떨어지기를 기다린다. 이렇게 아무것도 베풀지 않고 하늘에서 금은보화가 떨어지기를 기다리는 행동은 정말 가당치 않은 일이다.

　물질과 경제적 빈부는 그 사람이 풍족한지 아닌지를 판가름하는 지표가 아니다. 벼락부자가 사람들이 놀랄 만큼 돈을 무섭게 쓰는 것은 정신적 부족함의 다른 표현이다. 돈, 권력, 지위는 있으면서도 마음이 공허한 사람은 정말 불쌍한 사람이다. 이러한 사람들이야말로 진정한 "3무三無(돈, 권력, 지위가 없는)"의 군상이다. 돈이 있다고 반드시 부귀한 것은 아니다. 하지만 정신적 풍요가 있으면 가히 고귀하다 할만하다.

얻을 생각 말고, 버릴 줄만 알아도 된다

나는 어려서부터 다 클 때까지 나를 위해 무엇을 할지에 대해 크게 고민한 적이 없다. 그렇다고 내가 얻은 게 없을까? 아니 오히려 얻은 게 더 많다. 내가 행동을 잘 했기 때문에 모두들 내게 기부하고자 하는 것이다. 누군가 내게 물은 적이 있다. "어째서 당신은 그렇게 많은 돈을 가지고 있는 것입니까?" 그럴 때면 언제나 난 이렇게 농담을 던지곤 한다. "제가 가진 복이 많은가 보지요." 어떻게 내게 이렇게 큰 복이 있는 것일까? 내가 잘 해왔기에 사람들의 신임이 두터운 것이다. 만약 내가 이 많은 돈으로 내 주머니만 채우고 호화 주택에 살며 멋진 차를 타고 세상 부귀영화만 탐했다면, 기껏해야 친한 친구 몇 명만 있었을 것이다. 그런 친구들에게 종교적 신앙심이 있을 리는 만무할 것이다. 아마도 내가 그 친구들에게 조금이나마 도움이 되어야만, 그 친구들도 나를 약간이라도 후원해 줄 것이다. 하지만 그랬다면 나는 사람들에게 불법佛法을 전하는 일이나 불교에 대한 나의 믿음을 잃었을 것이다.

젊었을 때 사업에 실패했던 사람이 있었다. 그 사람은 여러 친구들의 도움으로 다시 장사를 시작할 수 있었다. 그때 친구들은 자기 집을 담보 잡아 그 사람을 도와줬었다. 집은 정말 중요한 자산이므로 그 친구들의 행동은 상당히 위험한 것이 아닐 수 없었다. 마침내 그 사람의 사업은 성공했다. 그렇게 집을 담보로 힘들었던 그를 도와줬던 친구들은 평범한 집이 아닌 고급 별장을 얻을 수 있었다. 자녀들의 학업에 필요한 돈까지 지원을 받았다. 보시를 한다는 것은 물질적 이익에 국한된 것이 아니다. 때로는 신뢰에 바탕을 둔 믿음도 있다.

우리는 많은 사람들로부터 자량을 얻어 보시를 한다. 겉으로 보기에 내가 그 사람들을 도운 것은 학교를 짓고 아이들이 대학에 갈 수 있도록 만든 것에 지나지 않는다. 실제로도 나는 다른 사람들이 내게 기부한 재산을 다시 내놓은 것에 불과하다. 하지만 이것도 다른 사람들의 신뢰가 있었기에 가능했던 것이다. 이러한 신뢰로 인해 나는 즐거움은 물론 성취감도 느낄 수 있었다. 더불어 내가 전달한 돈으로 인해 또 다른 사람들을 행복하게 만들었다. 그렇게 나는 더 많은 칭송을 받을 수 있었다. 이렇게 보면 내가 누군가를 도운 것이 아니라 그들이 나를 도운 것이란 생각이 든다. 이것이 얻음이 아니라면 무엇이겠는가?

적극적으로 사랑을 전달하는 긍정적인 에너지는 우리의 생존환경에 결핍된 신뢰의 의미를 환기시킨다. 서로 함께 쌓아 올린 믿음과 사랑은 사람 사이의 경계와 차가움을 조금씩 누그러트린다. 버림을 알고 얻음을 기대하지 않는 것이 바로 성장의 지혜이다. 내어놓고 거두지 않는 것이 바로 서로가 윈윈win-win 하는 방법이다.

버림으로 진정한 즐거움을 얻을 수 있다

　내 친구 중에는 지금껏 즐거움이 뭔지 모르고 산 녀석이 있다. 금수저를 물고 태어난 덕에 그 친구의 집안은 부유했고 부족한 것도 없었다. 그럼에도 그 친구는 좀처럼 즐거움을 느끼지 못했고, 웃는 얼굴 한 번 보기 어려웠다. 언젠가 그 친구가 고향에 왔다가 내 앞에서 무릎을 꿇고 울고 있는 아주머니 한 분을 본 적이 있었다. 그리고 무슨 일로 저 아주머니가 이토록 서러워했는지를 내게 물었다. 나는 그 친구에게 저분은 슬픈 것이 아니라 기쁜 것이라고 말했다. 딸이 대학에 합격해서 내가 학비를 지원해줬는데, 그것이 고마워 기쁜 나머지 그렇게 운 것이라 알려줬다.

　나는 이내 그 친구에게 말해줬다. 이곳에는 도움이 필요한 학생들이 더 많이 있으니 자네도 그 사람들을 지원할 수 있다네! 그 후 몇몇 가난한 학생들이 그 친구의 도움을 받을 수 있었다. 몇 해가 지나 지원받았던 아이들은 대학을 졸업하고 직장을 다니게 되었다. 덕분에 아이들의 집안 사정도 점차 나아졌다. 훗날 내 친구는 고향에 왔다가 아리따운 어느 여성 한 분을 우연히 만나게 됐다. 나는 친구에게 알려줬다. 이 여성분이 예전에 자네가 도와줬던 그 아이라네! 친구는 사람의 변화가 이렇게 클 것이라고는 믿지 못했다. "몇 해 전에 봤을 때만 해도 붉게 튼 볼에 지저분했던 어린 소녀였는데, 이렇게 예쁘고 멋진 숙녀가 됐다니!" 많지도 않은 돈으로 이렇게 큰일을 할수 있을 줄 몰랐다고 감탄을 했다. 나는 자네 도움이 있어 그 소녀가계속 공부를 할 수 있었고, 그렇게 스스로의 운명을 바꾼 것이라고말해줬다. "지금은 학식도 있고 믿음도 있으며 직업도 가진 멋진 숙녀라네! 마음으로부터 우러나온 기쁨이 그녀가 삶을 바라보는 태도를 변화시켰고, 그녀의 모습도 완전히 달라질 수 있었던 게지!"

이후 내 친구는 그 일을 생각할 때마다 마음이 즐거웠다고 말했다. 예전에는 그 친구가 나를 보고, 뭐가 그리 항상 즐겁냐고 물었다. 나는 다른 사람들을 도울 수 있어서 그런 것이라고 알려줬었다. "매번 조금씩만 도와줘도 다른 사람들이 저렇게 즐거워하니, 내 스스로도 내가 이 세상에 쓰임이 있는 것 같다네. 또한 내가 헛살지 않았다는 생각도 드니 즐겁게 살지 않을 게 뭐 있겠나! 그렇지 않다면 매일 아침 일어나 살아서 뭐하나 싶을 것이고, 무엇하나 분명한 것도 없을 게 아닌가!" 그 후로 그 친구도 하루하루를 기뻐하며 산다. 보다 많은 선행을 하고자 하며, 지금도 여전히 우리 학생들을 돕고 있다.

가끔은 이렇게 사람이 즐겁지 않은 이유가 자신의 삶의 가치를 인식하기 못한 것에 있을 때도 있다.

태어나면서부터 남들이 정말 열심히 일해야 얻을 수 있는 부와 명예를 다 가진 사람들도 있다. 그런 사람들은 삶에 필요한 것이 무엇인지 몰라, 먹고 마시는 유흥이면 됐다는 생각을 한다. 이런 사람들에게는 '베풂을 통해 마음의 진정한 기쁨을 얻는 방법'을 알려줄 필요가 있다.

자신의 사업을 포기하고 자선사업을 하는 사람도 있고, 뛰어난 학문적 역량을 버리고 산간벽지에서 아이들을 가르치는 교수도 있다.

그들은 한 달 몇 만 원에 불과한 급여로 입에 풀칠만 하는 삶을 살면서도 매우 즐거워한다. 왜 그런 것일까? 이것은 그들의 마음이 즐겁기 때문이다. 사람이란 마음이 즐거우면 무슨 일을 하든 즐거운 것이다.

"버림"은 겉으로 보기에 내려놓는 게 많은 것처럼 보이지만 사실은 얻는 게 더 많다. 마음으로부터 우러나오는 기쁨이 흘러넘치는 사람이 가장 복이 많은 사람이다. 마음이 만족하지 못한다면 그 사람은 항상 가난한 사람이다.

원하던 부를 이뤘다고 당장 사업을 그만두겠다고 말하는 부자는 드물다. 반면 가난한 사람들은 배부르게 먹고 따뜻하게 입을 수 있으니 이것으로 족하다고 말한다. 하지만 부자들은 항상 아직은 만족할 수 없으니 회사 몇 개를 더 인수하고 사업을 보다 확대해야겠다고 말한다. 언젠가 미국행 비행기 안에서 서로 알고 지낸지 좀 된 노신사 한 분을 우연히 만난 적이 있다. 그 분은 정말 많은 재산을 가지고 있었다. 그 때 나는 이렇게 물었다. "일흔 넘어서도 왜 쉬지 않습니까? 사람들은 어르신이 복이 많은 사람이라고 하지만, 제 생각에는 복이 없는 사람 같습니다." 내 말을 듣고 그 분은 몹시 기분 나빠했다. 나는 다시 얘기했다. "육칠십 대 어르신들은 평안한 노년을 즐길 줄 알아야 합니다. 모든 것을 내려놓고 집에서 손자를 안아주거나 여행을 하면서 즐겨야 합니다. 신앙이 있으면 집에서 불경 같은 것을 읽으면 되고, 그렇지 않다면 TV를 보거나 음악을 들으며 여생을 보낼 수 있어야 합니다. 그 연세가 되어서도 자손을 위해 근검절약하시고, 사회를 위한 공헌은 안 하면서 세계 각지를 뛰어다니며 일만 하시니……!" 그래서 나는 그 분의 정신력은 존경하면서도 복이 많은 사람이라고는 생각지는 않는 것이다.

사람은 가질수록 더 가지고 싶어 한다. 많이 가졌다하여 더 가지고 싶지 않다고 말하는 사람은 드물다. 이런 것은 정말 곤란한 삶의 태도다.

버림이란 일시적으로 보면 지출이지만, 장기적인 안목에서 보면 상호이익 이상의 성과다.

사람의 행복지수와 국내총생산지수GDP는 무관한 것이다

행복지수와 가장 관련이 깊은 것은 무엇일까?

행복지수는 건강과 제일 관련이 깊다. 실제로 사람은 건강하기만 하면 제일 행복하다. 삶의 제일 큰 복 중 하나가 건강이다. 건강이 없으면 재산이 아무리 많아도 소용없는 것이다. 또한 몸은 건강한데 마음이 건강하지 않다면, 이내 몸도 상하게 된다. 그러므로 몸과 마음이 모두 건강한 사람이 세상에서 제일 행복한 사람이다.

오늘날 세상에서 행복지수가 가장 높은 나라는 부탄처럼 가난한 나라라고 한다. 왜 그럴까? 예전에는 노르웨이 같은 선진국들이 행복지수가 높은 나라로 손꼽혔다. 하지만 글로벌 금융위기 이후 부유했던 국가들이 갑자기 쇠락하자 국민들도 불행해진 것이다. 오히려 부탄 같은 국가의 국민들의 행복지수는 항상 최 상위권을 맴돈다. 부탄은 서민들의 몸과 마음이 건강하고, 국민들이 삶을 즐겁게 만드는 것을 정부의 목표로 삼고 있다. 단순히 돈의 많고 적음이 국가의 지표가 아니기에 모든 국민이 행복한 것이다.

가진 것이 없는 사람은 버리는 것도 쉽지만 ,가진 것이 많은 사람은 버리는 것이 매우 어렵다. 진정한 수행은 가진 다음에도 그것을 내려놓을 수 있는가에 달려있다. 가진 것이 없다면 본디 아무것도 없었기 때문에 쉽게 내려놓을 수 있는 것이다. 단지 이 때 내려놓기 위해 필요한 것은 영적인 마음 차원의 것들이다. 천지신명과 자신의 운명을 원망해서는 안 된다. 내려놓음을 배우고자 하여 내려놓음을 실천한다면, 그 삶도 정말 즐거워질 수 있다.

부富의 소유 자체가 나쁜 것은 아니다. 지식의 소유 또한 나쁜 것이 아니다. 우리가 지혜를 갖출 수 있다면 보통의 의사도 존경받는 의학 전문가가 되고, 일반적인 학자도 본인의 전공을 이끄는 대학자가 될 수 있다. 그렇게 한 분야의 전문가가 되었을 때, 배운 것을 그저 방치할 것인가 아니면 보시라는 베풂을 통해 환원할 것인가? 가장 좋은 것은 보시이다. 베풂이다. 돈이든 학문이든 아낌없이 사회에 기부할 수 있어야 "부유함"이 "귀함"으로 바뀔 수 있다. 부유하고자 함은 쉬운 일이다. 씨를 뿌리면 수확을 할 수 있고, 수확한 것을 쌓다보면 부유해진다. 만약 자신이 가지고 있던 씨앗을 다른 사람들에게 나눠줬다고 가정해보자. 다 같이 파종하여 수확을 하면, 거기서 나온 씨앗을 돌려받을 것이다. 이렇게 돌려받은 씨앗은 "이자"와 같아서 우리는 점점 더 부유해질 것이다. 그럼에도 씨앗이 아까워 다른 사람들에게 나눠주지 않는다면, 그러한 마음은 정말 걱정할만한 일이다.

삶에 있어 가장 필요한 것은 귀함이다. 그렇다면 이런 귀함은 어디서 오는 것일까? 이것은 본인의 영향력을 어떻게 퍼뜨려 얼마나 많은 사람들에게 도움을 주었는가에 달려있다. 사회적 도움과 기여를 한 사람은 모든 사람들의 존경을 받게 되니, 그 사람의 생명까지 귀중하게 보이게 되는 것이다.

사람에게 있어 제일 중요한 것은 마음의 즐거움이다. 무슨 일을 하던 나는 내 자신이 즐거워야 한다. 마음이 즐겁지 않으면 일하고 싶은 마음도 들지 않는다. 그래서 마음의 기쁨을 제일 크게 얻을 수 있어야 한다. 무엇이든 잃는 것보다 마음이 즐겁지 않은 것을 가장 중요하게 여길 수 있어야 한다.

보살菩薩(위로는 깨달음을 구하고 아래로는 중생을 교화하는 붓다에 버금가는 성인)은 중생을 이롭게 하여 자아를 성취했다. 중생은 이기적인 자기 이익으로 스스로를 타락시킨다. 자신만을 위해 모든 것을 바치는 사람은 보통의 사람이고, 대중을 위해 최선을 다해 봉사하는 사람은 걸출한 위인이 된다. 민중의 지도자가 되는 것이다.

행복의 여부는 내면의 정신적 풍요와 직결된다. 생각이 있는 사람이라면 누구든 마음의 빈곤이나 정신적 결핍을 달가워하지 않을 것이다. 물질적 경제적 발전은 가장 기초적인 인생의 투자이자 건설에 지나지 않는다. 삶은 우리가 한 번 내뱉는 한숨 같은 것이다. 결국에는 정신수양으로 귀소하게 되어있다.

제9장

몸을 깨끗이 하고 마음을 가다듬는
"정진精進"

정진이란 굶주린 소가 풀을 뜯는 것과 같다.
입으로는 풀을 뜯고 있으면서도 눈을 굴려
다른 풀이 어디 있는지를 끊임없이 찾는 것이다.

성불成佛은 작은 욕심, "소탐小貪"이다

몸을 깨끗이 하고 마음을 가다듬으며 정진하는 사람은 산도 무너뜨릴 수 있다. 이 말은 우공이산愚公移山(우공이라는 노인이 집을 가로막은 산을 옮기고자 노력하여 그 일을 해냈다는 우화에서 나온 성어)처럼 허황된 것으로 들릴 수도 있으나 추호의 과장도 없는 사실이다. 하고자 하는 말인 즉, 물러서지 않는 확고한 신념을 가진 사람은 어디에 있든 그 이상의 큰 힘을 발휘할 수 있다는 것이다.

어른이 되기까지 삶이란 말을 배우고, 걸음마를 배우고, 밥 먹는 것을 배우고, 책 읽는 것을 배우는 등 어떤 일에든 노력하려는 마음가짐과 태도를 필요로 한다. 좌절 앞에서도 열심히 노력해야 한다. 이렇듯 정진이란 우리가 성취하고자 하는 목표와 소망을 최선을 다해 추구하는 것이다. 이를 다른 말로 하면 "전념"이다.

사람들은 불교를 소극적인 종교라고 생각한다. 무슨 일이든 구하려하지 않고 인연에 따를 것을 주장하는 것이 불교라 여기는 것이다. 하지만 이것은 잘못된 관점이다. 세상에는 얻고자 해도 더 이상 얻을 수 없는 두 종류의 신앙이 있다. 그 중 하나는 억압하는 사람도 억압받는 사람도 없고, 착취하는 사람도 착취당하는 사람도 없는 세상, 즉 "대동사회大同社會(중국의 전국시대에서 한나라 초기에 유학자들이 주장했던 일종의 이상사회)"이다. 또 다른 하나는 불교에서 말하는 "극락세계極樂世界(지극한 즐거움을 누리며 살 수 있는 불교의 이상세계)"이다. 그곳은 관직도 없고 백성도 없이 모든 중생이 평등하고, 재물조차 쌓아둘 필요가 없는 세상이다. 온갖 재물과 부가 이미 있는 곳, 대지는 황금으로 가득 차 있고, 곳곳에는 금은보화가 널려있는 고통도 번뇌도 근심도 없는 곳이다. 불교에서 추구하는 극락세계를 얻고자 함은 실로 엄청난 크기의 구함이다. 이러한 "대탐大貪"의 마음이 바로 정진의 다른 표현이다.

붓다는 "성불을 바라는 보살은 소탐小貪"이라 말했다. 불교에서 말하는 "탐貪(구하고자 함)"이란 "원願(바라는 것)"의 의미이다. 세속적인 의미의 탐욕과는 다른 것이다. 여기서 말하는 "원"이란 지극히 아름다운 소원이다. 가장이 열심히 일을 한다는 것은 가족을 잘 살게 하는 것이고, 가족 모두가 화목할 수 있게 하는 것이다. 그러한 과정에서 그만큼 많은 노력도 필요할 것이고 수많은 좌절과 고통, 어려움을 견뎌내야 한다. 그렇게 가장이 포기하지 않고 꾸준히 노력한다면, 그 가정은 그만큼 더 원만해질 것이다. 한 가정이 원만해지는 과정은 사회와 국가의 귀감이 될 수 있다. 이러한 귀감은 사회와 국가를 바꾸는 기틀이 된다.

정진이란 하나의 목표를 위해 끊임없이 노력하는 것이다. 건강한 육체를 위해 몸을 단련하고 깨끗한 마음을 위해 수양을 하는 것도 여기에 해당한다. 체력단련과 마음수양에는 정진코자 하는 노력이 필요하다. 그렇게 굳세게 참고 견디어 마음을 빼앗기지 않는 견인불발堅忍不拔(굳게 참고 견디어 마음이 흔들리지 않음)의 노력이 있어야 비로소 제대로 된 효과를 얻을 수 있는 것이다.

일을 하는 동안이나 사람들과 어울릴 때에는 자신의 가장 아름답고, 가장 선량하고, 가장 열심히 하는 모습을 보여줄 수 있어야 한다. 이러한 것은 정진하고자 하는 태도를 가지고 노력해야만 가능한 것이며, 그렇게 서로가 주고받는 과정에서 보다 친밀한 관계도 형성되는 것이다.

앞서 정진이란 굶주린 소가 풀을 뜯는 것과 같은 것이라고 비유한 바 있다. 정진하고자 한다면, 우리 또한 입으로는 풀을 뜯으며 눈으로는 다른 풀을 끊임없이 찾아야 한다.

"아집"과 "이기심"을 버리고자 하는 소담한 바람은 노력코자 한 정진과 같은 의미라 할 수 있다. "탐"이라는 바람이 바로 목적을 이루기 위해 갖는 내적인 결심과 그에 따르는 힘, 즉 불교에서 말하는 "원력"이다. 이러한 힘을 통해 일으킨 마음과 행동이 "보리심"이자 "보살행菩薩行(붓다가 되고자 하는 보살의 수행과 실천 행위)"이다. 미약하나마 우리의 소소한 베풂을 통해 자애로운 사랑을 조금이라도 전하다 보면, 속세의 선함과 아름다움 또한 일렁이는 파도처럼 큰 물결을 이뤄 선행의 바람이 세상 구석구석 닿도록 만들어 줄 수 있다.

정진精進은 만족할 줄 모르는 탐람貪婪이 아니다

정진을 언급함에 탐람貪婪(음식, 재물, 권력 등의 물질적 욕망)과 그것을 갖고자 하는 나쁜 마음인 탐심貪念을 아니 논할 수 없다.

간단하게 설명하자면, 탐람의 나쁜 마음이란 자신의 허영심을 만족시키기 위해 무엇이든 추구함에 타인은 물론 나 자신에게 상처 주는 일조차 마다하지 않는 못된 생각이다. 세상 사람들이 부귀영화와 건강, 권력추구를 위해 다른 이에게 피해를 주는 일은 모두 본인의 과한 욕심에서 비롯된다. 지나치게 갖고자 하는 이러한 나쁜 마음과 탐람은 스스로 만든 맘고생이자 고통일 수 있다.

정진이란 무엇일까? 이것은 모든 일에 있어 우리가 노력을 기울이고 수많은 대가를 치루는 것이다. 하지만 이것의 출발점은 자신의 사리사욕에 있지 않다. 그러하기에 정진의 결과가 우리에게 고통을 안기지도 않는 것이고, 번뇌에 휩싸이도록 하지도 않는 것이다. 물론 타인에게 고통을 주지도 않는다. 한마디로 타인의 고통 위에 나의 성공을 이룩하지는 않는다는 것이다. 즉 정진과 탐람의 나쁜 마음을 구분함에 있어, 스스로도 이득이 되고, 타인에게도 이익이 되는 상황에서 본인이 포기하지 않고 노력하는 것, 이것이 정진이다.

정진에는 고도의 지혜가 필요하다. 이성적으로 상황을 판단하고 다양한 측면에서 생각할 수 있어야 한다. 한 가지 일이라 할지라도 다방면으로 생각해야 한다. 이렇게 하는 게 맞는 건지 틀린 건지, 아니면 둘 다 틀린 건지, 그것도 아니라면 틀렸다 할지언정 다른 영향은 없는지 등을 말이다. 이러한 사고력은 개인의 힘만으로 이룰 수 있는 게 아니다. 동전의 양면 같은 올바름과 부정함 중 무엇을 취하고 버릴 것인지를 선택하는 사고력은 보통 다음과 같은 두 종류의 학습을 통해 이룰 수 있다. 첫 번째는 책이나 다양한 종교적 믿음을 통해 배우는 것이다. 두 번째는 사회에서의 타인과의 접촉과 모방을 통해 배우는 것이다.

탐람이란 본인의 역량을 가늠하지 않고 과하게 바라는 것이라고 이해할 수 있다. 하지만 "정진"은 자신의 역량에 따라 행하는 노력이다. 탐욕의 결과는 수렁에 빠진 것처럼 힘을 쓸수록 고통스러운 것이다. 그러나 정신은 높은 산을 오르는 것과 같다. 처음 오를 땐 다소 고통이 따를 수 있다. 하지만 정상에 이르러 크고 작은 산들을 내려다보는 순간, 그 이룸의 기쁨은 물론 비교할 수 없는 심리적 광활함과 편안함을 동시에 느낄 수 있다.

갑옷을 입고 출전해라!

가끔 사람은 자신의 역량을 과소평가하기도 한다. 작은 난관에서 앞으로 나아갈 방법이 없다는 생각을 한다. 때로는 별것도 아닌 좌절로 인해 너무 쉽게 충격을 받을 때도 있다. 불교에서 말하는 정진은 이러한 문제들을 어떻게 극복했을까? 병사 한 명이 있다고 생각해보자. 무기 하나만 들고 전장에 나가는 것과 갑옷까지 챙겨 입고 전장에 나가는 것은 심리적 상태부터 다를 것이다. 무기만 가지고도 용감하게 전장에 나갈 수 있다. 하지만 갑옷이 있어 스스로를 보호할 수도 있다면 승전에 대한 믿음과 저력까지 더해질 수 있다. 그 느낌 또한 다른 것이다.

일 하나를 완성하기 위해 노력으로 얻고자 할 때도 단결된 힘이 모여야 비로소 가능하다. 각각의 단일한 힘에만 의지해서는 불가능하다. 이것은 마치 보이지 않는 방탄복을 입어서 총알조차 두렵지 않은 자신감으로 스스로를 무장시키는 것과 같다.

사람들은 어째서 신앙을 필요로 할까? 사실 사람들은 붓다나 보살, 또는 신의 힘으로 스스로를 보호코자 한다. 이로써 눈앞의 사물에 대한 신념과 믿음을 강화하고자 하는 것이며, 나아가 더 큰 용기를 내어 곤란과 좌절을 극복하고자 하는 것이다.

사람의 마음이란 의지할 것이 있을 때 직면한 문제를 바라보는 관

점과 마음가짐이 달라진다. 이러한 바는 현실의 삶에 있어서도 효과
적인 방법이다.

사람은 힘든 일을 당하면 심적으로 기댈 수 있는 안식처를 찾는다.
그렇게 문제를 해결하고자 하면 당황할 일도 없다. 이러한 신념은
본인이 가진 신앙을 통해 경건한 마음으로 기도를 드림으로써 가
질 수 있다. 설령 지금 눈앞에 맞닥뜨린 어려움을 당장 극복할 수
는 없을지라도, 마음의 안식처로 인해 문제를 바라보는 시야만큼
은 달라질 수 있다. 이러한 심리적 태도를 기르는 것에도 정진을
통한 노력과 연습이 필요하다.

주변의 분위기

많은 경우 스스로의 정진과 노력만으로 성공하지 못할 때도 있다. 이럴 때는 긍정적인 주변의 도움이 필요하다.

이것은 어린 아이를 가르치는 것과 같다. 아이가 넘어졌을 때 "왜 이렇게 둔하니? 칠칠치 못하게 어떻게 넘어진 거니? 스스로 한 번 봐봐 얼마나 멍청한지?"와 같은 말로 나무라기만 한다면, 이 아이는 갈수록 자신감을 상실할 것이다. 하지만 "정말 용감하구나! 혼자 한 번 일어나서 가보렴. 또 넘어지면 다시 일어나면 된단다. 일어나기만 해도 대단한 거야!"와 같은 격려의 말을 해준다면, 그로인한 효과는 더 좋을 것이다.

자신의 목표를 달성하기 위해 앞으로 나갈 때는 정말 많은 노력을 필요로 한다. 그렇다면 그런 힘은 어디에서 오는 것일까? 어릴 적에는 주변의 선생님이나 친구로부터 왔을 것이고, 성장해서는 자신이 믿는 문화나 종교에서 왔을 것이다. 신앙적 믿음이라는 것은 목표를 이루고자 노력하는 과정에 있어 매우 효과적인 도구라 할 수 있다.

내 주변에는 책을 잘 읽지도 잘 외우지도 못하는 후배가 한 명 있었다. 한 시간짜리 수업도 서너 시간의 공을 들여야 겨우 이해했다. 우리는 그 후배가 제대로 된 재목이 될 수 없을 거라 생각했었다. 하지만 그 후배는 항상 노력했고, 기조차 죽지 않았다. 우리는 한 시간 정도 공부한 뒤 그 후배가 공부할 때 나가서 다른 일을 봤다. 그럼에도 그 후배는 노력을 아끼지 않았으며, 끊임없이 반복을 했다. 선생님도 무척 좋은 사람이었다. 매일같이 그 후배를 격려했었다. "못하는 건 괜찮단다. 다른 녀석들이 한 시간 할 걸 세 시간에 걸쳐 해내는 것도 괜찮단다. 그저 세 시간만 더 들여 다른 녀석들과 같은 걸로 충분하단다." 선생님의 이러한 격려 덕분에 그 후배는 정말 최선을 다해 오래도록 끊임없이 정진을 했다. 우리는 스스로 배움이 빠르다고 생각했었다. 하지만 20여 년을 지난 지금에 와서 보니, 우리들 중 가장 학식 있고 해박한 사람은 다름 아닌 그 후배였다. 이러한 결과는 그 후배가 스스로에 대한 확고한 신념을 가지고, 그러한 신념을 위해 포기하지 않고 노력했기 때문에 가능했던 것이다. 어쩌면 선생님께서 "남들이 한 시간 할 걸 어찌 두 시간이나 더 쓰니?"라고 핀잔을 줬다면 어땠을까? 그랬다면 그 후배는 실패했을 것이다. 결국 선생님의 격려가 불교학계의 대학자를 만든 것이다.

위에서 말한 후배의 예를 통해 알 수 있듯, 정진과 노력은 성공의 한 단면에 불과하다. 타인의 긍정적인 힘도 무척 중요한 것이다. 물론 주변 사람의 인정에 앞서 스스로 자신을 믿을 수 있어야 한다. 그렇다고 타인의 인정만 기다려서도 안 된다. "다른 이들이 언제 어디서 여러분을 인정해 줄지를 어떻게 알겠는가?" 게다가 "그 누구도 여러분을 인정하려 하지 않는다 하여 다 포기할 건 아니지 않은가?" 타인의 말과 격려는 분명 우리에게 큰 도움이 된다. 하지만 그렇다고 이것만이 제일 중요한 것은 아니다. 무슨 일이든 등산과 같이 가장 힘든 고비는 마지막 몇 걸음에 있다. 우리는 늘 마지막 그 몇 걸음만 견디면 된다고 말한다. 이 마지막 몇 걸음을 버티는데 있어 가장 효과적인 도움이 바로 여기서 말하는 주변의 힘인 것이다.

개인적 정진의 힘만으로는 이룰 수 있는 것이 없다. 좋은 스승과 벗이 있어야 한다. 좋은 스승과 벗은 우리와 가까이 지내는 사람들 속에서 언제든 찾을 수 있다. 우리가 필요한 때가 되면 그들은 언제든 스스럼없이 도와줄 것이다.

오랫동안 사람들이 심혈을 기울여 대대로 쌓은 공덕으로 비로소 속세에도 복됨이 있을 수 있는 것이다. 사람들이 여유를 가지고 불법을 들을 수 있는 것도 그러한 덕분이다. 불교에서 말하는 "공空(모든 현상의 실체가 되는 참모습), 고苦(사람이 태어나 겪는 여덟 가지 고통), 무상無常(현세의 모든 것은 변하는 것으로 영원히 존속하는 것은 없다는 것)"에 대한 두려움 없이 삶의 가치를 되새일 수 있는 것도 참으로 귀하지 아니하다 할 수 없는 것이다. 이러한 인연을 빌어 우리가 선을 행하고자 하는 마음으로 수행에 정진하고, 보다 더 큰 복록을 쌓을 수만 있다면, 굳이 노력을 다하지 않을 이유는 없는 것이다. 언젠가 선연善緣(좋은 인연)과 선업善業(좋은 결과를 얻은 착한 힘)이 성숙하게 되면, 우리는 갑옷을 입은 것과 같아질 것이다. 그 어떤 두려움과 어려움이 있을지라도, 우리는 최선을 다해 정진할 수 있을 것이다. 그러므로 우리 주변에 선연이 모이도록 하는 분위기를 더욱 소중히 여겨야 하는 것이다.

근엄하지 않은 큰 스님

　11세기 티베트에 수행을 온 인도의 왕자 아디샤Dipankara
srijnana(982~ 1054, 왕자로 태어나 왕위를 계승하지 않고 출가한 인도의 승
려) 존자는 자신의 복덕福德(일체의 선행과 그것으로 얻게 되는 복스러운
공덕)을 쌓고자 매일같이 흙을 모아 찰찰嚓嚓(금형을 사용해 부조를 찍
은 후 선각하여 만든 인도식 미니어처 조각품)이라는 작은 불상과 불탑을
만들었다. 그의 제자들은 매일같이 흙을 파와 점토를 만들며 손발은
물론 옷까지도 지저분했던 자신들의 스승을 보며, 보기에 좋지 않다
고 생각하여 이렇게 말했다. "스승님 이런 일들은 하지 않는 것이
어떻겠습니까? 이런 잡일은 저희가 할 터이니, 스승님께서는 쉬시는
게 어떻겠습니까? 저희가 도우면 됩니다. 스승님께서 이렇게 수고를
마다치 않으면, 다른 사람의 눈에 근엄하지 않아 보입니다." 이에 아
디샤 존자는 다음과 같이 얘기했다. "그렇다면 내가 먹는 음식도 너
희들이 나를 도와 먹으면 되겠구나?" 다들 너무 근엄한 스승님의 태
도에 말문이 막혔다. 그제야 아디샤 존자는 다시 말을 이었다. "이것
은 나를 위해 쌓고 있는 자량이거늘 어찌 너희들에게 시킬 수 있겠느
냐?"

　성불을 이루기 전 수행에 정진하여 복보福報(복을 쌓아 얻는 선한
결과)를 쌓는다는 것은 자량을 늘린다는 것이다. 지혜가 있어도 정진

이 부족하면 그저 평범한 수행자에 불과하다. 하지만 지혜는 없을지라도 정진하고자 하는 마음이 크다면 결국에는 최고의 수행자가 될 수 있다.

이러한 예는 주변에서도 얼마든지 찾아볼 수 있다. 어릴 때 함께 했던 조금은 어리숙했던 선후배들 중 한 가지 일에만 전념하라는 남들의 말에 그저 묵묵히 성심을 다했던 사람들이 있을 것이다. 다른 사람들은 멈췄을지언정 그들은 그 자리에서 하던 것을 계속한다. 결국 그러한 이들이 대성하게 된다. 그냥 똑똑하기만 한 사람은 기껏해야 학자가 될 수 있을 뿐이다.

일찍이 직메 링빠Jigme Lingpa(1730~1998) 큰 라마가 말한 바 있다. "정진하지 않는 자는 해안가에 이를 수 없다. 이는 노가 부러지면 반드시 뒤집히게 되는 상인의 배와 같은 것이다."

자고로 큰 깨달음을 얻었던 성취자Mahasiddha들도 수행하기 전에는 일개 범부에 불과했다. 그들이 성취자가 될 수 있었던 근원에는 경건한 마음을 잃지 않고 꾸준히 정진하고자 노력했던 성실한 마음이 있었기 때문이다.

정진의 한 경지

신통하다는 것은 무엇일까? 자신이 모르는 분야나 경험해보지 못한 영역은 모두 신비로운 것이다. 누군가 자신만의 분야에 정진하여 일처리를 잘하고 무언가를 창조한다면, 우리는 그 사람을 신통하게 바라볼 것이다. 이것은 어느 정도 정진하면 도달할 수 있는 일종의 경지이다.

있는 것을 없는 것으로 또는 없는 것을 있는 것으로 바꾸면 대부분 그것을 신통한 것이라고 여긴다. 이곳에 두 사람이 서있다고 가정해 보자. 그 자리에서 "지금 당신이 무슨 생각을 하는지 제가 읽어 보겠습니다."라고 하면, 대다수의 사람들은 정말 황당무계하고 불가능한 것이라고 생각할 것이다. 하지만 "정말 그런 능력이 있을까요?"라고 묻는다면, "대부분의 사람들이 가지고 있는 능력입니다."라고 대답할 수 있다. 그렇다면 어떻게 그런 능력을 가질 수 있을까? 평상시 사람의 생각은 분산되어 있다. 하지만 분산되어 있는 생각을 하나로 모아 집중한다면 강력하고 단일한 힘을 만들 수 있게 된다. 그렇게 강한 힘이 모이면 할 수 있다.

다른 사람이 우리 마음을 꿰뚫어 볼 것이라는 생각은 할 필요 없다. 질투가 정말 심한 여자가 있다고 생각해보자. 그녀는 남편이 밖에서 무슨 일을 했는지 거의 모든 것을 짐작할 수 있다. 물론 그녀의 남편은 모든 걸 부인할 것이다. 일찍이 나는 질투심이 극에 달한 여자가 남편의 일거수일투족을 매일같이 주의 깊게 살피는 것을 본 적이 있다. 그녀의 생각은 남편에게만 쏠려있었다. 그렇게 모인 관심이 생각의 선형을 이루고, 그 생각의 선형이 마음과 반응하면서 남편의 행동을 유추할 수 있었던 것이다. 특히 남편의 못된 짓거리는 바로 알아차렸다. 이것은 정말 신통한 일이다. 부모가 아이의 행동을 보고 직감하는 것도 같은 원리다.

수행에 있어 정성을 다하고 깨달음을 얻고자 하는 노력을 게을리하지 않는다면 반드시 진일보한 성과를 얻게 된다. 이러한 과정에서 우리는 붓다나 보살님들이 중생을 제도하고자 하는 바람과 맞물려 더욱 큰 힘을 얻을 수도 있다. 또한 우리 마음에 내재된 탐욕, 분노, 우매, 오만, 의심 같은 오독의 힘도 약해지게 된다. 결국 번뇌도 줄어들게 되는데, 이 자체가 일종의 경지인 것이다.

신통방통한 작은 금불상

오래전 나는 신기한 이야기 하나를 경험해 본 적이 있다.

17살 때 나는 쓰촨四川 캉딩康定(중국의 성 단위 행정구역인 쓰촨성에 속한 시짱자치구의 공공기관 소재지)에서 스승님과 함께 공부를 했었다. 겨울임에도 오랫동안 눈이 내리지 않아 샘물이 다 말랐었다. 7~8킬로미터쯤 떨어진 먼 곳까지 가서야 물을 찾을 수 있었다. 어린 라마들은 물을 찾지 못해 빈손으로 돌아오기 일쑤였다. 누군가 내게 이렇게 알려줬었다. "어딘가는 얼음만 있고 물이 없어요." 그 순간 제일 먼저 떠오른 것은 "얼음? 그건 물이 아니야?"라는 생각이었다. 나는 자진해서 물을 찾으러 갔다. 다른 라마들과 함께 어떤 절벽 근처에 도달했는데, 그곳에는 절벽을 따라 얼음이 층층이 쌓여 있었다. 얼음을 깨서 찻주전자에 넣으면 녹아서 물이 될 것이라는 생각이 들었다. 다른 지역과 달리 티베트 초원에서는 돌을 찾기란 어려운 일이었다. 벼랑 끝에 난 틈새를 보고 저곳에서 돌을 꺼내 얼음을 깨뜨리고 돌려놓으면 될 것 같다는 생각이 들었다. 내가 돌 틈새에 손을 넣었을 때 기적 같은 일이 일어났다. 그 돌 틈은 마치 문처럼 열렸는데, 그 안에는 금빛 찬란한 불상 하나가 앉아 있었다. 그 때 나는 어떤 욕심도 없었다. 불상이 있다면 그에 상응하는 이유가 있을 것이라고 생각했다. 그저 옆에 있던 돌만 하나 꺼내 얼음을 깨고 다시 넣어뒀다.

혹여 누가 불상을 훔쳐갈까 싶어 돌로 살짝 막아 두었다.

사원로 다시 돌아와 나는 스승님께 불상에 대한 이야기를 했다. 스승님께서는 내 이야기를 다 듣고 "누군가 그곳에다 불상을 두고 잊은 것 같구나!"라고 하셨다. 그리고 스승님께는 "남들이 버린 것일 리가 없으니 어서 가서 불상을 가져오너라!"라고 말씀하셨다. 그때는 이미 해가 질 무렵이었다. 산에는 늑대도 있어서 7~8킬로미터쯤 떨어진 그곳을 혼자서는 도저히 갈 수 없었다. 스승님께서는 어른 라마 두 명을 나와 함께 보냈다. 그 곳에 도착해 보니 낭떠러지에는 여전히 작은 틈이 남아있었다. 나는 돌을 치우고 금불상을 꺼내 옷소매에 넣었다. 내가 돌을 집어 다시 넣자, 마치 기다렸다는 듯 기적 같은 일이 일어났다. 돌이 자석이라도 달린 듯 틈새로 빨려들어 간 것이다. 그 자리를 다시 보니 틈새를 찾을 수 없었다. 그것은 지금까지 수백 번을 생각해도 도무지 이해가 안 되는 일이다.

돌멩이에 난 손톱자국

　예전에 우리 고향에는 수행으로 유명한 단지丹苦라는 라마가 한 분 계셨다. 작은 아버지가 그를 보러 갔을 때에는 한창 사원을 짓고 있었다. 돌담도 제법 높게 쌓여 있었는데, 틈틈이 진흙이 발리지 않은 곳이 있었다. 큰 스님은 진흙을 집어 돌 틈을 메우고 있었다. 작은 아버지는 가르침을 청할 일이 있으니 승방僧房(스님들의 거처)에서 뵐 수 있을지를 물었다. 그는 승낙을 하고서는 젊은 라마를 시켜 돌멩이 하나를 가져오도록 했다. 큰 스님은 젊은 라마가 가져다 준 돌멩이로 손에 묻어있던 진흙을 닦아내고는 바닥에 내려놓았다. 놀랍게도 그 순간 작은 아버지는 바닥에 내려놓은 돌멩이의 표면에 손톱자국이 나있는 것을 보았다.

　신통한 일은 있다. 다만 이 세상에는 우리가 설명할 수 없는 현상들이 많이 남아 있을 뿐이다. 신통한 현상을 어떻게 대할 것인가? 여기에는 정확하고 분명한 태도가 있어야 한다. 요즘 사람들이 "신통"한 일을 가지고 요사스러운 말로 대중을 현혹하거나 괴이한 귀신 이야기로 사람들을 속이는 것은 부도덕한 행동이다. 신통하다는 그 뜻을 제대로 알게 되는 날이 오면, 그것은 결코 신비로운 일이 아닐 것이다. 불교에서는 종종 인연을 말한다. 그렇다면 무엇을 인연이 있다고 할 것인가? 이것은 적당한 하늘의 때와 땅의 이로움, 그리고 사람의 조화가 있어야 하는 것이다. 이러한 인연이 충분히 갖춰졌을 때, 어쩌면 이런 신기한 능력이 만들어지는 것인지도 모른다.

우리가 전혀 모르는 것을 다른 사람이 만들어 냈을 때, 우리는 그 사람을 신통하다고 생각하게 되는 것이다. 이것은 모든 사람이 도달할 수 있는 것도 아니다. 설령 우리가 신통한 능력을 가졌다고 할지라도 그 힘을 행함에 있어 스스로 필요한 것이 무엇인지를 헤아려 행동해야만 한다. 그 힘을 정말 얻었다면, 우리에게 초래될 일이 무엇인지를 그리고 동시에 우리 스스로 얼마나 감당할 수 있는지를 제대로 알아야만 한다.

자신이 가진 잠재력을 극한까지 발휘하는 것이 바로 "신통神通"이다. 물론 없는 것을 만들어 내는 것 또한 신통한 일이라고 할 수 있다.

제10장

선정禪定

좋은 생각이든 나쁜 생각이든,
이 모든 것을 우리가 숨 쉬는 것과 더불어
똑같이 내려놓을 수 있다면,
우리의 마음 또한 천천히 내려놓을 수 있다.

감정을 정리하는 행위예술

선정禪定은 티베트어로 "평등平等(고르고 한결같다)" 또는 "정려靜
慮(조용히 생각하다)"를 의미한다.

사람의 감정은 정말 빠르게 움직인다. 우리의 눈과 귀, 코와 혀 같
은 신체의 감각기관은 외적인 색과 소리, 맛과 냄새 및 촉감에 민감
하게 반응하게 되는데, 이 때 서로 다른 다양한 생각도 만들어진다.
이러한 생각은 정말 미세한 작은 것으로부터 만들어지는 경우가 많
지만, 가끔은 사람을 극도의 감정기복에 휘말리게 할 때도 있다. 감정
의 기복은 정말 심하게 요동칠 뿐만 아니라 지나치게 빠르게 변한다.
이러한 이유로 생각이란 처음부터 나눠져 있었던 것임에도 사람들이
그것을 알아채지 못하는 것이다. 사실 감정이란 조금씩 다른 생각들
이 모여서 만들어진 것이다. 감정이 하나의 덩어리로 이뤄진 것이
아니라면, 이것을 처리하는 방법도 그렇게 어려운 것이 아니다. 그저
서로 분해하여 이어지지 않도록 하면 하나로 뭉쳤을 때의 강한 힘도
사라지는 것이다.

사람의 생각이란 파도가 파도를 덮어오는 것과 같다. 파도가 치는
이유는 그 뒤에 바람이 있기 때문이다. 우리는 감정을 작동시키는
생각(본래 이것을 통제력이라 한다)을 하나씩 정리해나감으로써 자초지
종을 이해하고, 그저 각각의 것을 내려놓으면 그만이다. 이것이 바로

선정禪定의 오묘한 이치이다.

가정과 직장 생활에 있어 번뇌가 만들어지고 감정이 동요할 때, 어째서 우리는 멈추고자 해도 바로 멈추지 못하는 것일까? 그 이유는 우리가 그 모든 감정을 한 덩어리로 묶어 생각했기 때문이다. 감정의 덩어리를 한 조각씩 떼어내 버리는 방법을 배우지 못했기 때문이다.

선정이란 감정을 정제하여 본인 스스로 감정을 다스리는 것이다. 하지만 성장과정에 있어 감정을 어떻게 정리해야 좋은지를 알려주는 사람은 없다. 그렇기에 그저 좋은 감정을 가지고 있을 때는 누구를 봐도 즐겁고 무엇을 봐도 아름답게 느끼는 것이며, 나쁜 감정을 가지고 있을 때는 한없이 비관적이고 한없이 소극적으로 변하는 것이다. 본래 우리에게 즐거움을 주는 좋은 것조차 즐겁지 않은 것이라 느끼게 되는 것이다.

번뇌와 슬픔으로 마음이 가득 찬 사람은 눈앞에 어떤 진수성찬이 차려져 있어도 맛있겠다는 생각을 하지 못한다. 그 이유가 뭘까? 이것은 감정이 우리가 생각하는 대로 가지 못하도록 만들기 때문이다. 즉 스스로 감정을 통제하지 못하고, 외적인 괴로움에 사로잡혀 감정을 지배당하기 때문인 것이다.

바깥세상과의 분리불안은 다른 사람, 사물, 환경 등을 통해 우리의 생각과 감정을 손쉽게 요동치게 한다. 이러한 것의 주요 원인은 우리의 마음속에 굳건한 의지가 없기 때문이다. 마음이 산란하면 쉽게 끌려 다니기도 하고, 마음 밖의 세상을 고집스럽게 정의코자 하게 만든다. "한결같음과 심사숙고"가 없는 세속적인 마음에서 벗어나 안정을 찾기 위해서는 선정을 통한 평정심의 회복이 필요하다.

감정을 다스리는 법

불교에서는 어째서 선정禪定을 "한결같음" 또는 "내려놓음"이라고 말하는 것일까?

한 마디로 이것은 자기감정을 다스리는 마음공부라 할 수 있다. 감정의 다스림이란 엄격한 훈련이 선행되어야만 비로소 이뤄낼 수 있는 것이다. 말은 쉽지만 실행은 결코 쉬운 게 아니다. 어떻게 감정을 하나씩 끊어낼 것인가? 이를 위해서는 몇 가지 방식이나 방법을 먼저 배워야 한다. 불교에서는 끊임없이 요동치는 사람의 생각이란 온 몸을 휘도는 맥박에서 오는 것이라 여긴다. 사람의 맥이란 기를 따라 흐르는데, 이로써 생각의 파동도 만들어진다고 보는 것이다. 이는 "몸이 바르면 맥박도 고르고, 맥박이 고르면 기도 바르게 되며, 기가 바르게 되면 마음도 곧아진다."는 여러 강연을 통해서도 잘 알려진바 있다. 참선參禪에 앞서 좌선坐禪(고요히 앉아서 하는 참선)을 먼저 가르치는 것도 이러한 이유에서이다.

좌선하는 자세는 정말 중요하다. 불교에서 참선할 때 앉는 자세란 비로자나불毗盧遮那佛(Virocana의 음역으로 진리를 상징하는 법신불을 형상화한 불상)의 일곱 가지 앉는 방법을 가리킨다. 다른 말로는 금강좌金剛座(왼발과 오른발을 바꾸어 앉는 아미타불의 가부좌)라고도 부른다. 이것은 세상 모든 붓다의 법상法相(겉으로 드러나는 현상의 모든 모습

또는 속성을 의미하는 불교의 교리) 중 하나이다.

　첫째, 좌우 양발을 올려 책상다리를 한다. 양발을 모두 올릴 수 있으면 책상다리를 하고 그렇지 못하면 한쪽 발만 올려 아빠다리를 한다. 모든 사람이 책상다리를 해야 하는 것은 아니다. 책상다리가 어려우면 일반적인 앉은 자세를 해도 무관하다.

　둘째, 허리와 등을 곧추세운다. 사람들은 평상시 앉은 자세에서 등을 약간 구부리는 버릇을 가지고 있다. 좌선을 할 때는 척추 뼈를 하나씩 펴서 허리와 등을 곧추세워야 한다. 이것은 마치 동전을 하나씩 바르게 쌓아 올리는 것과 같다. 이때 방석을 깔고 앉으면 등도 자연스럽게 꼿꼿해진다.

　셋째, 머리는 살짝 숙이고 턱은 안쪽으로 가볍게 당긴다. 턱과 가슴, 그리고 목젖 사이에 손가락 두 개 정도 들어가는 거리가 가장 좋다. 사람의 등이 꼿꼿할 때는 고개를 살짝 내려야 반듯하게 앞을 볼 수 있다. 고개를 젖히면 반듯한 것이 아니다.

　넷째, 손의 위치 또한 중요하다. 위아래 대칭이 맞아야 한다. 이것은 평등을 표현하는 것이며, 평등이란 모든 것을 똑같이 바라본다는 것이다. 이때 양손은 가지런히 겹쳐 놓아야 한다. 오른손을 왼손바닥 위에 겹치고 양쪽 엄지를 맞대어 다리와 아랫배 사이에 두는 것이다. 그리고 양 어깨와 팔은 자연스럽게 힘을 빼고 늘어트린다.

　다섯째, 혀끝은 반드시 윗니 뿌리에 고정하여 침이 흐르는 것을 미리 막는다. 이것은 건강에도 도움을 주는 것이다.

　여섯째, 입술 사이에는 성냥 한 개비 정도의 솔기를 두어 숨을 내뱉기 편하도록 한다.

일곱째, 시선은 코끝을 따라 바닥을 내려다본다. 일반적으로 우리가 보는 불상에서 알 수 있듯 눈은 코 앞쪽을 주시하고 있는데, 반쯤 뜬 것 같기도 하고 반쯤 감은 것 같기도 한 그런 모습이다. 이것이 바로 좌선하는 모습이다.

이러한 자세를 하면 기氣의 흐름도 순조로워진다. 허리와 등을 구부리면 호흡도 폐까지만 이르게 된다. 하지만 몸을 바르게 펴면 호흡이 단전丹田까지 이를 수 있다. 기氣의 흐름이 좋아지면 잡념도 저절로 자연스럽게 가라앉게 된다. 이럴 때 음악을 듣는 사람들도 있다. 음악으로 주의력을 돌리는 것이다. 복잡한 심경을 음악에 녹여내는 것이다. 이것은 음악으로 어지러운 생각들을 쫓고자 하는 것으로, 적어도 음악을 듣는 동안만큼은 즐거움이 슬픔을 대신하게 되는 것이다.

불교에서는 생각을 음악으로 전이시키는 좌선 방법을 가르치지는 않는다. 음악으로 마음을 다스리는 방법은 진정한 참선이라 할 수 없다. 이러한 명상은 현대적인 요가에서 하는 방법이다. 진정한 선정禪定에 들면 음악을 들을 기회도 없고 그럴 가능성도 없다.

우리는 참선을 통해 집착을 떨쳐내는 연습을 할 수 있다. 먼저 혼란한 마음의 근원을 내려놓고자 하는 결심이 필요하다. 그렇게 감정을 다스리고 마음을 깨끗이 하는 방법을 익히면, 우리의 감정을 요동치게 했던 세상의 평판이나 이익은 물론 희로애락과 같은 감정의 근본적인 역량도 조금씩 사라져 없어짐을 깨닫게 될 것이다.

한 번의 날숨과 한 번의 들숨

참선을 배우고자 할 때는 무엇부터 시작해야 하는가? 호흡을 배우는 것도 한 가지 방법이다.

이에 앞서 우리의 기氣를 제어할 수 있어야 한다. 기氣라는 것은 아주 특수한 원소의 한 종류이자 생존의 근원이다. 사람의 생사란 사실 기氣의 흐름이 있는지 없는지를 보는 것이다. 인체에는 위로 향하는 기운과 아래로 향하는 기운이 있다. 소위 말하는 배설 기능은 아래로 향하는 기운이다.

또한 우리 몸속에 있는 기운의 균형을 잘 맞춰야 한다. 그렇지 않으면 오장육부의 기운이 흐트러지게 된다. 이밖에 우리의 생명을 보호하는 기운도 있다. 생명을 보호하는 기운이란 바로 처음 심장을 뛰게 하는 생명의 근원과 세상을 떠날 때 그것을 멈추게 하는 힘이다.

사람의 생명에는 이처럼 네 가지의 위로 향하는 기운과 아래로 향하는 기운, 균형을 유지하는 기운과 생명을 보호하는 기운이 있다.

우리 몸 안에 있는 이러한 기氣는 자동차의 윤활유와 같다. 오래 쓰다보면 더러워지는 것이다. 사람의 나쁜 기운은 호흡을 통해 밖으로 빠져나간다. 우리에게 신선한 공기가 필요한 이유가 바로 여기에 있다. 숨결이 탁하다는 것은 그만큼 부정적인 힘이 많이 발산된다는 뜻이다. 이러한 힘을 우리의 감정에도 영향을 끼친다. 만일 우리가 집 먼지나 집 먼지 진드기를 지나치게 많이 들여 마셨다고 가정해보자. 이로 인한 탁한 기운과 우리가 평소에 내뿜어야 할 답답한 기운을 제대로 발산하지 못한다면 어떻게 되겠는가? 우리 몸에는 질병이 생길 것이다.

그래서 불교에서는 들숨과 날숨을 헤아리는 방법으로 호흡을 연습하는 것이다. 천천히 들여 마셔 기운을 단전까지 내렸다 다시 내뱉는다. 한 번 들여 마시고 내뱉는 것을 한 회라고 한다. 이렇게 하나, 둘, 셋, 넷 헤아려 나가면 된다. 기氣란 본래 우리 눈에는 보이지 않지만 느낄 수는 있다. 기氣의 존재를 느끼고자 한다면, 들숨과 날숨을 1회부터 15회까지 해보자. 15회가 되면 머릿속의 생각을 흐트러뜨리지 않도록 열다섯, 열넷, 열셋, 다시 하나가 될 때까지 거꾸로 세어보자. 이렇게 기氣를 뱉고 마시는 것, 이것이 참선을 배우는 가장 기본적인 방법이다.

이처럼 열다섯을 다 세고나면 무엇이든 다 내려놓을 수 있는 상태에 접어들 수 있다. 호흡을 통해 좋은 생각이든 나쁜 생각이든 모든 것을 똑같이 내려놓게 되는 경지에 오를 수 있는 것이다. 모든 것을 내려놓을 수 있는 상태에 오를 수 있어야만, 비로소 생각으로 감정을 다스릴 수 있는 사유思惟의 상태에도 이를 수 있다.

호흡법은 건강관리에도 도움이 되는 방법이다. 바깥의 신선한 공기를 코로 들여 마시고, 그렇게 얻은 양분을 뇌를 통해 단전까지 내려 보내고, 다시 단전의 탁한 공기를 뱉어내는 것만으로도 건강을 관리할 수 있는 것이다.

나쁜 기운을 좋은 기운으로 바꾸는 일은 매우 중요한 일이다. 이렇게 기운을 바꾸는 일은 양쪽 콧구멍은 물론, 좌우 한쪽 콧구멍으로도 시작할 수 있다.

매일 아침 새벽같이 일어나 반드시 해야 할 일은 '오늘은 무엇을 해야 할 것인가?'라는 생각이다. 핵심은 평상시의 잡다한 생각들을 정리하는 데 있다. 이렇게 잡다한 감정을 가라앉혀야 비로소 본인의 감정을 어떻게 처리할 것인지를 알 수 있는 것이다. 이와 같은 습관을 오래도록 유지하다 보면 차츰 알 수 있게 된다. 기氣를 마시고 뱉다보니 머릿속으로 딴생각을 할 시간도 없음을 깨닫게 되는 것이다.

선정을 익히는 방법은 사람들의 느슨한 마음을 다스리기 위한 것에서 시작했다. 바르게 앉는 것도 좋고, 호흡을 살피는 것도 좋다. 방법을 파악하고 익히는 과정을 통해, 어지러이 날리는 복잡한 잡념이 가라앉으며 생각이 보다 분명해지고, 마음도 훨씬 편해지는 것을 확실하게 체득할 수 있으면 되는 것이다.

마음으로 인해 생각이 흔들리는 것을 통제해야 한다

관상觀想(어떤 현상이나 진리 또는 붓다나 극락정토의 모습을 마음속으로 떠올려 그것을 자세히 살피고 생각하는 것) 또한 감정을 안정시키는 방법이다.

관상은 융통성 있게 진행할 수 있다. 먼저 목표를 정해 눈앞에 불상, 꽃다발 또는 머그잔 등의 물체를 가져다 놓고, 동일하게 내려놓는 대상으로 간주하면 된다. 회사, 사업, 가정, 친척, 우정, 즐거움 또는 고통의 근원 등은 잠시 제쳐두고 감정부터 정리하는 것이다.

어떻게 정리할 것인가? 뇌는 늘 스스로는 통제 받지 않으면서, 나를 다스리는 데는 간섭한다. 그래서 지금의 방법이란 그저 머그잔을 주시하는 것이다. 이렇게 5분, 10분, 20분, 심지어 반시간, 그러면 적어도 이 순간만큼은 다른 생각을 하지 않을 수 있다. 물론 불교신자들은 등불이나 불상을 놓고 바라본다. 심혈을 기울여 바라보는데, 이것은 본인의 생각이 없게 하는 것이 아니라 잡념을 내려놓는 과정이다.

마음이 심란할 때는 그것을 내려놓을 수 있어야 한다. 하지만 마음이란 그렇게 빨리 내려놓을 수 있는 게 아니다. 여기에는 연습이 필요하다. 이러한 방법은 하루 이틀 만에 습득할 수 있는 것이 아니다. 오랜 시간이 필요하다. 그 시간이 지나면 깨닫게 된다. 나쁜 생각이

들었을 때 더 이상 생각하지 않고 뒤쫓지 않으면, 자연히 그것을 내려놓을 수 있다는 사실을 알게 되는 것이다. 마음이 지나치게 복잡하면 생각도 어지러울 수 있다. 이 또한 마음을 깨끗이 하는 방법 중 하나이며, 대등하게 똑같이 내려놓는다는 의미에서 "평등방하平等放下"라고 표현하기도 한다.

하루 중 한번이라도 내려놓을 수 순간이 있다면 감정이라는 것이 그렇게 복잡한 것이 아님을 깨달을 수 있다. 처음 막 시작할 땐 해변에 앉아 보는 물보라처럼 복잡해 보인다. 파도가 연이어 밀려와 점점 더 커지는 것처럼 느껴지는 것이다. 뒤이어 오는 파도가 정말 높은 것일까? 그렇지도 않다. 그러면 파도 탓일까 아니면 바람 때문일까? 이렇게 생각하면 "바람의 힘인지 아니면 깃발의 움직임인지"라는 문제가 생기지만, 사실 이것은 마음이 어느 한쪽으로 움직인 것이다. 바람이 불든 촛불이 움직이든 모두 중요한 것이 아니다. 우리 마음만 그런 흔들림을 따라 움직이지 않으면 되는 것이다.

어렸을 적 불법佛法을 막 배우기 시작했을 때 갈링Rgya-gling(태평소나 트럼펫과 외관이 유사한 티베트 전통 관악기) 소리를 듣고 속으로 생각했었다. "하늘 아래 이렇게 아름다운 소리가 다 있다니!" 하지만 구리로 만든 태평소처럼 생긴 악기 소리를 처음 듣게 되면, "맙소사, 이렇게 듣기 싫은 음악을 좋아할 사람이 어디 있어?"라고 생각할 수 있다. 그러나 불법佛法을 접하다보면 그러한 생각도 조금씩 변하게 된다. 캄캄한 밤 드넓은 산들에 위치한 사원 지붕위에서 수행을 마친 라마는 갈링을 불며 손바닥을 세 번 부딪는다. 그리고 이렇게 기도를 한다. "깨닫지 못한 모든 중생들이여! 고통과 번뇌를 멀리하고 적막함을 떨쳐버리소서! 갈링의 불법佛法 소리로 그대들에게 무한한 기쁨과 축복을 주고자 하니, 영원한 즐거움을 얻어 하루빨리 성불成佛하시기를 축원합니다!" 그 순간 큰 라마 스님이 손바닥을 치고서 갈링 부는 소리를 듣게 되면, 저 멀리 울려 퍼지는 그 소리에 진심으로 감탄하지 않을 수 없다.

적막감이 감도는 고요한 달밤 사원의 나발소리 갑자기 들려온다. 바람을 타고 전해오는 그 소리 온 누리에 가득하다. 이것은 붓다의 가장 자애로운 축복의 소리이다. 비행기 소음 같았던 소리는 하늘 아래 가장 아름다운 음악이 되어 사람들에게 전해진다. 세상 가장 아름다운 소리를 듣는다.

이렇게 같은 소리라 할지라도 다르게 느끼는 것은 결국 우리 마음이 움직였기 때문이다.

심신 수행의 부족함은 바깥 세상에 떨어진 우리를 감정의 "노예"로 만든다. 수행이 잘 된 사람의 내면은 융통성이 갖춰진다. 심신이 편안할 뿐만 아니라 마음도 안정적으로 다스릴 수 있다. 거센 바람에도 마음이 쉽게 움직이지 않는 경지에 오르게 된다. 이러한 성과를 거두기 위해서 정진하고자 하는 수행이 필요한 것이다.

마음의 방을 깨끗이 해야 한다

참선의 가장 큰 기능이란 어떤 일이 생기든 정부正負(옳고 그름)의 양면에 따라 마음이 쉽게 흔들리지 않도록 하는 가르침이다. 마음을 가라앉히면 세상 가장 아름다운 것들을 누릴 수 있다.

이것은 교향곡을 감상하는 것과 같다. 음악이 전혀 모르는 사람에게 교향곡을 들려준다면, 그 사람은 '온갖 소리가 한데 모여 있어 괴로워 죽을 것 같다.'는 느낌을 받을 수도 있다. 하지만 음악 감상할 줄 아는 사람에게 있어서의 교향곡은 끝없는 즐거움이다. 그저 그렇게 마음을 가라앉히고 즐길 수 있는 것이다.

가만히 앉아 음악을 감상한다는 것은 마음을 가라앉히는 외적인 방법이다. 내적인 의미에서 말하는 진정한 선禪이란 우리의 마음 깊은 곳에 있는 평등방하平等放下, 즉 모든 것을 대등하게 내려놓은 것을 가리킨다. 모든 마음의 흔들림이란 우리의 망념妄念이 만들어 낸 바람으로 인한 파도에 지나지 않는다.

즐거울 때는 마음도 고요하고 안정감도 충만하다. 폭풍우가 몰려와도 교향곡을 감상할 여유가 생기고, 천둥번개조차도 무대 위의 조명처럼 느낄 수 있다. 천둥번개 내리치는 캄캄한 밤 억수 같은 비가 쏟아지는 산사山寺의 을씨년스러운 바깥 풍경을 내다볼지라도, 우리 마음만 고요하다면 그조차 한 곡의 교향곡을 듣는 듯 즐거울 수 있다.

하지만 작은 생쥐마냥 두려움에 떨다보면 천둥번개는커녕 쏟아지는 빗줄기에 이내 긴장하게 될 것이다. '홍수는 아니 날까? 내리치는 벼락에 전기는 아니 끊길까?'라는 오만 잡스런 두려움에 휩싸이게 될 것이다.

이를 통해 모든 세상의 옳고 그름은 오롯이 자신의 마음에 따라 균형을 이루게 됨을 알 수 있다.

일반적으로 말하는 명상과 불교에서 말하는 참선의 가장 큰 차이는 이러한 것이다. 불교에서 말하는 선禪이란 모든 일의 시작과 끝에 있어 마음을 흐트러뜨리지 않고 향락의 유혹을 받지 않는 것이다. 참선의 방법은 중요한 것이 아니다. 하지만 속세의 사람들이 찾고자 하는 즐거움이란 향락의 즐거움을 누리고자 하는 것에 지나지 않는다.

모든 것을 대등하게 내려놓고 최상의 평온함에 이른다는 것은 제아무리 거친 풍랑에도 고요한 심해와도 같은 것이다. 한없이 침착하고 더없이 또렷하게 된다. 하나는 내려놓음이라 할 수 있고, 다른 하나는 그 자체로 실체가 없는 것이라 할 수 있다. 이로써 얻는 느낌이 최고의 쾌락이다. 이는 며칠 먹지 못해 먹을 것을 찾아 배불리 먹고자 하는 굶주린 사람과 같은 것이다. 그 어떤 욕망에도 사로잡히지 않고 그저 먹다 보니 느끼게 되는 배부름의 만족감, 그 순간 얻게 되는 마음의 안정감과도 같은 것이다. 또한 지친 몸을 이끌고 산 정상을 향하는 등반가와도 같은 것이다. 체력 한 점 남지 않고 도달한 산 정상에서 느낄 수 있는 만족감과도 비슷하다. 이는 차분한 마음으로 그저 즐겁고 편안한, 평온의 상태와 같은 것이라 할 수 있다. 이것은 어떤 말로도 형언할 수 없는 최고의 평안함이라고만 할 수 있을 뿐 직접 느껴보지 않고는 알 수 없다. 물론 방법은 다르지만, 보통 사람들 또한 이러한 감정이 가라앉은 상태는 즐기고 있다.

가끔 집안에 사람들이 모여 시끌벅적할 때도 있다. 그러다 사람들이 떠나면 정적이 흐르게 되는데, 이 또한 선정禪定을 즐기는 느낌과 비슷하다. 대부분의 사람들은 그저 그 느낌에만 머무른다. 하지만 수행을 하는 사람은 그러한 과정을 즐길 줄 알게 된다. 특별한 일이 없어도 상황에 반응하여 좌선을 한다. 이 또한 삶을 대하는 나쁠 것 없는 방법 중 하나다.

사람들이 좌선을 배우는 것은 본인의 욕심 같은 습관이 불러온 번뇌를 다스리고자 함이 아니다. 그저 잡념이 가라앉는 과정을 느끼기 위함이다. 한없이 몰아치는 파도 앞에서도 침착할 수 있는 그런 느긋함을 추구하고자 함이다. 일반인들이 추구하는 명상과 같은 참선도 능히 안정에 이를 수 있으니 좋은 것이다. 하지만 이러한 명상은 선정禪定만큼 철저함을 기하기 어렵다. 다만 조용히 앉아 들뜬 마음이라도 가라앉히려는 행동만으로도 정말 좋은 것이라 할 수 있다.

선정禪定에 이르는 가장 좋은 환경

선禪을 배움에 있어 두 가지 중요한 사항이 있다. 하나는 "바깥"으로부터의 시끄러움을 멀리하는 것이고, 다른 하나는 "안"으로부터의 잡념을 없애는 것이다. 좌선을 할 때 대부분의 사람들은 정말 조용한 곳을 찾는다. 소음으로 가득 찬 번잡한 도시에서 보통의 사람들이 마음을 가라앉히기란 결코 쉽지 않기 때문이다. 게다가 요즘처럼 정보가 발달한 세상이라면, 신문, 잡지, TV는 물론 휴대폰과 인터넷까지 우리 생각을 어지럽게 할 수 있는 다양한 요소가 너무 많다. 그렇기 때문에 보다 원시적인 환경이 필요한 것이다.

불교에서 말하는 원시적인 상태란 우거진 숲속이나 드넓은 초원처럼 빼어난 아름다움이 있는 곳이다. 아름다운 산세와 자유로운 날짐승들이 함께하고, 푸르른 초원 가득 알록달록 예쁜 꽃들이 피어 진한 꽃향기를 피우는 그런 곳이다. 이러한 환경이 만들어주는 기쁨을 먼저 느끼는 일도 매우 중요한 것이다. 이러한 환경의 도움이 있어야 우리가 조금 더 빨리 고요의 상태에 접어들 수 있기 때문이다. 게다가 이러한 상태라면 입정入定(삼업을 그치게 하여 선정에 들어가는 것) 또한 어렵지 않을 수 있다.

사람들이 사원을 찾아 수행하는 이유는 무엇일까? 최고의 절경을 가진 곳에는 사원이 있다. 이러한 원인은 무엇일까? 예부터 수행자들은 요란함을 벗어나 조용한 곳을 찾을 필요가 있었다. 그러한 곳에 이르러야 비로소 수행을 시작할 수 있기 때문이다.

환경으로 인한 기쁨은 하루, 이틀, 사흘, 시간이 지날수록 점점 사라진다. 아무리 아름다운 환경에 살고 있다 하더라도 이는 찰나의 즐거움만 줄 뿐이다. 그러므로 오랜 기쁨은 본인 마음에서 스스로 만들어내야 한다. 마음 깊은 곳에 숨어있는 망령된 생각을 멀리하겠다는 의지가 중요한 것이다. 여기서 먼저 생각해야 할 것은 "망령된 생각이란 무엇이며, 그것이 어디서 만들어지는가?" 이다. 이것은 당연히 우리가 가지고 있는 감정으로 인한 것이고, 또한 외부와의 신체적 접촉을 통해서 만들어지는 것이다.

만약 외부와의 접촉이 전혀 없다면 망령된 생각도 만들어지지 않는 것일까? 반드시 그런 것도 아니다. 소설가들은 자신을 방이라는 공간에 가두며 스스로의 시련과 고통을 감내한다. 심지어는 하루 세 끼를 먹는 것조차 문제가 있을지라도, 자신만의 상상을 통해 집필을 해낸다. 사람의 생각이란 외적인 환경이 순수하다고 하여 단순해지는 것이 아니다. 가끔은 엉뚱한 생각을 더 쉽게 할 때도 있다. 이럴 때는 그 즉시 바로잡을 수 있어야 한다. 어차피 외적인 시끄러움을 벗어났다면, 마음에 번뇌와 잡념이 있다한들, 그것을 잘 살피다 보면 관찰하는 힘도 점차 커질 수 있다. 평상시에 자신을 잘 살피지 않다 보니, 스스로 그렇게 많은 잡념이 있는지조차 몰랐던 것이다. 반대로 마음으로 인해 생각이 흔들리는 것을 살피다 보면, 본인의 탐욕이 얼마나 무거운 것이었는지를 또한 그 욕망이 얼마나 강했던 것이었는지를 발견할 수 있게 된다. 그리고는 자신에게 아무것도 없음을 알게 되는데, 이는 우리가 그것을 관찰했기 때문에 가능한 것이다.

관찰을 하다 보면, 하면 할수록 점점 더 나빠지고 욕심도 갈수록 더 커질 수 있다. 이 순간 나쁜 것만 쫓다 보면, 그것이 풍선처럼 부풀어 오를 수도 있다.

만일 욕심이 일어나면 그것을 관찰하지 않으면 그만일 뿐이다. 그러면 바람 빠진 풍선에 지나지 않게 된다. 그저 쫓지 말고, 생각이 들면 내려놓고, 또한 회상하지 말고, 어떻게 나올지를 생각하지 않으면 된다. 그것을 보고 있자면 스쳐가는 영화의 한 장면 같을 것이다. 이리 뛰고 저리 뛰고 여기서 우당탕 저기서 우당탕, 다양한 줄거리가 그 안에서 펼쳐질 것이다. 하지만 그것을 한 장 한 장 뜯어보면, 별 재미가 없을 것이다. 사진의 조합에 지나지 않는 것이고, 허상이나 환상에 지나지 않는 것일 뿐이다. 사람의 생각도 그런 것이다. 그저 연결하지만 않으면 단 한 장의 필름에 지나지 않는다는 것이다. 이것만 알아도 망령된 생각은 우리에게 영향을 미치지 못한다. 내면에 존재하는 연극 따위에 감정이 뒤틀릴 일도 없다. 그저 차분해질 수 있는 것이다.

파도 또한 그렇다. 한때 휘몰아치다 한때 잔잔해 지는 것이다. 물은 물이고, 바다는 바다다. 불어온 바람에 잠시 일렁였다가 다시 가라앉는 것이다. 사람의 생각이라는 것도 이와 같은 것이니, 지나갈 때가 오면 그저 잘 대처하면 된다. 쫓을 필요는 없는 것이다. 사람이 실패하는 가장 큰 요인은 지나간 파도를 쫓거나 오지도 않은 파도를 기다리는 것이다. 그렇게 쫓거나 기다리면서 자신의 시간을 허비하고, 지금 당장의 현재를 홀대하는 것이다.

사람들은 참선에 앞서 조용한 환경을 찾거나 만들려 한다. 적막한 환경에서는 바깥에서 들리는 소리의 방해 없이 마음속의 혼란함과 잡념을 비교적 쉽게 가라앉힐 수 있다. 그렇게 심리적인 기쁨과 편안함을 느낄 수도 있다. 하지만 이것은 진정한 참선의 길이 아니다. 이것은 환경으로 인한 일시적 안정일 뿐 오랫동안 이어질 수는 없다. 진정한 참선이란 어떤 일이 있어도 흔들리지 않는 마음의 능력을 길러주는 것이다. 결코 도피심리가 아니다.

가장 높은 선정禪定을 깨달은 자

선정은 붓다가 중생에게 전파한 일종의 감정 관리법이라고 할 수 있다. 이 방법을 통해 우리는 마음이 동요하기 않도록 스스로의 감정을 조절할 수 있다.

붓다는 가장 높은 선정을 깨달은 자이자 공성空性의 진면목을 깨달은 자이다. 만약 붓다에게 "선정이 무엇입니까?"라고 묻는다면, 우리가 들을 수 있는 대답이란 정말 간단하다. "밥 먹을 때 잘 먹고, 잘 때 잘 자고, 일할 때 잘 하는 것이다." 이 말을 들으면 어린 아이에게 해준 말 같이 느껴진다. 하지만 대부분의 사람들은 먹을 때 잘 먹지 않고 오히려 다른 생각을 한다.

평생 묵묵히 일만 해온 붓다는 40여 년 동안 불법佛法을 널리 펼쳐 중생을 이롭게 하고자 인도의 절반이나 되는 마을들을 두루 돌아다녔다. 공성을 깨달은 사람은 마땅히 불법을 널리 펼쳐 중생을 이롭게 하는데 노력을 기울여야 한다. 중생을 위하여 많은 대가를 지불해야 하는 것이다. 처음부터 붓다에게는 사람들이 불법을 받아들이지 않는다하여 자신의 노력에 대한 득실을 따질 마음이 없었다. 다른 사람의 인정 여부를 따지지 않았으니, 그로인한 감정적 동요도 없었다. 노력했다하여 그 고생의 값어치가 평가되는 것은 더더욱 아니다. 그에게는 애당초 이런 구분조차 없었던 것이다. 그는 그저 각 단계마다 가장 완벽한 방법으로 자신의 할 일을 하고, 그 과정에서 오는 평온함과 잡념을 없애는 능력만 즐겼을 뿐이다. 자든 먹든 걷든 언제 어디서든 붓다에게는 선정이었다. 생각이 너무 많아 긴장을 하면 잠이 오고, 생각이 너무 풀어놓으면 잡념이 생긴다. 그러므로 조이고 늦추는 비결을 잡는 것이 중요한 것이다. 붓다는 자신의 쓸데없는 생각을 다스리는 데 능해야 한다고 가르쳤다. 거문고 줄이 너무 느슨하면 음이 맞지 않고, 그 줄이 너무 팽팽하면 귀가 불편해진다. 느슨하지도 팽팽하지도 않을 때 소리도 비로소 아름다운 것이다. 선정을 수행하는 환경이나 상태도 이와 같은 것이다.

사람들은 선정을 수행할 때 마음을 너무 조이거나 푼다. 평상시의 바쁜 마음에 이미 습관이 되었기 때문이다. 이것은 바다의 파도가 일렁이는 것과 같다. 휴식을 취하며 잡념이 가라앉는 그 순간이 되면 고요하고 안정된 만족감을 느낄 수 있다. 이것은 반드시 감수해야 하는 과정이자 선정을 수행하는 목적이다. 마음을 적절히 풀어 넓은 마음을 갖도록 수련을 해야 하는 것이다. 지나친 욕심도 지나친 방심도 좋지 않은 것이다.

영화감상과 대지진

어릴 적 나는 지나치게 이성적이었다. 영화나 TV를 보면서도 남들과 달랐다. 화면을 보면서도 항상 '지금 저렇게 울고 있는 사람은 많은 사람들이 쳐다보고 있는 앞에서 어떻게 울 수 있는 걸까? 더구나 정말로 자신에게 슬픈 일이 일어난 것도 아닌데, 어떻게 눈물이 나지?'와 같은 생각을 했다. 무서운 장면이 나올 때도 '많은 사람들이 저 앞에서 그를 에워싸고 있을 테니 가짜로 무서운 척하는 걸 거야. 정말 연기를 잘하네! 감독이 실감나게 연출했네! 대본을 쓴 사람의 상상력이 정말 풍부하구나!'라는 생각이 들었다. 그런 생각을 하다보면 영화는 어느덧 끝났다. 그렇게 보면서 이해를 못하니 별 재미도 못 느꼈다.

사람의 정력定力(선정을 통해 어지러운 생각을 없애고 마음을 한 곳으로 쏟는 힘)이 너무 좋으면 그럴 수 있다. 언젠가 라마들을 데리고 할리우드에 간 적이 있다. 그곳에는 다양한 3D 영화가 있었는데, 우주선을 타면 상하좌우 가득한 화면에서 영화가 시작된다. 마치 사람들을 데리고 우주로 나간 듯 위아래로 쉴 새 없이 움직인다. 주위 사람들이 놀라서 울고불고 소리를 지르며 난리를 쳤는데, 나는 단지 앉아있는 의자가 이리저리 흔들리고 있음을 알아챘다. '사람이 마음을 다스리지 못하면 환각이 이렇게 큰 고통을 줄 수 있구나!'라는 생각이

들었다. 함께 간 라마들은 평소 담대하고 꾀도 많은 사람들이었다. 하지만 눈앞에 환각이 펼쳐지자 다른 사람들과 같이 스스로의 감정을 통제하지 못했다. 소리를 지르며 놀라움을 금치 못했던 것이다. 삼라만상 모두 오직 생각하는 마음이 만들어 낸 것이라는 뜻의 붓다가 말씀하신 "만법유심조万法唯心造"가 떠올랐다. 가령 우리가 중음中陰(불교에서 말하는 죽은 후부터 환생하기 전까지의 상태)에 들어간다는 것도 사실은 이런 일종의 환각이라 할 수 있다. 어째서 내가 의자의 흔들림은 느끼면서 눈앞에 지나가는 영상에는 감응하지 못한 것일까? 이것은 몰입하지 않았기 때문이다. 내 자신을 안으로 데려가지 않은 것이다. 만일 내 감정을 이입시켰다면, 나 또한 그들과 마찬가지로 크게 소리를 질렀을 것이다.

이러한 생각들을 한다고 해서 내가 즐기지 못하는 것은 아니다. 가짜를 진짜처럼 환각을 사실처럼 리얼리티가 잘 살아있는 영화를 잘 찍었다고 느끼면서, 그 모든 것을 재밌게 즐긴다. 어쩌면 붓다는 영화를 보듯 우리의 인간 세상을 보고 있을 수도 있다. 모든 시나리오를 읽으며, 우리가 고생하는 모습을 봤을 수도 있다. 하지만 정력이 너무 좋은 붓다에게 있어, 세상 사람들의 희로애락이란 한 편의 코미디나 스릴러를 보는 것 같은 그런 느낌일지도 모른다.

언젠가 타이완에 큰 지진이 난 적이 있다. 때마침 강의를 초청받아 나도 그곳에 있었다. 밤 불법佛法 강의를 마친 다음날 새벽에 지진이 일어났다. 나는 정력이 이럴 때 특히 유용하다는 것을 알게 됐다. 지진이 발생하자 라마들을 포함해 모두가 밖으로 뛰쳐나갔다. 하지만 나는 그때 두려움이 없었다. 첫째는 신앙심 때문인지 죽음이 두렵지 않았고, 둘째는 아무리 빨리 달려도 지진보다 빠를 수는 없다고 생각했다. 나는 건축과 관련된 상식도 조금은 알고 있어 기둥이 어디로 넘어지고 가구는 어디로 넘어질지를 짐작할 수 있었다. 그래서 침대를 가구가 쓰러져도 닿지 않는 기둥 바로 아래쪽으로 옮겨 잠을 청했다. 라마들은 다들 넓은 공터까지 달려갔다가 내가 나오지 않자, 다시 구하러 왔다. 물론 나는 괜찮았고, 라마들도 멀쩡했다. 이럴 때 사람들은 긴장을 하게 되고, 그러다 떨어진 물건에 맞아 다치기도 하며, 자칫 목숨까지 잃는 경우도 생긴다.

사람들이 위험 앞에서도 절대 흐트러지지 않는 집중력을 반드시 길러야 하는 이유가 바로 여기에 있다. 선정의 힘이 좋다고 하여 이미 벌어진 일에 무감각한 것도 아니고 그 자체를 진실이 아니라고 생각하는 것도 아니다. 배우의 연기와 거기서 느끼는 것은 가짜지만, 그 모든 감정은 진실이다. 옆에 있는 사람들이 놀라서 소리 지르고, 많은 사람들이 울었기에 나도 그들의 고통을 느낄 수 있는 것이다. 물론 사람들이 코미디를 보고 즐거움을 느꼈다면, 나 또한 그들의 즐거움을 느낄 수 있다.

선정의 힘이 정말 좋은 사람은 삶을 한 페이지 씩 넘기며 세상의 즐거움을 읽을 수 있다. 지난 일분 일초의 순간은 한낱 꿈일 뿐이다. 흔들리지 않는 마음으로 선정에 들면 겉으로 드러났던 모든 이미지들도 자연스럽게 사라진다. 이것은 진실이 아닌 것이 아니라 사라지는 것이다. 그러므로 더 선명하게 볼 수 있는 것이다. 선정에 이른 사람은 단지 집착을 하지 않을 뿐이다. '사람들은 그토록 많은 감정을 삶에 끌어들여 스스로를 힘들게 하는 것일까? 어째서 한 번쯤 가볍게 보며 내려놓지 못하는 것일까? 이렇게 하면 지금 우리가 가지고 있는 것들과 앞으로 일어날 것들에 대해 보다 당당하게 대처할 수 있을 터인데, 그게 더 좋지 아니한가?'라는 생각을 했다면, 이 또한 일종의 경지에 오른 것이라 할 수 있다.

우리가 겪는 현실과 꿈은 다를 바 없다. 모든 것이 환상이다. 인연이 쌓여 서로 어우러지면 꿈도 현실이 된다. 하지만 이 모든 것은 인연의 사라짐과 함께 없어진다. 무법無法과 무아無我란 지나친 집착으로 체득할 수 있는 것이 아니다. 참선을 통해 기른 평온한 집중력을 가지고 차츰 느끼게 되는 것이다.

들풀 같은 야심을 품은 사람

정력定力이란 태산太山이 무너져도 놀라지 않는 것이 아니다. 세상에 이런 능력을 가진 사람은 얼마 없다. 그러나 평상시 자기 수양이 잘 된 사람이라면, 뜻밖의 상황에도 몇 분 정도는 차분함을 유지할 수 있다. 이성으로 감정을 다스리며 어떻게 할지를 생각하면 대부분의 재난도 피할 수 있다.

선정禪定에는 좋은 환경이 필요하다. 가장 좋은 것은 시끄러운 도시에서 멀리 떨어진, 빼곡한 수풀과 들꽃이 만발하여 다양한 동물들이 살 수 있는 그런 후미진 산이다. 이런 환경이라면 사람의 마음도 비교적 쉽게 가라앉힐 수 있다. 이것은 외적인 환경이다.

티베트 불교의 경문에서는 이러한 환경을 특별한 아름다움이라 표현한다. 불경에서는 이러한 환경을 보고 '온 천지 가득 만개한 야생화는 나를 위해 핀 듯하고, 도처를 누비는 동물은 나를 위해 사는 것 같으니, 분노와 번뇌 없는 대자연은 모든 생물이 우리를 위해 존재하는 것 같구나!'라고 말한다. 선정의 환경이란 아름다움의 표현이다. 이는 극락極樂에서도 쉽게 찾을 수 없는 것으로 오롯이 여러분한 사람만이 누릴 수 있는 것이다.

내 사숙 한 분은 이렇게 아름다움 말에 이끌려 도처를 누비다 마침내 적당한 곳을 찾았다. 바로 쓰촨성四川省 캉딩康定에 위치한 아름다운 계곡이었다. 그 앞에는 초원이 바로 펼쳐져 있었고, 그 한가운데에는 작은 언덕 하나가 솟아 있었다. 언덕에 앉으면 사방 사오 십리 먼 곳까지 볼 수 있었다. 조그만 숲과 샘물도 있었고, 도처에 핀 진달래에 동물 친구들도 많았다. 특히 영양이 많이 살았다. 사숙은 이곳을 보고 '여기가 불경에 나온 지극히 아름다운 곳이 아니겠는가?'라고 생각했다. 그 즉시 수련을 위한 작은 암자를 짓고 수행에 들어갔다.

그가 수행을 어떻게 했는지는 우리도 잘 모른다. 우리의 사숙이었기에 존경했고, 만날 때마다 예의를 다했다. 깊은 산속에서 혼자 수행을 할 수 있는 사숙이 그저 부러웠고, 아름다운 암자와 숲, 샘물과 그를 따르는 동물 친구들이 부러웠다.

하루는 사숙이 스승님을 찾아뵈었다. 나는 참다못해 물었다. "스승님, 저는 사숙이 너무 부럽습니다. 한 번 보세요! 사숙이 사는 곳은 저희 경문經文에 나온 것과 같습니다. 온 산과 들에는 들꽃이 가득하고, 언덕에 샘물도 있고, 그 비탈에는 암자도 한 채 있습니다. 주변의 광활한 대지가 다 사숙 것 같아요." 스승님은 내 말을 듣고 천정을 바라보며 신비롭게 웃으셨다. 그리고는 "산들에 거친 암자를 짓고, 거친 마음을 품은 사람이 살고 있구나!"라고 말씀하셨다. 스승님은 사숙의 경지가 얼마나 높은지 알았지만, 우리는 알지 못했다. 훗날 우리가 알게 된 사실은 사숙이 그 안에서 도무지 마음을 억누르지 못했다는 것이다. 사숙은 선배인 스승님을 자주 찾아 자신의 의중을 들려주곤 했다. 알고 보니 그는 그러한 환경을 즐기면서도 마음은 여전히 이리저리 떠돌았던, 야심을 품은 사람이었던 것이다.

환경은 무척 중요한 것이지만 스스로의 망령된 생각과 잡념을 조절하지 못한다면, 그 어디에 기거하든 소용없는 것이다. 그 사람은 여전히 속세의 도시 안에 있는 것이니, 생각 또한 여전히 사방으로 떠도는 것이다.

수행의 진정한 목적은 마음을 닦는데 있다. 어떤 방법을 쓰든지 올바른 지식과 바른 견해를 전제로 수행이 나아졌는지를 점검한다는 것은 우리의 집념과 고민, 습관 등이 얼마나 줄어들었는지를 확인하는 것이다. 수행이 얼마나 나아졌는지 또 선정의 공력이 얼마나 좋아졌는지를 말할 때 오히려 마음이 세상일에 부딪혀 절제할 기미를 보이지 못했다면, 그것은 이치에 크게 맞지 않는 망언임은 물론 쓸데없는 헛소리에 지나지 않는다.

일체의 형상과 명예를 초월한 인간의 본성, 만법개공萬法皆空

　불교에 있어 선정禪定은 한 단계 더 깊은 공성空性, 즉 깨달음을 통해 사람과 법이 모두 빈 본성의 경지로 들어가는 것이다.

　모양도 지어냄도 일어남도 생겨남도 없는 인간의 근본적인 본성으로써의 "공空"의 경지를 얻고자한다면 반드시 집착을 깨고 벗어날 수 있어야 한다. 마음이 하나의 경지에 정지하여 흐트러짐이 없다한들 집착하는 마음이 남아있다면 참선의 순간 또한 고통이 된다. 사람이란 정말 바쁜 나날을 보내다 보면 여유로웠던 나날을 떠올린다. 즉 일부러 시간을 내어 참선을 하고자 하다보면, 마음 또한 집착으로 다시 사로잡히는 것이다.

　어떤 일이든 시작의 순간에는 항상 긍정적인 모습을 하고 있다. 하지만 부정적인 상황이 닥치면, 처음 했던 그러한 노력조차 전부 다 부질없는 헛수고였다고 한탄한다. 이것은 인생이나 사업도 그러하다. 즐긴다는 것은 더더욱 그렇다. 이 모든 것은 우리가 얼마만큼 근본적인 본성을 마주할 수 있는가라고 하는 "공空"의 경지에 달려 있다. 이것은 바로 또 하나의 극단적인 공간으로 들어가는 것이다. 대부분의 사람들은 붓다가 말한 제법개공諸法皆空을 아무것도 없는 경지로 잘못 생각한다. 하지만 이 말의 저의는 그 어떤 세상의 만물도 영원한 실체를 가지고 있지 않으니 한낱 꿈이나 환상에 지나지 않는다는 것에 있다.

공성空性의 좋은 점은 선정禪定에 들어가는 즐거움과 광명, 그리고 무분별하게 받아들이는 감정이 없다는 것에 있다. 우리는 이러한 무분별한 느낌을 즐기고자 하는 습성이 있다. 그렇기 때문에 우리는 깨달음을 얻고자 노력하는 것이고, 속칭 만인이 해보고자 하는 참선을 통해 공空의 경지에 들고자 하는 것이다. 이것은 외적인 사물과 내적인 자아의 유무는 물론 모든 것을 부정하는 집착을 포함한다. 이것이 불경에서 말하는 "일찍이 어떠한 법칙도 없고 어떠한 인연에도 따르지 않는 일체의 모든 법칙이란 공성이지 않은 것이 없다."는 뜻이다.

제법개공諸法皆空이란 법무아法無我(존재하는 만물 각각에는 실체로서의 자아가 있다고 보는 법집法執에 대해, 유위법有爲法 즉 존재하는 모든 것은 인연에 의해 생기는 것이므로 실체로서의 자아는 없다는 견해 혹은 이치)이자 인무아人無我(인간 자신 속에는 실체로서의 자아가 있다고 보는 아집我執에 대해, 인간 자신 속에는 실체로서의 자아는 없다고 보는 견해 혹은 이치)이다. 어느 한쪽이라도 집착을 한다면, 공성空性(진여를 달리 이르는 말로 공空의 이치를 체득할 때에 나타나는 실성實性이라는 뜻)을 논하는 것조차 탁상공론에 지나지 않는다.

제11장

인간관계

우리가 실천으로 내어놓는 것은
타인의 이익을 위한 것이다.

내어놓음은 제일 좋은 윤활유이다

　불교에서는 베풂을 부르짖으며 내어놓을 줄 알아야 한다고 가르친다. 그렇다면 베풂, 즉 내어놓음이란 무엇일까?

　다른 사람과 함께 지내고자 하면 최소한 시간이라도 내줘야 한다. 게다가 이것은 항상 내어놓을 수밖에 없는 것이다. 다른 사람의 마음속 번뇌를 들을 때는 그냥 듣기만 해서는 안 된다. 정말 잘 들어줄 수 있어야 함은 물론 잘 참으며 들어줘야 한다. 다른 사람의 희로애락에도 묵묵할 수 있어야 한다. 이러한 모든 것이 내어놓음, 즉 베풂이다.

　외적인 베풂이란 시간을 내어놓는 그런 간단한 것이 아니다. 재물 또한 받기만 하고 내어놓는 것을 모른다면 좋은 인간관계를 만들 수 없다. 사람은 먼저 아까워하지 않는 것을 배워야 한다. 식사를 대접한다고 해보자. 다른 사람이 몇 번이나 밥을 샀는데도 한 끼조차 내지 않는다면, 밥을 샀던 사람도 못마땅하게 여길 것이다. 소소하게는 시간부터 돈이나 체력, 크게는 사상이나 학문 또는 재능에 이르기까지 예의를 다하고 서로에게 베풀어 준다는 것, 이것은 우리가 서로 기꺼이 교류하고 싶어 하고 있음을 상대가 느낄 수 있도록 해준다.

　사람을 사귐에 있어 행동이나 행위만 하고 말을 하지 않는 것도 잘못된 것이다. 불교의 설법說法에는 애어愛語(부드럽고 진실한 말로 자신의 분노를 조절하고 타인을 편안하게 하며 서로가 화합할 수 있도록 하는 수행의 한 방법)라는 것이 있다. 애어는 마음에서 우러나오는 좋은 마음이자 그러한 마음에서 나오는 가장 예쁜 말이다.

　사람들은 친해진 다음 비로소 편하고 자연스럽게 말을 할 수 있다. 친해진 후에는 부정적인 말이라고 해도 서로가 마음에 담아두지 않을 수 있기 때문이다. 그래서 애어는 사람을 사귀는 데 있어 가장 유용한 것이다. 예를 들면 사장이 직원을 칭찬했을 때 직원들이 좋아하는 것이다. 티베트 사람들은 "언제 어느 때든 재물이 절반이고 말이 절반이다."라는 말을 종종 한다. 상대방에게 선의를 표현하기 위해 "나는 착한 마음씨를 가지고 있어."라는 말만 한다면, 그것은 충분한 것이 아니다. 마음속 깊은 곳에 숨어있는 착한 마음은 아무도 볼 수 없다. 아무리 마음씨 좋은 사람이라도 늘 악담을 퍼붓고 나쁜 행동으로 다른 사람에게 상처를 준다면, 그런 사람을 가까이할 사람은 드물 것이다. 하지만 애어로써 다른 사람을 항상 칭찬한다면, 그런 사람이라면 누구나 사귀고 싶어 할 것이다.

　아까워하지 않는 것과 내어놓는 것이란 겉으로 보기에 다른 사람을 이롭게 하는 것이지만, 사실은 이러한 방법을 통해 우리 스스로를 돕는 일이다. 사람의 가장 큰 적은 외부에 있는 것이 아니라 바로 자기 자신에게 있기 때문이다. 우리가 많은 고민을 달고 사는 것은 자아에 대한 지나친 집착과 편애로 인하여 뜻대로 일을 풀어나가지 못하기 때문이다. 베풂의 마음을 길러내는 일은 자아에 대한 지나친 애착을 다스리고 본인의 이기심을 희석하는 데 있어 정말 큰 도움이 된다. 이렇게 베풀어 주는 행동은 우리의 마음을 넓혀줄 뿐만 아니라 사람을 사귐에 있어서도 톡톡한 다리 역할을 해준다.

이타利他는 인간관계를 원만하게 만드는 요령이다

말로 베푸는 것 외에도 모두의 행동과 뜻을 같이 하는 것 또한 사람을 사귀는데 있어 매우 중요한 요소이다. 소위 말하는 여시구진 與時俱進이 필요한 것이다.

식사를 할 때 누구는 차려 놓고 먹고 싶어 할 수도 있고 누구는 도시락으로 간단히 때우고 싶을 수도 있다. 그렇다하여 "난 도시락이 편하니 너희들끼리 가서 먹어! 난 안 먹을래."라고 한다면, 이는 분명 다른 사람들의 기분에 영향을 줄 수밖에 없다. 이러한 사람을 일컬어 무리에 어울리지 못하는 사람, 아웃사이더라고 한다. 요즘은 인간관계를 어떻게 해야 하는지 모르는 사람이 많다. 그런 아웃사이더는 항상 자기의 주관적 의식대로 사물의 옳고 그름을 결정한다. 누군가는 "개성"이라는 말로, 또 다른 누군가는 "남달라"라는 말로 핑계를 댄다. "개성"이나 "남달라"라는 말로 "나만 좋으면 그만이지 안 될게 뭐 있어?"라고 생각하는 것을 드러내면 항상 우리의 인간관계를 망가트린다. 그래서 적당한 방식으로 사람들과 접촉할 줄 알아야 하는 것이다.

학문적 소양이 있는 학자라 할지라도 시골의 농부와 함께 할 때는 그들이 알아들을 수 있는 말을 써야한다. 학문적 언어를 사용하면 소용없는 것이다. 장사를 하는 사람이 대학 교수와 소통하고자 하면서 비즈니스 언어를 사용하는 것도 안 될 일이다. 또한 대학의 교수라 해도 초등학교에서는 초등학생이 알아들을 수 있는 말로, 대학에서는 대학생이 알아들을 수 있는 말로 강의를 해야 한다. 유연한 방법으로 학생을 가르칠 수 있어야 하는 것이다. 학생의 재능에 따라 달리 교육을 할 수 있는 선생이 좋은 선생님이다.

사람을 사귀는 일도 그렇다. 나는 외국에서 포교한 예를 자주 든다. 천주교를 믿는 나라에 가서 천주교가 나쁜 것이라 할 수는 없다. 천주교라 하여 나쁜 것도 없고, 불교의 생각으로는 모두 다 좋다. 우리는 그리스도를 찬양할 수 있고 성모 마리아를 찬미할 수도 있다. 또한 그리스도교의 위대함에 찬사를 보낼 수도 있다. 이렇게 하면 우리가 이교도라 할지라도 그들 또한 우리를 받아들이게 된다. 이것은 의연하게 그들을 존중하는 것이다. 그들이 우리를 좋아하게 하는 것, 이러한 찬사는 가식이 아닌 진심이다. 또한 그들의 사상과 그들의 논리적 방법을 우리가 배울 수도 있다. 시간이 지나면 모두 함께 소통할 수 있고 정말 친한 친구도 될 수 있다. 그때가 되면 우리가 믿는 것과 그들이 믿는 것이 어떻게 다른지도 알려줄 수 있게 된다.

예전에는 동양 사람이 서양에 간 이야기를 자주 이야기하곤 했다. 서양에 선교를 갔는데, 스스로가 티베트 사람이라고 해서 처음 본 자리에서 맛있는 전통차라고 하여 수여우차酥油茶를 추천할 수는 없다는 것이다. 내가 마시던 수여우차 컵을 깨끗이 씻고 커피 마시는 법을 먼저 배워야 한다. 처음에는 우유만 많고 커피는 적을지라도 그것을 배워야 하는 것이다. 커피를 배우게 되면 서로의 공통 화두가 생긴다. 그렇게 되면 비로소 알려줄 수 있다. "커피도 맛있지만 우리 고향에서는 커피 대신 밀크 티를 마시는데, 그것을 수여우차라고 합니다. 우리의 수여우차는 여러분의 밀크 티와 비슷하면서도 조금 다릅니다. 맛도 괜찮습니다. 한 번 마셔 봐도 됩니다." 이렇게 나는 수여우차를 그들에게 알릴 수 있었다.

남을 먼저 존중한 다음 자신이 가진 것을 천천히 전해주면 된다. 그것이 물건이든 불법佛法이든 마찬가지이다. 언제든지 우리의 목적은 그들이 우리를 인정하면서 서서히 받아들이기를 바라면 되는 것이다. 민족과 민족 간의 수용이나 문화와 문화 간의 융합도 모두 이러한 과정이다. 이처럼 붓다가 말한 인간관계란 가장 완벽하고 아름다운 것이다.

무엇을 하든 반드시 목적이 있어야 한다. 물론 우리가 무슨 일을 할 때에는 개인적인 목적을 가지고 있다. 하지만 중요한 것은 타인의 이익을 위할 수 있어야 한다는 사실을 절대 잊지 않아야 한다는 점이다. 우리가 좋다고 인정하는 것이라 할지라도 남에게 상처를 주거나 고통을 줘서는 안 되는 것이며, 또한 다른 사람에게 억지로 강요해서도 안 되는 것이다. 이것이 바로 이행利行(남을 이롭게 하는 행동 또는 베풂)이다. 타인의 이익을 위해 내어놓는 행동을 하고 마침내 그것을 받아들이는 것, 그렇게 변한 것이 즐거워서 그조차 받아들이고자 바라는 것, 이것이야말로 비로소 진정한 사람과 사람 사이의 소통 방법이라 할 수 있다. 여기에는 어떤 강요도 그 어떤 사심도 없다. 그저 베풀어 주는 과정 속에서 저절로 우리의 목적까지 달성할 수 있게된 것이다.

이것이 바로 불교에서 말하는 인간관계를 다루는 방법이다.

이타의 본뜻은 굴복과 양보가 아니라 서로 존중하는 바탕 위에서 본인의 자세를 낮추고 다른 사람을 위해 우리가 소유한 것을 내어 놓는 것이다. 사람은 모두 "아집"을 가지고 있다. 이로 인해 응석 받이로 자라 버릇이 없어진 자아는 결국 제 본분조차 지키지 못하게 되는 것이다. 이러한 아집은 사람과 사람 사이에 발생하는 시비에도 작용한다. 이 때문에 우리의 생각도 이랬다저랬다 좌지우지하는 것이다. 그래서 인간관계를 원만하게 정리하는 요령이 바로 이타에 있다고 말하는 것이다. 그래야 습관적인 충돌이 아닌 진지한 교제를 할 수 있다.

소통의 기본은 역지사지易地思之이다

사람이 행복하고 즐겁게 살고자 하는 것은 생존을 위한 생명의 본능적인 욕구이다. 하지만 사람은 내 삶의 즐거움을 얻고자 다른 사람에게는 늘 상처를 입힌다. 남이 나에게 상처를 줬다고 바꿔 생각해보자! 어떻게 삶이 즐겁고 행복할 수 있겠는가? 다른 사람과 잘 지내고 싶다면, 입장을 바꿔서 생각하면 된다.

본인의 생존을 위해 많은 중생衆生(모든 살아 있는 무리)들을 해쳤다고 가정하고, 서로의 입장을 바꿔서 생각해보자. 이것은 마치 생선을 굽는 것과 같다. 먹는 사람의 입장에서는 그저 본인의 입이 즐겁고자 하는 것일 뿐, 조리되는 생명의 고통 따위는 안중에도 없을 것이다. 하지만 우리가 그 생선이라면 어떻겠는가? 남의 물건을 훔치거나 남을 속여 장삿속을 챙겼다고 생각해보자. 유감스러운 마음은 가질 수 있으나, 타인의 손해에 대해 그 어떤 감흥조차 못 느낄 수도 있다. 만약 다른 사람이 똑같은 방법으로 우리를 속였다고 가정하고, 본인이 그 당사자라고 생각하면 결코 좋은 기분일 수 없을 것이다. 이것이 현실이다. 사람은 탐욕에 쉽게 눈이 멀고, 스스로는 자각을 하지 못한다. 그렇기 때문에 항상 자신의 이익만 생각할 뿐, 타인의 고통은 쉽게 외면하게 되는 것이다. 다른 사람의 욕심은 놀부 심보라고 욕하면서, 정작 본인의 욕심은 복을 받은 것이라고 생각하는 것이다. 그렇게 스스로의 탐욕을 키워 보다 더 많이 갖고자 하는 것이 사람이다.

원치 않는 일을 내가 당했다고 생각하면 정말 고통스러울 것이다. 하지만 내가 싫어하는 사람이 안 좋은 일을 당했다고 생각하면 그것은 즐거운 일일 수 있다. 내가 기분 나쁠 때는 욕도 하면서 남이 내게 화를 내는 것은 용납 못한다. 다른 사람의 칭찬을 들으면 정말 좋아한다. 이것이 사실이라면 좋아하는 것이 당연하다. 하지만 상대방이 거짓으로 칭찬한다고 해도 사람들은 으스대며 좋아한다. 이것이 바로 사람의 가장 취약한 부분이다. 서로가 칭찬을 주고받는 것은 좋은 일이다. 그러나 우리는 칭찬을 해주지도 않으면서 받기만 바라고, 나아가 그러한 칭찬이 모두 진실 된 것이기를 바란다. 이런 순간이 오면 자기 스스로를 다시 되짚어볼 필요가 있다. 사람이란 결코 완전무결할 수 없는 존재이기 때문이다. 상대방이 듣기 좋아하는 말만 골라서 진실만 전할 수 있다면 나쁘지 않은 것이다. 그러나 듣기 좋은 말만으로 진실을 다 덮을 수 없을 때가 많다. 그럼에도 우리의 본능적인 허영심은 비현실적인 것이라 해도 그저 듣기 좋은 말만 들을 수 있기를 바란다. 이러한 "입뿐인 말솜씨"로는 실질적인 일의 해결을 기대하기 어렵다. 인간은 누구나 동등한 존중을 원한다. 그러므로 다른 사람의 말이나 행동을 입장 바꿔 생각해보면, 배려하고 포용하는 일도 결코 어려운 것이 아니다. 또한 상대방이 무심코 내 맘에 들지 않는 말을 내뱉거나 이해는 물론 납득조차 할 수 없는 행동을 했다고 할 때도, 지나친 집착으로 괴로워하지 않을 수 있다. 이렇게 하면 사람 간의 간격도 줄고 진정성을 더 늘릴 수도 있다.

요즘 사람들이 함께할수록 서로의 신뢰와 진실이 결여되는 것은 신앙의 유무뿐만 아니라 들떠 있는 내면세계와도 직결된다. 사람이 가진 차별과 쏠림의 모든 출발점은 자아를 둘러싼 편향된 결정에 있다. 자기보호의 관점에서 모든 사람은 다른 사람을 공격하는 방식의 말과 행동을 통해 자신을 보호하려고 한다. 그러면 인정이 점점 희박해지는 악순환이 계속되는 것이다. 반대급부로 사람들은 다시 이 사회의 인정이 메말랐다거나 세상이 불공평 하다는 등의 질책을 해댈 것이다. 이러한 것들은 사실 모든 사람들이 스스로 반성하고, 자기 자신부터 상대방의 입방에서 생각하면 해결할 수 있는 일이다. 상대방을 더 이해하고 감싸주다 보면 애정 또한 한층 더 전해질 것이고, 그러다보면 삭막한 인정도 차츰 개선될 수 있는 것이다.

단체와 롤 모델

인간은 본래 군집생활을 하는 동물이고, 단체는 공통된 이념을 가진 사람들이 모여서 만든 것이다.

서로 다른 이념을 가진 사람들이 단체를 만든다는 얘기는 거의 들어보지 못했다. 그래서 모두가 가진 하나의 신앙과 공통된 이념이 정말 중요한 것이다. 이것은 단체의 첫 번째 역할이다. 단체의 두 번째 역할은 단체의 제도가 많은 전통을 계승시켜 준다는 것이다. 티베트 불교에는 "대사형大師兄의 교육"이라는 단체 제도가 있다. 즉 스승님 한 분이 두세 명의 제자를 지도하면, 다시 그 두세 명의 제가가 가르치는 사람이 되어 다음 몇 명의 후배를 지도하는 방식으로 교육이 계속 이어지는 것이다. 이러한 단체의 분업 시스템은 매우 정교해서 사원의 최고 책임자가 관여할 일도 거의 없다. 그럼에도 항상 같이 토론을 하곤 한다. 각자가 관리하는 부분을 어떻게 개선시킬 수 있는지 또는 어떤 부분을 어떻게 바꿀 것인지 등을 함께 논의하는 것이다. 불교의 교리를 사회에 잘 적용하기 위해, 자선사업을 위해, 대중의 이익을 위해 우리들은 공통된 신앙을 갖고 있다. 중생, 국가, 사회에 도움이 되는 일이라면 기꺼이 할 것이다. 사원에 있는 모든 사람들의 머릿속에는 이러한 핵심 사상이 잘 주입되어 있다.

교육에 있어 일본인들은 보편적 교육을 추구한다. 아이들의 다양한 경험을 추구하는 것이다. 일본의 초등학교에서는 서른 명의 아이들이 차례대로 돌아가며 모두 한 번씩 반장을 맡는다. 반면 중국인들은 단체에서 먼저 표준을 정하여 롤 모델을 앞세우는 데 익숙하다. 한 학기에 한 번 지목하기 때문에 한 반에 있는 서른 명의 아이들 중 대여섯 명만이 반장을 맡을 수 있다.

만약 나라면 롤 모델을 내세우는 방식으로 단체를 관리하지 않을 것이다. 롤 모델은 단체 안에서 나오는 것이다. 가장 우수한 사람이 단체의 롤 모델이 되어야 한다. 탑다운 방식으로 지정해서는 안 된다. "가장 우수한 친구를 학급 대표로 정했어요. 앞으로 여러분들도 반장 말을 잘 따라 주기를 바랍니다."라는 방식으로 학교에서 학급 대표를 뽑고 선생님이 통지하는 방식은 잘못된 것이다. 내 생각에는 일본식 교육이 좀 더 좋은 것 같다. 반장 자리란 그저 상징적인 것일 뿐이다.

불교에는 "황금으로 된 사원의 법좌法座에는 주인이 없다."는 말이 있다. 법좌에 앉고자 한다면 그런 능력이 누구에게 있는지를 봐야 한다. 한 번 롤 모델이 되었다 하여 영원한 귀감이 될 수는 없다. 그 사람의 정신 상태가 좋으면 그것을 배우면 된다. 하지만 시킨다고 해서 시키는 데로만 하는 교리教理만을 고집해서는 안 된다. 그저 시대의 변화에 맞춰 바꿔가면서 그 정신만 잘 유지하면 되는 것이다. 사람이란 본래 단점이 있기 마련이다. 그게 사람이다. 그러므로 개인이 돋보이게 하지 말아야 한다. 정신만이 영원할 뿐이다.

외국의 한 매체에서 어떤 인물의 영웅담을 보도하자 많은 사람들이 감동했다. 하지만 아는 사람들은 그가 그렇게 좋은 사람이 아니라고 말했다. 그는 마치 어려운 곳이 있으면 마다하지 않고 어디든 달려가 수많은 일을 해결하는 슈퍼맨 같다는 보도에도, 사람들은 이내 반감을 가지기 시작했다.

우리에게는 사람이 아닌 정신이 필요한 것이다. 우리가 관음보살觀音菩薩(자비로 중생의 괴로움을 구제하고 왕생의 길로 인도하는 불교의 보살)을 필요로 한다는 것은 관음보살의 대자대비大慈大悲(넓고 커서 끝을 알 수 없는 붓다와 보살의 자비)한 정신이 필요하다는 의미이다. 하지만 관음보살과 지장보살地藏菩薩(지옥에서 고통을 받는 중생을 구원하기 위하여 몸소 지옥으로 들어가 죄지은 중생들을 교화하고 구제한 보살)은 우리와 같은 보통의 사람이 아니므로 그들에게서 흠이나 모순된 것을 찾을 필요는 없다.

따라서 단체에서는 롤 모델 개인을 돋보이게 할 것이 아니라 롤 모델의 정신을 따를 것을 권장해야 하는 것이다.

단체에서 개인의 역할을 적절히 부각시키는 일은 단체의 사기를 북돋아 선도적인 역할을 하게 할 수 있다. 이렇게 개인을 칭찬하고 표방하는 행위는 훌륭한 개인의 품성과 정신이 잘 이어지길 바라는 것에 기인한다. 단체를 구성한 개개인의 능력이 폭넓게 뛰어나고 우수하다면, 그 단체는 더 잘 굴러갈 뿐 아니라 좌절에 대처하는 힘도 더 강할 것이다. 단체의 모든 구성원은 "최소량의 법칙Law of minimum"에 나오는 나무 조각과 같은 것으로 하나라도 빠짐없이 모두 다 중요한 것이다. 구성원 개인을 지나치게 홍보하다 보면 인정은커녕 독불장군 같은 개인플레이로 인해 결국 사람들의 마음만 산만하게 만든다. 단체를 관리하는 좋은 방법이란 구성원 개개인이 특기를 발휘해 마음으로부터 우러나오는 결속력을 다져 나가는 것이라 할 수 있다.

제12장
효도

효도는 서로의 은혜에 감사하는 선순환이다.

서양의 효도

불교에서 말하는 "효孝"란 보은의 뜻을 담고 있다. 일반적인 효도는 아랫사람이 윗사람을 대하는 방식을 가리키지만, 보은이라고 얘기하면 그 범위를 좀 더 넓힐 수 있다.

은혜를 갚으려면 먼저 은혜에 감사할 줄 알아야 한다. 붓다는 지모知母(어머니를 아는 것), 감은感恩(은혜에 감사하는 것), 보은報恩(은혜에 보답하는 것)을 얘기하며, 사람이라면 여기서 말한 대상이 바로 당신의 부모님이라는 사실을 알아야 한다고 했다. 이것은 말로는 쉬운 것이나 생각할수록 깊은 뜻이다. 여기서의 대상이 부모님이라는 사실을 누가 모르겠는가? 하지만 제 부모님을 부모로서 조차 대하지 않는 짐승만도 못한 사람이 의외로 많다.

특히 오늘날의 지금 사회는 우리의 전통적인 도덕관념을 완전히 상실했다. 서구식 문화를 배우면, 서구 사회의 부모들은 성인이 되는 18세까지만 아이를 돌보고 자녀 스스로 독립하게 하고, 자녀들이 늙은 부모를 부양하지 않는 것을 볼 수 있다. 이것은 겉으로 보이는 현상일 뿐 이러한 문화적 배경은 따로 있다.

이것을 홀가분한 것이라 생각하는 사람도 있다. 부모는 그저 나를 18살까지만 키워주면 되는 것으로 나와 부모는 별개의 존재이라고 생각하는 것이다. 자기 좋을 대로 하면 되는 것이고, 부모를 부양하는 것도 내가 결정할 문제이지 그들과는 상관없는 것이라고 여기는 것이다. 서구사회에서의 부모는 18세까지만 자녀의 양육 의무를 다하며, 성년이 안 된 자녀에게는 적합한 일을 시킨다. 자녀가 성인이 되어 자기 일을 찾으면 이내 또 다른 상황이 주어지게 된다. 일을 하는 사람에게는 세금의 의무가 부가되는데, 그 세금을 가지고 두 가지의 문제를 보장해 주는 것이다. 그 첫 번째는 교회와의 공조이다. 서구사회에는 종교적 신앙과 교회를 통한 형제자매가 많이 있기에 부모님 또한 쓸쓸하지 않을 수 있다. 자녀 또한 자기 부모님만 돌보는 것이 아니다. 어려울 때가 되면 자기 부모님만 챙기지 않고 교회 전체를 후원한다. 두 번째는 노후보장제도이다. 나이가 들면 사회복지를 통한 지원을 받는다. 다 같이 국가에 납부한 세금을 노인에게 돌려주는 것이다.

서구사회의 부자관계나 모녀관계가 우리만큼 친밀하지는 않지만 그들의 가족애도 여전히 두텁다. 자녀가 어떤 어려움에 부딪혀 스스로 해결할 수 없어서 부모님께 도움을 청하면 반드시 도와준다. 부모에게 힘든 일이 생겨 도움을 청할 때도 그러하다. 어떤 이유에서 이런 것일까? 그것은 신앙이 있기 때문이다. 서구의 종교적 도덕관도 도움이 필요한 사람이 도움을 청하면 마땅히 헌신해야 한다고 가르치기 때문이다. 그들의 머릿속에는 이러한 정신이 깃들어 있다. 서구사회의 부모와 자녀 사이가 우리처럼 끈끈하지는 않지만, 그들이 책임져야 할 때 반드시 책임을 지는 것도 이러한 원인에 있는 것이다.

사람들은 이것을 오해하여 성인이 되면 부모님과 내가 상관없는 것이라고 생각하는 것이다. 그래서인지 요즘에는 전통적인 도덕관념이 없는 젊은이들이 종종 있는 것 같다. 자기 부모님에게 돈만 조금

주는 것이 효도라고 생각하는 것이다. 심지어 이마저 못하는 사람들
도 있다.

어떤 나라, 어떤 민족이든 부모님의 양육 없는 개인의 성장 및 세
상의 다양한 유형을 논할 수는 없다. 어디서 태어났든, 어디서 자
랐든, 삶의 방식과 풍습이 어떠하든, 부모님의 은혜를 감사히 여기
고 모시는 것은 사람 된 최소한의 인격적 기준인 것이다.

중국의 효도

내가 어렸을 때는 장유유서長幼有序를 따졌다. 누가 어른이고 누가 어린애인지, 효도와 공경을 중시하는 도덕적 윤리관이 뚜렷하게 정해져 있었다. 요즘 아이들은 태어날 때부터 가족보다 더 우위에 있는 최상위의 존재이다. 요즘 사람들도 말은 효도라고 한다. 하지만 어른이 아닌 자녀에게 효도를 하고, 심지어는 애완견이나 고양이에게 효도를 한다.

애완견이나 고양이를 좋아하는 것은 자비로운 마음이지만, 그보다 자신의 부모를 잘 섬기는 것이 더 중요한 것이 아닐까? 위대한 붓다는 성불한 뒤에도 아버지의 왕생往生(이승을 떠나 극락정토에 가서 다시 태어나는 일)을 위해 다른 이들과 함께 상여를 들었다.

효孝를 논하기 전에 어른으로서 우리가 먼저 어른이 되는 법을 배워야 한다.

사심 없는 봉헌은 정말 중요한 것이다. 모성애와 부성애가 위대한 이유도 자녀를 위한 사심 없는 봉사에 있다. 그럼에도 그렇지 못할 때가 많다. 필요한 것이라 묻는다면 필요한 것이라 대답할 수 있다. 어렸을 때는 아는 것이 없어 사회적 인간의 따뜻함과 차가움은 물론 시시비비를 잘 모른다. 어른이라면 그런 부분을 사심 없이 돕고 가르쳐야 한다. 하지만 아이의 모든 생활습관이나 생각, 논리가 우리의 방식대로만 되지는 않는 다는 점은 분명히 알고 있어야 한다.

천성적으로 타고난 복이 많아 총명한 아이라면 좋은 말로 직접 가르쳐 나쁜 습관을 바꿀 수 있다. 하지만 이런 아니는 극히 드물다.

서양의 교육관은 아이를 때리거나 혼내는 훈육이 아닌 사랑이다. 이러한 배경에는 주변의 환경과 전통적인 종교관이 있다. '남을 때리거나 욕하는 것은 잘못된 것이다. 도둑질하는 것은 잘못된 것이다. 칼을 가지고 강도를 하는 것은 잘못된 것이다. 사람을 죽이거나 불을 지르는 것은 잘못된 것이다.' 이러한 종교적 분위기가 민족 전체에 이미 깔려 있기에 그 외적인 도덕관념은 쉽게 변하거나 손상되지 않는다. 외적인 구속이 이미 있기에 부모가 좋은 말만 해도 아이들은 저절로 좋아지게 된다. 그렇다면 동양은 어떨까? 좋은 말과 사랑으로 교육하다보면 자칫 응석받이를 만들 수 있다. 사랑을 통한 교육에는 옳고 그름의 구분이 분명하지 않기 때문이다.

남들이 자기 아이를 혼내면 대신 싸우는 부모도 있다. 아이가 숙제를 하지 않으면 거짓말로 덮어주는 부모도 있다. 선생님이 아이를 꾸짖으면 오히려 따져 묻는 부모도 있다. 선생님들은 이러한 결과가 부모의 책임이라고 탓하고, 교육의 책임은 선생님께 있는 것이라고 말한다. 서로가 그렇게 책임을 미루고 있는 것이다. 이러한 애매모호한 교육이 결국 아이들에게 옳고 그름을 분별하지 못하게 만드는 것이다. 오랫동안 부모가 사랑으로만 아이를 대한다면, 그것은 만성적인 독약에 아이를 중독시키는 것이다. 서구사회처럼 사회적 도덕적 분위기가 잘 갖춰져 있지 않다면, 그렇게 자란 아이의 습관이 정말 나쁘다는 것을 알게 된다 한들 그것은 이미 돌이킬 수 없는 일이다. 어릴 때부터의 상벌과 옳고 그른 기준은 정말 중요하다. 권위로써 아이를 가르쳐야 아이도 윗사람을 알아보며, 스스로 서열을 구분하게 되는 것이다.

자녀와 친구처럼 지내는 것에도 원칙이 있어야 한다. 또한 자녀의 교육에는 사랑이 우선되어야 한다. 하지만 매일같이 좋은 말만 하는 것이 "사랑의 교육"은 아니다. 아이가 잘못을 저질렀다면, 그것은 지나치게 아이를 아꼈다는 것이다. 가슴 가득 사랑이 넘칠수록 아이를 위해 무서운 얼굴로 꾸짖을 수 있어야 한다. 이것은 동양의 교육에 있어 반드시 해야만 하는 일이다.

예로부터 중국은 노인을 공경하는 예절과 서열이 있었다. 이것은 국가의 문화이자 전통이다. 시대별 문화에는 장점과 단점이 공존한다. 단점이 있다하여 개인의 문제를 다루는 데는 장애가 되지 않는다. 장점은 취하고 단점은 보완하면 된다. 좋은 것은 이어가고 부족한 것은 개선하면 되는 것이다. 효도 또한 같은 것이다.

효도와 순종의 관계

부모의 말을 잘 듣는 아이를 효성스러운 아이라고 생각하는 부모
도 있다. 하지만 이것은 어릴 때만 별다른 반응을 보이지 않은 것이
다. 그 아이가 성인이 되었을 때 심리적 압박감을 느끼게 할 수 있다
는 사실을 간과한 생각이다. 고집 센 부모님 밑에서 자란 20대 아가
씨가 있었다. 조금이라도 부모님 뜻을 따르지 않으면 불같이 화를
냈다고 한다. 지금 그녀는 대학을 졸업하고 직장까지 다닌다. 그럼에
도 그녀의 부모님은 아직도 어린아이 다루듯 그녀를 돌보고 있다고
한다. 그녀는 본인이 부모님 말씀을 듣지 않으면, 부모님의 기분이
상할까 걱정했다. 결국 부모님 뜻대로 하다 보니 마음이 편치 않다며
내게 어떻게 할지를 물어왔다.

불교적 관점에서 보면, 효순孝順(한 단어로 보면 효도의 뜻이지만 글
자 그대로 떼어놓고 보면 효도와 순종을 의미한다)이란 말은 따로 떼어놓
고 이해할 수도 있다. 부모님께 "효孝"를 다한다는 것은 말로써 대들
지 않는 다는 것이다. 그렇다면 "순順"이란 무엇일까? 이것은 부모님
의 조언은 듯 되 무조건적으로 따를 필요는 없다는 뜻이다. 이렇게까
지 했는데 본인도 상처받고 부모님도 슬퍼한다면 어쩔 수 없다. 자신
을 내려놓는 게 낫다. 차라리 심리적으로 자신을 내려놓아 해방시킴
으로써, 본인의 생각을 실현한 후 차후에 보답하면 되는 것이다.

그래서 생각을 바꿔 마음을 크게 먹는 것이 중요하다는 것이다. 포용하는 마음으로 효孝와 순順을 같이 겸하면 어려운 일이란 없는 것이다.

효를 행하는 것에도 지혜는 필요하다. 인간은 누구나 본인의 습관과 내면의 결핍이 존재한다. 현대의 교육에 있어 부모와 자녀의 간극과 소통의 부족은 날이 갈수록 심각해지고 있다. 부모는 아이의 생각을 좌지우지 하려하고, 아이는 부모의 출발점을 이해하지 못한다. 가정의 갈등이 쉽게 생기는 것이다. 그러므로 삶이든 가정이든 불법佛法의 지혜가 도움이 되는 것이다. 어떤 역할을 맡든 사람을 대함에 있어 포용하려 하고 역지사지의 마음을 갖는다면, 서로 양보하고 감사할 줄 아는 결과를 만들어 낼 수 있다.

효도는 돈이 전부가 아니다

사람과 사람 사이의 배려에는 돈으로 대체할 수 없는 경우가 많다.

고향 사람 중 모든 가족이 미국으로 이민을 가고 어머니 혼자 티베트에 남은 사람이 있다. 하루는 그 사람의 이웃이 전화를 했다. 어머니가 가끔 돌아왔으면 한다는 것이다. 그 사람은 혹시 '어머니가 돈이 부족하신가?'라고 여기고 송금을 더 하면 된다고 생각했다. 그 사람의 어머니는 이웃들에게 부탁해 다시 전화를 걸어 보라고 했다. 그렇게 2~3년이 흘렀지만 자식들은 돌아오지 않았다. 항상 시간이 없다며 어머니가 필요한 게 있으면 돈만 보내 이웃들 보고 챙겨 달라고 부탁을 했다. 훗날 자식들은 이웃들에게 전화를 해서야 어머니가 이미 왕생往生의 길로 떠났다는 것을 알았다. 그렇게 어머니가 돌아가시고 나서야 그들은 돌아왔다. 그렇게 몇 날 며칠을 목 놓아 울려 어머니에 대한 불효의 죄를 청했다. 하지만 이웃들은 시큰둥했다. "자네들은 여기서 울 자격도 없어. 그 눈물을 누가 믿겠어. 살아생전에 수차 돌아오라고 했는데 눈코빼기 하나 안보였으면서! 이제와 울어봤자 자네들 어머니의 화만 북돋을 뿐이지! 우리도 자네들 눈물을 안 믿는데, 어머니라고 믿으시겠어? 눈물을 보일 것도 없고, 뒷일은 우리가 수습할 테니 그냥 돌아가! 돈이 무슨 소용이겠어."라며 악담을 쏟아 부었다.

그 집안의 자녀들 중 딸아이 한 명이 나를 찾았다. "저는 어떻게 하면 좋을까요?"라고 묻기에 그저 공덕을 많이 쌓고 보시를 많이 하라는 말만 전했다. 적어도 예전부터 어머니에게 돈을 보내고 싶은 마음은 진실이었음을 표현할 수 있도록 말이다. 지금 너희들 어머니에게는 쓸모없는 돈이지만, 다른 사람들에게는 긴요한 것 일수도 있으니 쓸모가 있을 거라 말했다. 스스로의 자괴감을 돈으로라도 보상할 수 있다면 마음만은 편할 수 있기 때문이었다.

효도는 할 수 있을 때 일찍 해야 한다. 부모님께 가장 큰 효도는 돈이 아니다. 정신적인 큰 즐거움을 이루게 만들어 드리는 것이 중요하다. 이러한 즐거움은 아무리 많은 돈을 드린다한들 이룰 수 없는 것이다. 자식으로서 정성을 다 하는 게 중요한 것이다.

연로한 부모님이 바라는 효도란 물건이나 돈이 아니다. 그저 조금 더 가까이에서 자주 볼 수 있으면 족한 것이다. 부모님도 윤회하는 중생의 한 명일 뿐이다. 우리와 같이 마음의 고통을 받는 사람이다. 오히려 우리보다 먼저 생로병사의 무력감과 좌절감을 먼저 느끼기에 나이가 들수록 불안한 마음이 배가 된 것이다. 게다가 신앙심이 없다면, 그만큼 더 자식들을 의지할 수밖에 없다. 부모님은 우리가 더 많이 찾아뵙고 함께 이야기를 나눌 수 있기를 원하는 것이다. 이것만으로도 부모님의 마음은 조금이나마 든든해질 수 있다.

효孝란 서로의 은혜에 감사하는 것이다

우리는 효孝를 자신의 부모님을 위한 것이라 여긴다. 하지만 불교에서는 이러한 배려가 모든 중생까지 이어져야 한다고 권한다. 중생은 이 세상에서 서로 의지하고 있기 때문이다.

생존을 위해 우리는 가족, 지역, 사회, 도시, 강력한 국가, 평화로운 지구촌이 필요하다. 그렇게 서로 의지하고 의존하는 것이다. 우리가 이 세상에 존재하는 필요성을 알아야 하는 것이다.

사람이란 은혜에 감사할 줄 알아야 한다. 봉사할 줄 알아야 하고, 세상에 감사할 줄 알아야 한다. 지금 당장 쓸모 있는 사람이든 쓸모 없는 사람이든 똑같이 동일하게 대해야 한다. 오늘 여러분에게 쓸모 있는 사람이 내일이 되면 쓸모없을지 어떻게 알 수 있겠는가? 오늘 당장은 유용하지 않은 사람도 내일은 여러분의 은인이 될 수 있을지도 모른다.

모든 생명에 감사하다 보면 자신의 주변에서 가장 소중한 사람이 누구인지를 알게 된다.

나는 제자들에게 보리심을 일으키는 법을 가르쳐주고, 세상의 모든 중생을 위해 덕을 쌓고 선을 행하라고 말하곤 한다. 이것은 정말 이상적인 바람직한 소망이다. 하늘에 떠있는 구름과 무지개처럼 더없이 아름다운 것이지만 만질 수는 없는 것이다. 현실 속에서도 머리로는 세상의 모든 중생을 항상 생각해야 한다. 이것은 송宋 나라 때 판중옌範仲淹(북송 때의 정치가이자 문학가)이 말했던, "고생스러운 일에는 자기가 앞장서고 즐거운 일에는 남보다 뒤에 선다先天下之忧而忧, 后天下之乐而乐"와 같은 이치이다. 다만 현실에서는 주변에 있는 사람들을 위해 할 수 있는 일을 하면 된다. 본인의 능력이 되는 한 최선을 다하면 되는 것이다.

어떻게 주변 사람들을 대할 것인가? 어른으로서 아이를 대할 때는 베풀면 된다. 은혜를 돌려받으려면 안 된다. 자녀로서 부모님께도 그러해야 한다. 사회 전반적으로 부모와 자녀, 남편과 아내, 친구와 친구 사이에서도 그저 감사하는 마음으로 대하면 족하다. 이러한 효과가 전달되는 것이 진정한 사회통합의 원천이라 할 수 있다.

이 세상에서 우리는 혼자 생존할 수 없다. 모두가 함께 살고 있는 환경이라지만, 우리는 서로 다른 생각, 서로 다른 배경, 서로 다른 문화를 가지고 있다. 그렇기에 서로가 존중하는 것만으로도 즐거울 수 있는 것이다. 이렇게 존중과 이해가 있어야 다른 사람들이 우리를 위해 얼마나 많은 것을 내어놨는지 알 수 있다.

사람이 살기 위해서는 타인의 노동이라는 대가가 필요하다. 이것은 우리가 늘 비유하는 끓인 물과 같은 것이다. 수도 회사에서 일하는 사람들은 긴 수도관을 연결해 물을 여과하고 소독한다. 여기에는 정말 많은 사람들의 노동력이 필요하다. 노동력은 수도관을 만들 때도 있어야 하고, 우리들의 집까지 수돗물을 보내는 과정에도 있어야 한다. 이렇게 한 잔의 물이 만들어진다. 다시 끓인 물을 마시려면 찻주전자에 붓고 끓이는 수고가 필요하다. 끓인 물 한 잔에도 수많은 사람들의 노력이 들어가는 것이다.

우리가 먹는 쌀밥 한 그릇도 보기만 간단하지 천신만고千辛萬苦를 겪은 농민의 수확이 필요하다. 농민들의 노고를 외면하고 미처 그런 생각을 못 한다면, 그저 쌀을 살 돈이 있다고만 느끼게 된다. 돈이란 쓰기는 쉽다. 하지만 몇 푼 안 되는 그 돈을 위해 얼마나 많은 사람들이 수고를 마다하지 않았는지는 알아야 한다. 농부는 돈을 위해 그리고 여러분은 쌀을 위해서 한 것이니, 농부는 여러분의 돈에 감사해야하며, 여러분은 농부의 쌀에 감사할 수 있어야 한다. 서로가 이렇게 감사하는 것은 당연히 마음에서 우러나야지 거짓이면 안 된다. 은혜를 갚을 길이 없음을 알아야 하는 것이다.

완벽하게 보답할 방법이 없다는 것을 알았다면, 본인의 작은 능력이나마 몸소 실천할 수 있어야 한다. 그러다 보면 부모님께 효도를 다 하고 자식으로서의 책임을 다 하게 된다. 그렇게 가족 모두 서로가 서로에게 감사하게 되는 것이다. 감사하는 마음이 순환하다 보면, 윗사람이 하는 일을 아랫사람이 본받을 줄 아는 상행하효上行下效는 저절로 이뤄지며, 시간이 갈수록 보다 더 화목한 가정을 이루게 될 것이다.

부모님께 감사하는 것 이외의 더 큰 감사는 없다. 부모님이 없었다면 수행자인들 어디서 빈껍데기뿐인 육신이나마 건질 수 있었겠는가? 부모님의 은혜는 평생 잊어서는 안 되는 것이다.

부모님이 잘못했을 때 자식들은 어떻게 해야 할까?

어떤 때는 일이라는 게 그렇게 단순하지 않으며, 또한 반대의 사례가 있을 수도 있다.

우리 고향의 친척 중에는 나쁜 쪽으로 유명한 두 부부가 있다. 티베트 사람들 중 부모에게 불효하는 사람은 많이 드문 편이지만, 이들 부부에게서는 효도란 찾아볼 수가 없다. 아버지가 일찍 돌아가신 후, 그들 부부의 어머니에 대한 불효는 모든 친척과 친구들이 뭐라고 해도 소용없는 일이었다. 우리 아버지조차 "사람들이 욕하는 게 자네가 아니라 자네 어미라는 것 왜 모르는가? 자네 때문에 친척과 친구들 체면만 구긴 건 아니라네. 자네 체면까지 땅에 떨어진 것임을 정말 모르는 건가?"라고 혼을 낸 적이 있었다. 이에 대한 그들의 대답은 가관이었다. "걱정하지 마세요. 체면 따위 좀 떨어진다고 무서울 것도 없습니다. 그게 몇 푼어치나 된다고 그럽니까? 저희 체면을 구기는 것조차 아무렇지 않은데, 뭐가 걱정입니까?"라고 대답한 것이다.

우리 아버지는 정말 슬퍼했다. 하지만 내가 보기에는 그들 부부의 어머니가 이런 업보를 받는다고 해서 무조건 아들과 며느리만 탓할 수도 없는 것이었다. 그들 부부의 어머니는 입이 가볍고 불평이 많아 어디를 가든 자식 험담을 늘어놓곤 했던 것이다. 그래서 나는 아버지에게 "아버지와 고모님이 친척이라 할지라도 조금이나마 객관적으로 바라볼 필요가 있습니다. 고모님도 정말 제대로 교육을 받아야 합니다."라고 속내를 비쳤다.

후에는 모두들 고모님께 말을 아끼도록 권했다. 한번은 아버지도 이렇게 얘기했다고 한다. "고모님, 연세도 계신데 이제와 성격을 바꾸시라고 한들 불가능한 것이겠지요. 고모님 성격이 본디 그러한데 말이죠. 그래도 지나치게 원망만 하지는 마세요. 그렇다고 사람들이 동정하는 것도 아닙니다. 여기저기서 아들 며느리 험담을 늘어놓으면 자식과 며느리 귀에도 금방 얘기가 들어갈 거고, 그러면 고모님 상황만 더 나빠질 겁니다. 조금이라도 좋은 대접을 받고 싶으시면, 말을 아끼세요!"

고모님도 자신이 잘못했음을 알았지만 얼마 지나지 않아 돌아가셨다. 여러 해가 지나고 그 낯짝 두껍던 아들도 죽었다. 몇 해 동안 외국을 다니다 돌아와 보니, 그 집 며느리도 이제 시어머니가 되어 있었다. 하지만 남의 집에서 하숙생활을 하고 있었다. 내가 그 이유를 물었더니 "활불 스님!"이라고 한 마디 하더니 이내 눈물을 흘렸다. 그리고는 며느리에게 쫓겨났다고 말했다. 이에 나는 "당신이 예전에 시어머니한테 불효하는 것을 며느리도 봤을 겁니다. 그러니 며느리도 자신이 무엇을 잘못한 것인지 모를 겁니다. 본인은 어르신께 어떻게 했었는지요? 그 업보가 지금 다시 돌아온 것입니다."라고 알려줬다.

나중에 그 집 며느리를 만났을 때, "시어머니를 왜 쫓아냈느냐?"라고 물어보았다. 며느리에게서 돌아온 대답은 이랬다. "그런 게 아닙니다. 어머님이 여기저기서 저희 험담을 하다 보니 자주 싸우게 된 것입니다. 제가 몇 마디 나무라니 어머님 본인이 기분 나빠 가출한 것입니다. 집으로 돌아오지 않는 것은 저와 상관없는 일입니다. 집으로 돌아오시면 예전처럼 잘 모실 겁니다. 하지만 또 다시 입조심을 안 하시면, 저도 나무라지 않을 수 없을 것 같습니다."

인과응보因果應報란 이렇게 순환하는 것이다. 윗물이 맑지 않으면 아랫물도 맑지 않다. 윗사람이 잘못하면서 아랫사람을 잘 하라 하는 건 불가능하다. 중요한 것은 내가 먼저 잘하는 것이다. 내가 잘 해야 아랫사람에게 사람다운 법을 가르쳐줄 수 있는 자격이 주어지는 것이다.

효도도 이와 같은 것이다. 본인이 할 일만 잘한다면, 집안에 불효 막심한 놈이 있다 한들 모두 함께 꾸짖어 바로잡을 것이다. 그래서 단지 효성에 관한 전통적 통념만 말하는 것보다 감사하는 마음의 근원을 찾게 하고, 그러한 감사하는 마음에서 인간 본연의 면모를 발견하도록 가르치는 게 더 나은 것이다.

보리심을 가르칠 때면 모든 중생을 지금 당신의 부모님 대하듯 감사할 줄 알아야 한다는 말을 자주 한다. 제자 중 한 명이 "스승님, 다른 가르침의 방법은 없습니까?"라고 질문했다. 이에 나는 "왜 그러냐?"라고 되물었다. 그의 말인 즉, "어릴 때 집에 맛있는 게 있으면, 저희는 주지 않으시고 부모님만 숨겨놓고 드셨어요."라는 것이다. 우리 제자의 아버지는 사탕을 사가지고 오셔서 가방에 넣어두고는 이따금씩 할머니에게 한 알씩 드렸다고 했다. 그리고 본인도 한 알을 드시면서도 아이들에게는 준 적이 없다고 했다. 또한 아이들을 때림과 꾸지람만 하셨다고 했다. 하지만 이들 부부의 아이들은 박사 둘에 석사 한 명이 나올 만큼 하나같이 재주가 좋아 공부도 잘했고, 겸손할 뿐만 아니라 인성까지도 좋았다. 어린 시절 집안 탓을 하며 좌절하는 사람들도 많다. 특히 가정교육이 잘못돼 이 모양 이 꼴이라고 말하는 사람도 있다. 내 생각에는 모두가 다 그런 것은 아닌 것 같다. 우리 제자의 집만 봐도 그렇다. 부모가 이기적이고 배운 것 없음에도 세 자녀 모두 훌륭하게 잘 자란 것이다. 다들 사람도 좋고 불법佛法도 잘 배워 남을 돕는데도 인색하지 않다. 다만 그들이 부모님의 은혜를 고마워해야 함에 있어 무엇을 감사해야 할지 모른다는 것은 다소 아쉬운 점이다. 이것은 부모님의 나쁜 면만 떠올렸기 때문이다. 이러한 이유로 내 제자 또한 다른 가르침의 방법이 없는 것인지를 물었던 것이다.

나는 제자를 이렇게 타일렀다. "그래도 부모님께 감사할 줄 알아야 하는 것이다. 지금 너는 이렇게 좋은 학문을 이뤘고 뛰어난 재능도 가지고 있지 않느냐? 부모님께서 너를 세상에 내놓지 않았다면 어찌 그런 것들을 가질 수 있었겠느냐? 부모님의 교육 방식과 처신에는 잘못이 있을 수 있다. 나는 잘못에 대하여 감사하라고 한 적이 없다. 그저 네가 지금 가지고 있는 불법佛法을 배우고 박사과정을 밟을 수 있는 기회도, 너를 이 세상으로 이끌어 주신 부모님이 있었기에 이룰 수 있는 것임에 감사할 줄 알아야 한다는 것이다. 만약 태중에 있는 너를 떨어뜨렸다면 네게는 아무것도 없었을 것이다. 자칫하면 지금도 외로이 세상을 떠도는 한낱 영혼에 불과했을 수도 있는 것이다." 부모에게는 우리를 낳아준 은덕뿐 아니라 길러준 은혜도 있는 것이다.

부모님께 우리가 해야 할 일은 무조건적으로 보답하는 것이고 마음으로 감사할 줄 알아야 하는 것이다.

부모님은 우리에게 생명을 주었으니 잘 컸든 못 컸든 그런 것은 중요한 것이 아니다. 삶의 희망이 있어야 죽음도 이해할 수 있고, 생명의 이치와 윤회의 의미를 깨달을 수 있는 복도 있는 것이다. 만일 우리가 태어나지 못했다면 불법을 들을 기회조차 얻지 못하는 것이다. 이러한 이유로 부모님의 은혜를 이루 다 갚기 어렵다는 말에는 결코 헤아릴 수 없는 숨은 뜻이 담겨 있는 것이다.

"백 가지 선행보다 효가 먼저다百善孝爲先"라는
말이 곧 진리이다

　자식은 아무리 많은 것을 주어도 만족하지 못한다. 하지만 길가에 있는 아이에게 만 원짜리를 주면 감동을 금치 못해 평생을 고마워한다. 자식이란 오늘 주면 내일 더 달라 할 것이고, 내일 주면 모레 더 달라 할 것이며, 결국은 부모의 관 값까지 가져가려 할 것이다. 자식이란 바로 우리 자신의 "빚진 귀신寃親債主" 같은 존재다. 그래도 부모님은 기꺼이 베풀어 주고 온종일 머릿속으로 자식만 생각한다. 이렇게 평생을 다 바친 부모님들조차 말년에 가서 자식들로부터 버림을 받는 경우가 허다하다.

　오래전 타이완에서 만났던 사람이 있다. 타이완에서 그녀의 이야기는 정말 유명했다. 하지만 그것은 악명으로 유명한 "유명세"였다. 그녀의 부모님은 시골의 촌부로 채소와 과일을 팔아 어렵사리 그녀를 대학까지 보냈다. 덕분에 그녀는 미국에서 박사학위까지 마치고 좋은 직장을 구할 수 있었다. 부모님의 생각으로는 마음속의 무거운 돌덩이 하나를 내려놓은 듯했다. 그녀가 미국에서 결혼하고 돌아오자 친척과 친구들이 말했다. "부모님이 이만큼 저에게 잘해줬으니 너도 꼭 효도를 다해야 된다." 그녀는 체면치레로 부모님을 미국으로 모셨다. 나중에 듣자 하니 그녀는 하루가 멀다 하고 부모님께 화를 내며, 입에 담기 힘든 욕설을 모욕을 줬다고 한다. 결국 그녀의 부모님은 참다못해 타이완으로 돌아가고자 했다. 하지만 그녀는 부모님을 유기하고자 비행기 표 두 장만 달랑 끊어 중남미 어느 작은 섬으로 보냈다고 한다. 다행인지 두 노인네는 이곳저곳을 떠돌다 운 좋게 영사관을 찾아 타이완으로 돌아올 수 있었다고 한다. 그녀에게는 생각지도 못한 악랄한 면이 있었던 것이다. 애당초 진심이 아니었다면 부모님을 미국으로 모시지 말았어야 했다. 훗날 서로의 마음이 맞지 않았다고 해도 그냥 타이완으로 돌려보냈으면 됐다. 하지만 다른 사람들의 험담이 무서워 부모님을 생판 모르는 중남미의 작은 섬에 내팽개친 것이다.

정말 짐승만도 못한 인간이라고 밖에는 할 수 없다!

또 다른 이야기지만 이런 경우도 있다. 내 제자 중에 여학생이 한 명 있었는데, 그 친구의 아버지는 큰 대기업의 회장이었다. 그 집의 자식들은 박사까지는 아니어도 석사는 마친 인재들이었고, 부모님 또한 자식들을 끔찍이 아꼈다. 그러던 어느 날 내 제자의 아버지는 유언장을 쓸 겨를도 없이 갑자기 위독해 졌다. 그러자 자식들은 아버지가 죽기 전에 유언장을 쓸 수 있도록 강심제를 맞히고 전기충격기로 심장을 마사지해 숨이 끊어지지 않도록 연명치료를 해댔다. 이것은 아버지의 숨이 끊어지기 전에 유언장을 완성하고 지장을 찍으려는 것이었다. 유언장이 작성되기 전에 아버지가 돌아가시면 재산분할을 위한 세금을 더 내야했기 때문이다. 이렇게 그 사람의 자식들은 그렇게 아버지를 괴롭히며 강심제를 투여하고 심장만 뛸 수 있도록 한 것이다.

그렇게 아버지가 돌아가신 후, 그 제자는 고인을 위한 독경讀經을 내게 청했다. 우리는 그곳에서 성심을 다해 고인의 넋을 기렸다. 그 순간 자식들끼리 유언장을 놓고 재산을 다투기 시작했다. 작은 말싸움이 큰 싸움으로 번질 기세였다. 나는 도저히 참지 못해 그들에게 다가가서 말했다. "저희는 외지인으로 티베트에서 이곳까지 왔습니다. 그대들과는 그 어떤 인연도 없고, 당신들 누나만 알고 있을 뿐입니다. 누나의 부탁으로 이렇게 부친의 넋을 기리고자 경문을 읽으며 자비를 베푸는 것입니다. 아직 아버지의 시신도 식지 않았는데, 자식으로서 조금만이라도 조용히 하면 안 되겠습니까? 굳이 싸우고자 한다면 발인 후에 싸우면 아니 되겠습니까?" 내 목소리가 어찌나 컸던지 그들은 싸움을 멈추고 더 이상 떠들지 않았다. 화장이 끝나자 내 제자는 몇 십 만원을 쥐어 주며 좋은 일을 하고자 했지만, 다른 가족들이 또 반대를 했다.

중국에는 "백 가지 선행보다 효가 먼저다百善孝爲先"라는 옛말이 있다. 부모님에 대한 효도가 가장 큰 선이라는 의미이다. 우리는 부모님의 깊은 은혜를 반드시 알아야 한다. 부모님의 은혜보다 더 큰 은혜는 없다. 부모님이 우리에게 베풀어준 은혜는 태산과도 같은 것이다.

어렸을 때는 부모님의 은혜가 얼마나 큰 것인지 알지 못한다. 부모가 되어 아이를 키우다 보면 그 은혜가 얼마나 큰 것인지 알게 된다. 입장이 바뀌어서야 부모님이 우리에게 준 사랑과 자비가 얼마나 많은 것인지를 아는 것이다. 태산 같은 부모님의 은혜를 알게 된다면, 결코 부모님을 거역하는 일도 없을 것이며, 재산은커녕 그 무엇 하나 남겨주지 못한다 한들 결코 원망치 못할 것이다. 이럼으로써 부모님께 순종하고, 좋은 말로 위로하고, 건강을 돌보며 즐거움을 드리고, 부모님이 기대어 의지할 수 있도록 할 수 있게 되는 것이다. 이것이야말로 바로 자녀로서 마땅히 다 해야 할 도리이자 효도이다.

불경에서 흔히 하는 말 중에 "상보사중은上報四重恩, 하제삼도고下濟三途苦"라는 것이 있다. 부모님의 은혜도 그중 하나이다. 요즘 젊은 이들은 자신의 가정을 꾸린 후 부모님은 제쳐 두고, 오히려 자기 자녀를 위한 "효자나 효녀"가 되고자 한다. 효도를 자녀에게 하는 것이다. 자식에게 아낌없이 줄 때는 백발의 노부모가 일찍이 당신들을 보살폈음을 기억해야 한다. 자신이 부모가 되었을 때에는 부모님께 효도와 보답을 잊지 않아야 하는 것이다. 자기 부모님께도 효도하지 않는 사람의 자식은 효도를 배울 수 없다. 그 자녀는 커서도 제 부모에게 어떻게 보답할지 모를 수 있다. 이것이 소위 말하는 상행하효上行下效이다. 본인 스스로 부모님께 효도하지 않아 자식 또한 그런 교육을 받지 못했는데, 어찌 그런 자식들이 제 부모에게 보답하기를 기대할 수 있겠는가? 보답을 하고자 해도 하지 못할 것이다.

그러므로 우리는 세상의 모든 부모에게 감사해야 하는 것이며, 효孝를 우선으로 삼을 수 있어야 하는 것이다.

효를 아는 사람은 덕을 행함에도 적극적이다. 이는 그가 마음으로 감사할 줄 알기 때문이다. 사람은 많든 적든 결점이 있기 마련이다. 고집스러움과 다소의 흠집이 있는 마음은 길들이는 방법에 있어 조금은 어려울 수 있다. 덕을 행하는데 인색하지 않아 내면으로부터 자비희사慈悲喜捨 하는 마음도 보다 빨리 길러낼 수 있다.

"백 가지 선행보다 효가 먼저다"라는 말이 곧 진리이다 **279**

제13장

평등平等

평등은 마음의 균형이다.

평등에는 등급이 없다

평등은 우리 모두 마음속에 평형을 유지할 수 있는 수평기水平器 (면의 수평을 재거나 기울기를 측정하는 도구)를 가지고 있어야 한다는 말이다. 모든 사람은 세상이 공평하기를 바란다. 사람이 얻는 것과 없는 것은 똑같아야 한다. 신체적 건강, 얼굴 생김새, 물질적 분배 및 세상의 권리 등과 상관없이 모두 평등해야 한다. 사람들은 "불교는 모든 중생이 평등한 것 아닙니까?"라고 묻는다. 그럼에도 왜 불평등한 현상은 여전히 존재하는 것일까?

어떻게 주변의 모든 것과 나를 똑같이 대할 것인가? 우선적으로 해야 할 일은 바로 이 모든 것을 평등하게 대하는 것에 있다.

불교에서 말하는 극락세계처럼 평등한 곳은 없다. 이러한 개념은 이상적인 평등이다.

배움도 그렇다. 사회에는 박사, 석사, 학사학위를 가진 사람도 있고, 초등학교만 나온 사람이나 심지어는 문맹도 있다. 그들은 학벌에 있어서도 불평등하고, 일에 있어서도 똑같지 않을 것이다. 하지만 학력수준이 높다고 해서 또는 무엇인가를 깊이 있게 전공한 전문가라고 해서 다양한 분야에 있는 모든 중생을 대신할 수 있는 것이 아니다. 이것은 마치 도시에 있어 시장市長부터 주민, 과학자, 기술자, 문화 종사자 그리고 평범한 노동자에 이르기까지 그 누구 하나라도 없으면 안 되는 것과 같다. 평범한 노동자의 헌신이 없다면 현대적인 도시도 없을 것이다. 또한 미화원이 없다면 도시는 금방 더러워질 것이다. 전문적으로 환경미화를 하는 사람이 없다면 그 일을 모두가 직접해야 한다. 이런 도시가 과연 얼마나 발전할 수 있겠는가? 각 분야에서 자기의 위치에서 수고를 마다하지 않는 사람들이 있기에 아름다운 도시도 있는 것이다.

노동자나 공무원, 배운 사람이나 못 배운 사람이나 모두가 평등하게 존중을 받을 수 있어야 한다. 인간적으로 서로 존중해야 하고 각자의 노고도 인정해야 한다. 하지만 막노동을 하는 일용직 잡부가 갑자기 경영인이 되어 기업을 이끄는 것은 불가능한 일이다. 또한 그런 기업인이나 교수를 막노동판에 보내 봐야 쓸 수 있는 곳이 없다.

우리는 먼저 평등이란 것이 도대체 어떤 것인지를 이해해야 한다. 평등은 우리 개개인이 자신의 입장에서 자신이 가진 능력을 존중하는 권리이다.

티베트 불교를 배우고자 했던 미국대학의 유명한 중국계 교수님이 있었다. 마침 학교 근처에는 티베트 불교를 가르치는 포교원이 있었다. 그곳의 선생님은 이제 갓 28살이 된 라마였다. 물론 영어도 잘하지 못했다. 50대 후반을 훌쩍 넘긴 그 교수님은 조금 창피한 느낌이 들었다고 한다. '그래도 내가 명색이 대학교수인데, 영어도 서툰 20대 아이에게 무엇을 배울 수 있을까?'라고 생각한 것이다. 그는 젊은 라마에 대하여 차별과 오만한 마음을 가졌던 것이다.

하루는 그 교수님이 나를 찾아왔다. 당시에는 나도 조금 성숙해 보이기는 했어도 겨우 32살에 불과했다. 그래도 그는 그나마 내게 배우는 것이 연배라도 좀 비슷할 것 같다고 생각했다. 마침 내가 거처하고 있는 방은 인테리어 중이었고, 목공은 한창 전기톱으로 나무판자를 자르고 있었다. 나도 나름 톱질을 좀 해봤기에 그 교수님께 목수 일을 해보셨는지를 물어봤다. 그는 할 줄 안다면서 전기톱으로 나무판자를 잘랐다. 그 교수님이 자른 나무판자는 약간 삐뚤빼뚤해 보였고, 같이 있던 목수는 묵묵히 참으며 아무 말도 하지 않았다. 오늘 오신 손님이 정말 유명한 교수님이라고 목수에게 언급한 적이 있기 때문이었다. 조금 뒤 못을 박을 곳이 있어서 교수님께 한 번 해보시라고 권했다. 반쯤 박았을 때 못은 이내 구부러졌다. 결국 목수는 짜증을 냈다. "바보도 아니고 어떻게 못질도 못해요." 그 순간 교수님의 교만함은 완전히 무너졌다.

그제야 나는 교수님께 알려줬다. "이게 바로 전문성입니다. 교수님께서는 오래도록 높은 자리에 계시다 보니, 은연중에 목수라는 직업은 머리가 나빠서 몸으로 때우는 것이라는 편견을 가지고 계셨던 것입니다. 하지만 목수가 보기에는 교수님은 그저 평범한 못 하나 박거나 작은 나무판자 하나 자르는 것조차 못하는 둔한 사람일 뿐입니다. 학생들 눈에는 정말 대단한 교수님이지만, 목수의 눈에는 이런 간단한 일조차 못하는 바보일 뿐이지요. 이제 분명해졌지요? 28살의 그 라마를 무시하지 않으셔도 됩니다. 그가 이 먼 미국이라는 곳에서 포교원을 세우고 불법佛法을 전수한다는 것은 바로 교수님을 가르칠 수 있다는 것을 보여주는 것입니다. 오히려 교수님께서 초보자인 것입니다." 그 뒤로 그 교수님은 생각이 틔어 젊은 라마가 가르치는 곳에서 불법不法을 착실하게 수행했다.

평등이란 서로가 서로를 존중하는 태도이다. 어떤 관계에서든 이러한 평등을 전제로 우리의 마음을 다스린다면, 아무리 많은 난제가 많아도 쉽게 풀어낼 수 있다.

평상심平常心으로 내가 가지고 있는 것을 존중해야 한다

마음의 균형은 정말 중요한 것이다. 서로 하는 일이 다를 뿐, 사실 우리 모두는 평등하다. 평등하다고 하여 남이 하는 모든 일을 내가 할 수 있다는 것은 아니다. 아니, 할 수 없다. 불교에서 말하는 평등이 란 사람들 생각하는 좋은 것, 나쁜 것, 맞는 것, 틀린 것들을 다 중간 적인 태도로 여기고 할 수 있는 것과 할 수 없는 것이란 모든 것을 평소의 마음으로 바라보는 것이다.

우리는 자신이 할 수 없는 일을 맞닥트리면 스스로 쓸모없는 놈이 라는 생각을 한다. 밥을 지을 줄 모르는 학자는 밥을 맛있게 짓는 주부에게 감탄한다. 밥 먹을 때가 되면 주부를 앞세워 밥을 먹고, 배 불리 먹고 나면 다시 자신의 학문을 앞세운다.

그래서 우리는 내가 가진 것에 대한 자부심을 배워야한다. 오만함 을 배워서는 안 된다. 내가 가진 것은 존중하고, 내가 가지지 못한 것은 배울 수 있는 만큼만 배워서 수평기로 삼으면 되는 것이다.

우리가 흔히 말하는 "하늘이 나를 내셨으니 반드시 어딘가 쓸모가 있다天生我材必有用"라는 법칙에서 제외될 수 있는 사람은 세상 그 어디에도 없다. 각자가 각 분야에 있기에 세상도 아름다운 것이다.

불교에서 말하는 "중생衆生"의 "중衆" 자는 세 명의 사람이 모여 서 이뤄진 글자다. 즉 중생이란 다른 생각, 다른 경험, 다른 부모, 다른 가족, 다른 사회, 다른 환경, 다른 교육, 다른 제도가 만들어낸 다양한 사람들이다. 또한 이들은 공동의 목표를 위해 함께하며 모두가 보람을 느낄 수 있는 일을 하는 존재이다. "중생"이란 말은 이렇게 만들어진 것이다. 이러한 의미를 확장하면 중생이란 인간뿐만 아니라 각기 다른 다양한 경험을 가지고 세상에 나와 각각의 방식으로 살고 있는 모든 생명이라 할 수 있다.

우리가 서로에게 해야 할 일은 존중이다. 자신이 가진 모든 것을 존중하며 하늘과 땅을 원망하지 않는 것이다. 사람에게는 모두 부족한 점이 있다. "남의 떡이 더 커 보인다."라는 속담처럼 어디를 어떻게 보든 다른 사람이 가진 것은 더 좋아 보이는 것이다. 며칠을 앓아 누웠다 일어난 사람은 "건강하니 좋겠어요. 저는 아직도 속이 조금 좋지 않아요."라고 상대방에게 말한다. 이전에 상대방이 큰 수술을 받고 죽을 뻔한 위기를 어떻게 넘겼는지는 모른 채 지금의 표면적인 상황만 보는 것이다. 돈이 많은 사람을 보면 "돈이 많아서 좋겠다. 나는 지지리 복도 없어 돈도 없네."라고 말한다. 앞날도 모르고 출처조차 알지 못하면서 이렇게 말하는 것이다.

모든 것을 부정적으로만 봐서는 안 된다. 사람이란 장점도 있고 단점도 있는 것이다. 또한 세상 모든 것을 다 가질 수도 없다. 그래서 포용할 수 있는 평등이 필요한 것이다.

세월의 때를 씻어내고 좌충우돌 끝에 얻을 수 있는 가장 소중한 재산은 마음을 비우고 세상물정을 웃으면서 볼 수 있는 능력이다. 속세의 법칙에 대한 우리의 태도가 진지하다 못해 엄숙한 것은 집착하는 마음 때문이다. 평상심으로 자신이 가진 것을 존중한다는 것은 지금 현재가 가장 아름답다는 것을 인정하는 것이다. 미래에 대한 기대도 과거에 대한 아쉬움도 필요 없는 것이다.

평등하게 따르는 인연

평등을 논하고자 할 때는 싫은 것에 대한 지나친 배척도 피해야 한다. 여기에는 자아에 대한 집착도 깔려 있다. 요즘 벌어지고 있는 부자에 대한 증오도 그렇다. 노력했지만 부자가 되지 못한 사람도 있다. 하지만 부자가 되지 못한 것은 최선을 다해 노력하지 않았기 때문이다. 그럼에도 가지지 못했다는 이유로 부자들을 증오한다. 만약 부를 이룬 사람이라면 스스로 반성하며 조금씩 베풀어야 한다. 결코 가난하다 하여 부자를 증오해서는 안 된다.

돈 많은 친구를 질투하던 사람이 있었다. 그 사람은 돈 많은 친구 험담을 늘어놓기 일쑤여서 결국은 절교에 이르렀다. 나는 그 사람에게 이렇게 알려줬다. "당신이 돈 많은 그 친구를 칭찬한다면, 그 친구가 돈은 못 줄 지언정 한 끼 식사는 대접할 수 있습니다. 그가 가진 일부를 나눠 갖게 되는 것입니다. 하지만 그 친구를 질투하여 시비만 건다면 밥 한 끼 얻어먹을 기회조차 없습니다. 어째서 그렇게 나쁘게 보는 것입니까? 그 친구는 당신보다 수백 수천의 노력 끝에 지금의 부를 이룰 수 있었던 것입니다."

가난하든 부유하든 이러한 마음가짐을 가지고 자신을 돌아봐야 한다.

가진 자는 자신이 가지고 있는 모는 것을 존중하는 법을 배워야 한다. 또한 다른 사람들의 노력이 있어 가질 수 있었던 것이지, 본인만의 노력으로 모든 것이 이루어진 게 아님을 알아야 한다. 가진 것이 없다면 겸허한 마음으로 다른 사람을 본받을 줄 알아야만 그 사람이 얻은 것을 함께 누릴 수 있다.

부를 이루고 사회에 환원하는 사람도 많다. 시골에서 도시로, 도시에서 세계 각지로 나가 일해서 어렵게 번 돈을 아껴 고향을 위해 쓴다. 자신과 같이 다른 사람들도 부자가 될 수 있도록 학교를 짓는 등 다양한 자선사업을 한다. 다른 사람의 장점과 능력을 인정하고 평등한 마음으로 모든 생명을 존중함으로써, 천천히 우리의 마음을 키워가야 한다. 다른 사람이 복을 받을 때 기뻐할 줄 알아야 한다. 국가가 부강해져 길도 닦고, 의료도 보장되고, 전기도 잘 들어오고, 그렇게 모든 게 좋아졌다면, 기쁘지 아니할 게 뭐가 있겠는가? 이와 마찬가지이다. 내 주변 사람이 부자가 되었을 때 같이 기뻐해야 하는 것이지 부자를 증오하는 마음을 가져서는 안 된다. 사람이란 모든 생명을 평등하게 대함으로써 서로 다른 단계의 물질적, 정신적 삶을 함께 누릴 수 있어야 한다. 이렇게 한다면 우리 모두 다 같이 부유해질 수 있다.

그렇다면 어떻게 평상심을 가지고 주변을 살필 것인가? 여기에 대한 답으로 인도의 산티데바Śāntideva(8세기 무렵에 활동했던 인도 날란다의 승려이자 학자) 스님의 법어法語(정법을 설교하는 불교의 글이나 말)를 잠깐 소개한다. "바꿀 수 있는데 즐겁지 아니할 것은 무엇이고, 바꿀 수 없는데 즐겁지 아니할 것은 무엇이 있겠는가? 이는 더 이상 바꿀 방법이 없기 때문인 것이다."

심사숙고한 끝에도 바꿀 수 없는 일이란 고민한 필요가 없는 것이다. 이미 바꿀 수 없음을 뻔히 알면서 어째서 기분이 나쁜 것일까? 이것은 변할 수 없기 때문이다. 그저 평상심을 가지고 내려놓아야 하는 것이다.

사람이든 일이든 만남이란 아름다운 것이다. 시간이란 인연도 행함도 없는 만남이다. 모든 사람을 똑같이 대하고, 모든 일을 순리로 처리하며, 자신의 마음도 담담하게 정리할 수 있다는 것이 바로 평등함으로 인연을 따르는 자세이다. 이 또한 복인 것이다.

제14장

방생放生

대자연을 존중하는 것이 진정한 방생이다.

모든 생명에게는 평등하게 생존할 권리가 있다

　방생放生(사람에게 잡힌 생물을 놓아주는 불교 의식)은 생명을 존중하는 것이며, 또한 모든 생명체가 세상을 살 수 있도록 그 권리를 주는 것이다.

　우리는 인간으로서 생존할 권리를 가지고 있다. 어떤 민족도, 어떤 국가도, 어떤 집단도 인간의 생존권을 박탈할 수 없다. 죽을죄를 지었다 한들 생명을 뺏을 수는 없다.

　인간이 그렇듯 동물 또한 생존할 권리를 가지고 있다. 고등동물이라는 이유로 인간이 다른 동물들의 생존권을 박탈할 수는 없다. 이러한 생각은 우매한 것이다.

　고대에는 황족이나 귀족들이 죽으면 가족이나 가신을 함께 묻는 순장殉葬의 풍습이 있었다. 동서양을 막론하고 사람을 제물로 하늘에 제사를 지내는 원시 부족이나 종교도 있었다. 불교는 사람과 사람, 사람과 동물, 사람과 자연을 서로 존중할 수 있어야 함을 가르치고자 탄생했다. 모든 생명에는 이 세상을 열심히 살고자 하는 마음이 깃들어 있다. 그럼에도 사람들은 어째서 생명의 생존권을 뺏으려 하는 것인가?

　사람은 늘 자신의 입장에서 문제를 바라본다. 문명의 시대로 접어든 지금 살인은 불법이다. 하지만 동물의 생사여탈권은 여전히 남아 있다. 사람들은 돼지, 말, 양, 소 등의 가축을 존중하지 않는다. 날 때부터 사람이 먹기 위한 존재라고 생각하는 것이다.

동물은 약육강식으로 인한 먹이사슬의 관계를 가지고 있다. 하지만 동물의 먹이사슬은 생존을 위한 것이다. 하지만 인간은 생존이 아닌 탐욕을 위해 살생을 한다. 오늘은 생선이나 새우가, 내일은 소고기나 닭고기가 먹고 싶다는 욕심을 부리는 것이다. 일반적인 먹거리로도 만족하지 못해 뱀이나 두꺼비 등 야생동물까지 탐식한다. 이렇게 동물들을 존중하지 않은 결과를 생각해본 적 있는가? 페스트, 에이즈, 에볼라부터 사스나 신종플루H1N1 등의 수많은 바이러스들은 동물을 매개로 한 질병이다. 심지어 사람들은 이런 바이러스에 대한 두려움만으로도 심리적 질병에 시달린다. 특히 사스의 매개체가 사향고양이라는 사실이 밝혀지자 사람들의 대대적인 사향고양이 박멸이 시작됐다. 하지만 우리가 사향고양이를 헤치거나 잡아먹지 않았다면? 그러한 바이러스들이 어떻게 사람에게 전이됐겠는가? 인간은 영원히 자기 자신에게서 원인을 찾지 않는다.

인류는 다른 생명체를 평등하게 존중해야 한다. 서로 각자의 영역에서 편하게 살 수 있도록 해야 하는 것이다. 이것은 우리 자신을 위한 쾌적한 주거환경을 만드는 방법이자, 건강한 인류 생존의 길을 여는 방법이다.

생명을 존중할 줄 알아야 한다

방생이란 우리를 위한 생명 존중의 가르침이다.

사람은 생존을 위해 살생을 하지 않을 수 없다. 우리가 물을 끓여 마시는 것을 생각해보자. 우리는 왜 물을 끓여 마시는 것일까? 끓이지 않은 물에는 세균이 있기 때문이다. 그 세균을 죽여야 우리가 물을 마실 수 있다. 하지만 생존을 위한 살생과 욕망이나 증오로 인한 살생은 다른 문제다.

국가와 국가 간의 사이가 나쁘면 전쟁이 일어난다. 때론 다른 나라가 가지고 있는 석유를 보고서도 전쟁을 일으킨다. 전쟁을 일으킨 명분은 인권탄압이니 뭐니 하지만 사실은 석유를 뺏으려는 것이다. 대규모의 전쟁이 얼마나 많은 민간인들의 생명과 생존권을 빼앗는가!

"도대체 왜 이러는 것일까?"를 생각하면 저절로 탄식이 나온다. 사람과 사람 사이의 불손함은 이미 극에 달했다. 핸드폰 하나를 뺏기 위해 살인도 서슴지 않는다. 심지어는 몇 만원내지 일 이십 만원을 강탈하려고 일가족 모두를 죽인 경우도 있다. 이것은 특별한 경우가 아니라 신문이나 방송에 종종 등장하는 이야기다.

핸드폰 한 대가 사람의 생명과 동등하다는 생각은 무엇 때문일까? 일 이십 만원 때문에 살인을 서슴지 않는다는 건, 사람의 생명이 겨우 몇 십 만 원 짜리라는 것인가? 가장 주요한 요인은 도덕교육의 부재 때문이다. 지나친 물질적 욕구 추구와 그 물질을 가지고 성패 여부를 갈라치기 때문이다. 자신의 부를 얻기 위해 그 어떤 것도 생각하지 않는 것이다. 이와 다른 경우도 있다. 가난 때문에 어쩔 수 없이 해서는 안 될 심각한 잘못을 저지르는 상황이다. 스스로의 도덕적 한계선까지 넘어서는 이러한 행동은 정말 슬픈 일이다.

수천만 원씩 들여가며 물고기를 사다가 왜 방생을 하는지를 묻는 사람들도 많았다. 눈앞에다 물고기를 풀어놔도 뒤로는 다른 사람들이 잡을 텐데, 차라리 그 돈으로 아픈 환자를 위해 기부하는 게 낫지 않겠냐는 것이다. 하지만 지금 우리의 목표는 사람들이 물고기를 못 잡게 하는 게 아니다. 아니, 못 잡게 하려해도 할 방법이 없다. 방생의 목적은 그 과정을 통한 생명을 존중할 줄 아는 마음을 배우는데 있다. 게다가 대규모 조업으로 멸종되고 있는 해양 어류를 채워 상대적으로 균형 잡힌 생태환경도 유지할 수도 있으니 좋지 아니할 게 뭐가 있겠는가! 요즘은 부족한 해양 어류를 채우기 위해 어민들도 매년 여러 치어들을 바다에 풀어 놓는다.

사람이 생명을 존중하는 것은 단지 물고기를 방생하는 것처럼 그렇게 쉬운 일만은 아니다.

생명이 탄생하는 순간 생존에 대한 의지는 모두 똑같은 것으로 귀천이 없다. 같은 공기를 마시며 각자의 영역에서 각자의 방식으로 사는데, 왜 굳이 서로를 침범해야 하는가? 화합과 공존만이 있어야 생존도 가능한 것이다.

자연을 존중하는 것이 진정한 방생이다

불경의 이야기 속에 자주 등장하는 영혼 없는 세상만물은 없다는 말은 자연에 대한 존중일 뿐만 아니라 자기 자신을 받든다는 의미다. 자연을 보호해야 그 안에 사는 인간과 다른 생명도 살 수 있는 것이다. 불교 신자들이 방생을 중시하는 것도 이와 같은 이유에서다. 방생의 근본적인 목적은 우리가 먹고사는 지구를 잘 보호하고 우리의 생존환경을 개선하기 위해서이다.

붓다의 위대함은 이루 다 말할 수 없다. 녹야원鹿野苑, Mrgadava은 붓다가 처음 설법을 한 곳으로 최근 세계 최초의 야생동물 보호지역으로 등재된 지역이다. 티베트의 라마불교 사원에 가면 법륜法輪 양쪽에 사슴 두 마리가 있는 것을 볼 수 있다. 이것은 붓다가 설법說法을 전한 곳이 바로 녹야원이라는 것을 상징적으로 보여주는 불화佛畫이다. 당시 붓다는 왕에게 이 땅을 내어줄 것을 요청했다. 그렇게 녹야원鹿野園을 만들어 사냥을 금지시키고 동물들이 자유롭게 살 수 있도록 만들었다.

붓다는 설법을 통해 동물을 살생을 하지 않는 것뿐만 아니라 식물을 해치는 것도 안 된다고 했다. 이는 생명을 존중 하는 것이 바로 생명에 대한 진정한 방생이라는 뜻이다. 만일 환경이 파괴되고 생명의 원천이 모두 사라진다면 어떻게 사람이 살 수 있겠는가? 내가 어렸을 때만해도 많은 빙하가 있었다. 몇 억 년 동안 녹지 않았던 그 빙하가 지구 온난화로 인하여 요즘은 찾아보기 힘들다. 그 결과는 무엇일까? 수원水原이 줄어 가뭄이 들고 사람들이 마실 물조차 부족하다는 것이다.

언제부터인지 우리는 물과 기름의 가격이 같은 것을 받아들이고 있다. 생각지도 못했던 그 날이 이미 도래한 것이다. 물 한 병 가격이 기름보다 비싼 시대가 온 것이다.

진정한 방생을 하고자 한다면 자연을 존중하는 법을 먼저 배워야 한다. 한번은 미국 캘리포니아주에서 환경보호 전문가들과 관련 토론을 한 적이 있었다. 그들은 미국이 환경보호를 제일 잘한다고 했다. 나는 미국의 산림과 초원의 보호 상태는 정말 좋은 것 같다고 동의해 줬다. 하지만 이렇게 덧붙여 말했다. "미국은 목조주택이 참 많은데 숲을 훼손한 것을 보지는 못했습니다. 하지만 그것은 미국이 가난한 나라에서 목재를 수입해 집을 지었다는 증거가 아닐까요? 만약 이런 것을 환경보호라고 한다면 누구나 손쉽게 할 수 있겠지요. 제가 보기에는 약탈일 뿐입니다." 이 이야기는 일본인 친구에게도 전한 적이 있다. 내 것만 지키는 환경보호는 진정한 환경보호가 아니다. 여전히 대자연을 파괴하는 행위다. 하나뿐인 지구에서 내 것만 지키고 남의 것을 파괴해서 얻는 결과는 모두 똑같은 것이다.

환경을 보호하지 않는다면 인류를 위협하는 각종 질병이 늘어남은 물론 대기의 질도 갈수록 나빠질 수 있다. 이로 인해 모든 생명이 갈수록 살기 어려워질 수도 있음은 이미 증명된 사실이다.

자연이 우리에게 선사한 선물은 아무리 가지고자 하여도 다 가질 수 없고, 아무리 쓰고자 하여도 다 쓸 수 없다. 지금 우리가 건강하게 풍요를 누리고, 경제를 발전시키면서 안락하게 잘 살 수 있는 이유는 자연이 우리에게 준 은혜 덕분이라 할 수 있다. 자연의 은혜에 감사하며 그 자연을 보호하는 것은 결국 우리 자신을 보호하는 방법 중 하나이다. 오늘날의 인류는 이조차도 모르고 자신의 미래를 담보로 한 "시한 폭탄"을 누른 것이다.

욕망을 줄이는 방법

　현대의 질병은 대부분 부자병富者病(주로 부자들이 걸리는 병이라는 의미로 당뇨, 비만 따위를 이른다) 이다. 이는 스스로의 탐욕스러운 입을 참지 못하고 마음의 욕망을 부풀리는 행위에서 비롯한다. 자신의 욕망을 줄이고 스스로를 통제하는 능력이 많아지면, 질병도 줄어들 것이다. 질병이 줄어들면 약을 만들기 위한 자원을 덜 쓸 수 있을 것이고, 자원을 적게 쓴 만큼 정말 필요한 사람들을 위해 그 일부라도 더 나눠줄 수 있다.

　붓다는 생명 하나를 구하는 것이 일곱 계단의 부도浮屠를 만드는 것보다 낫다고 말씀했다. 부도는 불교에서 부처님의 심장을 상징하는 불탑을 가리킨다. 이는 7층의 불탑을 세우는 공덕이란 정도를 헤아릴 수 없을 만큼 크고 대단한 것이지만, 중생의 생명을 구하는 것에는 비할 수 없다는 뜻이다. 붓다가 그만큼 중생을 중요하게 여겼던 것이다.

우리가 진정으로 먹고 만족할 수 있는 것은 극히 제한적이다. 사람은 하루하루를 분주하게 살며 바쁘다고 탄식한다. 그렇게 일을 하는데 바쁘고, 접대하는데 바쁘고, 병을 얻는데 바쁘고, 병을 치료하는데 바쁘다. 이것은 스스로의 욕심을 채우기 위해 치러야 하는 대가이다. 요즘 사람들이 건강을 위해 음식을 먹고, 몸을 보양하고, 보양을 하고자 다시 돈을 쓰는 것은 본말이 전도된 처사이다. 진정한 보양은 마음을 닦는 것에서 시작해야 한다. 마음을 닦는 다는 것은 만족할 줄 알며 항상 즐거워할 줄 아는 것이 그 출발점이다.

올바른 방생의 방법

　우리가 방생하는 목적은 방생 자체가 아니다. 방생을 하고 나서 시간이 지나 다른 사람에게 다시 잡힐 수도 있기 때문이다. 이것은 의사가 환자를 치료하는 것과 같다. 치료를 끝낸 환자가 다른 병이나 차 사고 등으로 죽지 않을까 하는 걱정하지 않아도 되는 것이다. 의사가 할 일은 지금 눈앞의 환자를 치료하는 것이다. 방생을 한다는 것은 생명이 위협받고 있기 때문에 그 생명을 구하려고 애를 쓰는 것이다. 이것은 우리가 마땅히 해야 할 일이다.

　또한 자신의 방생 행위가 주변 사람들에게 고민과 불편을 주지 않도록 주의해야 한다. 예전에 일부 불교 신자들이 많은 돈을 들여 구입한 바닷고기를 민물에 방생하는 것을 본 적이 있다. 결국 수십만 마리의 물고기가 죽어 주민들을 불안에 떨게 하고, 하천 전체를 악취로 뒤덮는 사태가 벌어졌다. 이것은 생각 없는 행동이었다. 바닷고기는 민물에서 살 수 없다. 결국 물고기의 떼죽음으로 민폐를 끼친 것이다. 이런 방생은 반감을 살 수밖에 없다.

　나는 선전深圳(중국의 개혁개방을 상징하는 광동성 남동부에 위치한 도시)의 전통시장에서 한 무더기의 독사를 사는 사람을 본적이 있다. 그 사람은 그 독사들을 사원 부근에 풀어놨다. 사원 주변은 독사로 우글거렸다. 이러한 방생 역시 비이성적인 행동이다. 마음은 선의이지만 결코 바람직하지 않은 행동인 것이다.

2008년 원촨汶川(중국 쓰촨성에 위치한 현) 대지진 때 있었던 일화를 들려주고자 한다. 당시 우리는 원촨에서 멀지 않은 마얼캉馬爾康县(중국 쓰촨성에 위치한 현)에 있었다. 당시 마얼캉은 원촨의 재해지역으로 갈 수 있는 유일한 통로였다. 티베트인들은 헌혈하는 습관이 없다 보니 지진으로 인한 혈액부족이 심각했다. 나는 우리 사원에 있는 라마들을 불러 헌혈에 동참하도록 했다. 평소 중생을 위해 모든 것을 바치자고 했으니 다 같이 헌혈을 해야 한다고 독려했다. 그렇게 모은 혈액으로 재해지역에 있는 사람들을 구할 수 있었다. 이 또한 일종의 방생이다.

방생은 불교만의 특이한 행사이다. 2009년 불교는 세계에서 가장 우수한 종교로 선정됐다. 이것은 다른 종교단체들의 투표를 통해 이뤄진 것이다. 또한 결과와 함께 "종교 중 유일하게 불교 사상만이 모든 것을 포용하고 있으며, 불교의 교리에는 대중을 부모와 같이 바라보는 사상이 있다."는 선정 배경을 밝혔다.

무슨 일이든 법도를 따져야 지혜와 책략 그리고 방법을 동원해 시기적절하게 문제를 처리할 수 있다. 방생도 마찬가지다. 불교에서 말하는 중생을 위한 한없는 마음, 즉 자비희사는 세상일을 대하는데 있어 빼놓을 수 없는 지혜다. 문제를 뒤집어 보는 습관이 있는 세상 사람들의 눈에는 지혜로운 안목을 갖고 있는 것이 세상의 규칙에 순응하지 않는 것처럼 보일 수도 있다. 올바른 방생은 선을 행하는 것이지만 선한 행위라 하여 반드시 선한 본뜻과 맞는 것은 아니라는 것이다.

반려동물과 생명 존중

　반려동물을 기르는 것은 나쁠 것 없는 아주 좋은 일이다.

　오늘날의 고층빌딩은 사람과 사람 사이의 정을 차갑게 만든다. 통신이 발달하고 시비를 따질 기회가 늘어나면서 사람 사이의 불신도 커졌다. 옛날에는 삼고육파三姑六婆를 만나야만 시비가 붙었으나 이제는 필요 없게 됐다. 얼마 전만 해도 전화 한 통조차 번거로웠지만 지금은 인터넷을 통해 전 세계의 추태를 다 알 수 있다. 오늘의 친구에게 털어놓은 걱정거리가 내일의 원수가 되면 스캔들이 되어 인터넷을 돌아다닌다.

　사람 사이의 불신으로 인해 고민을 털어놓을 곳은 없고, 외롭다 하여 사람을 찾을 엄두를 내지 못한다. 그래서 가장 믿음이 가고, 내 말에 귀를 기울여주며, 나를 해치지 않을 상대, 즉 애완동물을 찾는 것이다. 불교 신앙을 갖고 있다면 붓다, 보살, 스승을 찾아 마음을 나누겠으나, 신앙이 없는 사람이라면 반려동물을 찾을 수밖에 없다. 반려동물을 통해 안정감을 찾고 우울함이나 스트레스, 나아가 마음의 고민 등을 풀어낼 수 있다면, 그것은 좋은 일이다. 하지만 이런 고민이 해결된 다음이 문제다. 반려동물이 나이가 들어 보기 싫다는 이유로 내버리는 사람들이 많다는 것이다. 이것은 무책임하고 배은망덕한 짓이다. 내가 좋아 필요할 때만 기르고, 내가 싫어 필요 없을 때는 길거리를 떠돌게 하는 것은 나쁜 짓거리다.

반려동물을 기른다는 것은 선의의 마음으로 대한다는 것이다. 동물도 사람처럼 생로병사가 있으니 키움에도 책임이 따른다. 반려동물이 죽은 후에는 우리의 능력으로 뒷수습까지 잘 해야만 한다.

사랑하는 마음이 부족한다면 반려동물을 키우는 것부터 해보면 된다. 인간과 동물의 호흡과 감정 교류도 중생 평등의 참뜻을 천천히 깨닫게 하는 마음 수양이다.

제15장

은혜와 보답

바다에 쏟은 한 잔의 물은 바다와 어우러진다.
바다가 있는 한 영원히 함께 존재할 것이다.

은혜와 보답

　은혜는 사람들의 가장 아름다운 감정 중 하나이다. 불교에 있는 "회향回向"이라는 말은 자진의 가장 좋은 것을 다른 생명에게 모두 주겠다는 의미이다. 회향이란 은혜와 보답이라 할 수 있다.

　이 세상에 태어난 사람은 감사할 일이 참 많다. 부모님이 우리를 세상에 낳고 우리가 성장하는 과정에 있어 다른 사람의 도움이 없었다면, 우리는 아무것도 할 수 없을 것이며, 제대로 된 성인으로 성장할 수도 없을 것이다. 이 모든 것에 우리는 감사할 줄 알아야 한다.

　사람이 가장 많이 하는 생각은 자신의 일이다. 또한 자신의 이해득실을 따져 문제를 고민한다. 사실 세상에서 무엇인가를 성취했다면, 그것은 다른 사람들의 노력이 있었기 때문이다. 우리가 밥 한 그릇을 먹고, 따뜻한 물 한 잔을 마실 수 있는 것도 그렇다.

　또한, 우리는 보답할 줄 알아야 한다. 사람들은 자신의 "아만我慢"으로 인해 내가 똑똑해서, 내가 능력이 있어서, 세상 모든 부귀는 내가 누려야 하는 것이고, 나의 명성 또한 내가 만든 것이라 착각한다. 사실 혼자서는 아무것도 할 수 없다. 집을 짓기 위해 필요한 철근과 시멘트도 다른 사람들의 노동과 복잡한 과정을 거쳐야만 생산되는 것이다. 직원이 있어야 사장도 있다. 기업도 많은 사람들이 좋은 제품을 만들어 팔아서 사업을 키웠기에 있는 것이다.

모든 성공은 대중의 힘이 모여 이뤄진 것이다. 사장이 자신의 직원을 소중히 여기 듯, 사람이란 성공 후에 은혜에 보답할 줄 알아야 한다. 우리가 가진 것이 무엇인지를 늘 생각해야 은혜에 감사할 줄도 알게 된다.

'내가 얻은 이 모든 것은 어디서 온 것일까?'라는 생각을 자주 하면 된다. 우리 몸은 부모님에게서 온 것이니 부모님께 감사해야 한다. 그분들이 없다면 지금의 나도 없는 것이다. 또한 사회에서 나와 함께 해준 사람들도 은혜로운 사람들이다. 이러한 생각을 통해 우리는 우리가 있는 지역, 국가, 나아가 우주에 대해서도 감사하는 마음을 가질 수 있게 되는 것이다. 우리가 사는 지구를 소중하게 여김으로써 늘어나는 천재지변을 피할 수도 있다. 감사하는 마음이 있어야 우리도 이 세상을 건강하게 살아갈 수 있는 것이다.

은혜에 감사할 줄 알면 타인에게 상처를 주는 일도 없을 것이다. 남에게 상처를 주지 않으면 남에게 상처를 받을 일도 없으니 삶도 즐겁지 않은 것이 없다. 이렇게 감사할 줄 아는 마음을 불교에서는 "회향"이라고 한다. 그래서 감사하는 마음만으로는 부족한 부분을 조금 더 채우기 위해 보답할 줄 알아야 한다고 하는 것이다.

우리가 능력이 있을 때 보답할 줄 알아야 한다. 자신의 이익을 기부하는 기업도 많지만, 그저 다른 이를 위해 기부하는 것만 보고 그것을 보답이라고 하지는 않는다. 더 중요한 것은 우리와 함께 사는 동물들을 해치지 않고, 우리가 살고 있는 자연환경을 파괴하지 않는 것이다. 그리고 모든 사람들이 서로를 더 소중히 여기며 상처를 주지 않도록 해야 한다.

이렇게 상처를 주지 않는 것이 진정한 보답이다. 서로 상처를 주지 않으면 사실 베풂도 필요 없게 된다. 이것이 진정한 회향이자 고마움이다. 무엇보다 중요한 것은 이런 행위가 만들어지는 근원을 생각을 통해 찾아야 한다는 점이다. 생각이 있어야 행동도 따르는 것이다.

행동으로 베풀 수 없다면 말로도 베풀 수 있다. 유명인들이 평화나 환경보호의 홍보대사로 활동하는 것도 말을 통한 호소이다. 몸소 행동으로 베풀 수 있는 것은 많지 않다. 하지만 진심에서 우러나오는 호소가 있다면 조금씩이나마 진정성 있는 보답을 이뤄낼 수 있다.

불교에서 말하는 진정한 회향이란 자신의 가장 아름다운 소망과 희망을 모든 중생에게 되돌려주는 것이다. 이것은 지금 우리 손에 물 한 잔 밖에 없는 것과 같은 것이다. 하지만 지금 가진 이 물 한 잔을 바다에 붓는다면, 그 물은 바다와 결합하여 하나가 될 것이다. 그러면 남들에게 "저 바다에는 내 물이 한 잔 있습니다."라고 자랑스럽게 말할 수 있게 된다. 또한 바다가 있는 한 이 물도 영원히 존재하는 것이다. 같은 맥락에서 우리가 가진 공덕 하나를 중생에게 회향하기만 한다면, 분노와 원한으로 인한 불필요한 공덕을 태워서 소비할 필요도 없다. 태운다고 해도 내 것 일부만 태울 뿐, 중생에게 회향한 공덕은 남아 있으니 우리가 얻는 이익은 더 클 것이다. 그래서 일찍이 붓다가 "널리 중생을 이롭게 하는 것이란 다름 아닌 자기 자신이 성불하는 것이다."라는 말을 한 것이다. 누군가 중생을 위한 생각을 한다면, 결국 성불하는 사람은 그 생각을 한 사람이고, 자신만을 위한 생각을 한 중생은 스스로 타락하게 되는 것이다.

베풂을 통한 자아 성취의 가장 좋은 예는 붓다이다. 그는 항상 자신이 얻은 모든 것을 중생에게 베풂으로 결국 성불을 이룬 것이다. 하지만 우리는 여전히 윤회의 굴레를 떠돌고 있다.

　미약한 존재로서의 인간은 스스로의 미래를 파악하거나 예측할 수 없다. 그럼에도 일어날지 아니면 일어나지 않을지조차 모르는 미래를 기다리며 희망을 품는다. 그 과정에서 스스로의 생명 또한 헛되이 허비하고 있음에도 스스로는 그것을 느끼지 못한다. 사람들은 헛된 희망을 이루기 위해 본인에게 가장 중요한 생명과 청춘을 바치지만, 그렇다 하여 끝에 가서 그것을 꼭 얻을 수 있는 것도 아니다.

　삶에 있어 평생 흔들리지 않는 확고한 신앙을 하나라도 가지고 있다는 것은 좋은 일이다. 여기서 말하는 신앙이란 오직 종교만을 가리키는 것은 아니다. 어떠한 신앙이라도 다 괜찮다. 당신에게 예술적 공감능력이 있어서 예술을 위해 모든 것을 바치며 무한한 즐거움을 얻을 수 있다면, 이 또한 좋은 일이다. 무용가는 자신의 무용을 위해 기꺼이 자신의 생명을 갈아 넣고, 학자는 평생 일군 자신의 학문을 자기가 좋아하는 일을 위해 기꺼이 내어놓는다. 다만 이러한 몰입에 앞서 반드시 확인할 것이 있다. 첫째 생산적인 효과가 있는지 없는지 및 스스로도 즐거운지를 확인해야 한다. 또한 다른 사람에게 도움이 되는지도 볼 수 있어야 한다. 어쨌든 반드시 가치가 있어야 하는 것이다. 나만 즐겁고 다른 사람에게는 도움이 안 된다면, 그러한 즐거움은 금방 사라질 수 있다. 작은 일 하나에도 금방 무력감을 느낄 수 있고, 그러다 보면 짜증과 함께 즐거움도 곧 사라지게 된다.

신앙을 위해 노력하는 과정에서 얻는 즐거움이 우리 주변 사람들에게 고통을 주어서는 안 된다. 우리는 신앙을 통해 사람들에게 즐거움을 줄 수 있어야 한다. 여기에는 즐거움의 영향을 어떻게 더 잘 전할 것인지, 어떻게 더 크게 줄 수 있을 것인지에 대한 원칙과 고민이 필요하다.

신앙은 내 자신의 즐거움만 아니라 타인에게 있어서도 의미 있는 일이 되어야 한다. 그래야 우리의 신앙도 진정한 의미를 갖게 되는 것이다. 이로써 우리의 생명 또한 그만큼의 가치를 가질 수 있다. 결국 세상에 태어난 내가 헛되지 않을 수 있는 것이다.

2010년 2월 20일
쓰촨 시짱자치구川藏 마얼캉현馬爾康縣에서

| 지은이 소개 |

가마린포체(주구앤반·시러장찬) / 嘎瑪仁波切(祖古顏班·希熱將參)

　　1968년 중국 쓰촨 마얼캉시에서 태어난 가마嘎瑪 린포체Rinpoche는 어릴 적부터 라마 사원의 최고 주지住持인 투띵 취지자바土登·曲吉紮巴 린포체의 가르침을 받았다. 중국어에 정통하여 티베트어의 번역은 물론 불교의 현교 및 밀교의 교리에도 밝아 칸부堪布의 칭호도 하사받았다. 또한 닝마바寧瑪巴 종파의 대표 사원인 가투어쓰嘎陀寺의 모자파왕莫紮法王으로부터 위자닝보玉紮寧波라는 번역가와 가투어쓰嘎陀寺를 설립한 단바드시에로부터 깨달음을 얻은 3대 제자 중 한 명인 시러장찬希熱將參의 환생이라는 인정을 받았다. 현재 닝마바 종파의 창리에쓰昌列寺 사원(쓰촨 마얼창시에 위치)의 주지이다.

　　린포체는 젊을 때부터 지금까지 홍법리생洪法利生의 공덕을 꾸준히 실천해오고 있다. 또한 티베트 불교 학교의 건립, 다른 사원 및 라마 수행자의 지원, 티베트 지역 내 희망초등학교 및 경로당 건설, 제자들을 통한 자선단체 설립 및 지진 피해 복구 지원 등 다양한 분야에서 티베트 불교를 알리기 위한 노력도 게을리 하지 않았다. 더불어 린포체가 이끄는 라마승 단체 또한 불법佛法과 대중을 위한 헌신에 오랫동안 힘쓰고 있다.

　　특히 린포체는 앎을 실천하는 불법佛法 교육을 중요하게 생각했다. 이에 교육을 통해 불법佛法을 뿌리내리는 것만이 장기적으로 대중을 이롭게 하는 길이라 여기고, 20여 년 동안 여러 불교 학교를 후원하여 우수한 라마승들을 배출, 싱가포르, 말레이시아, 네팔, 미국 등 각지에서 체계적인 불법佛法 전파를 이끌고 있다. 근 몇 년 동안은 티베트의 외딴 지역을 돌며 불법佛法을 가르치는데 집중하고 있다. 특히 어려운 가정의 학생들을 매년 꾸준히 후원함으로써 그들의 온전한 사회 진출을 돕고 있다.

불교의 사상적 심오함은 일반적인 대중이 이해하기 쉽지 않아 실생활과 동떨어진 것이란 오해를 종종 일으킨다. 이에 린포체는 현대인의 욕구와 삶에 맞춰 대중의 언어로 불법佛法과 생명에 대한 불가분의 관계를 풀어 설명하기 시작했다. 일상적인 표현으로 불교와 인연이 닿는 사람들이 보다 쉽게 깨달음을 얻을 수 있도록 한 것이다.

주요 저서로는『대원만전행석론大圓滿前行釋論』,『법음선류法音宣流』,『법계심수法界心髓』,『해혹지지解惑之智』,『묘보보리심妙寶菩提心』,『불법과 삶佛法與生活』,『세상의 이치妙離世間』,『마음과의 대화』,『부富의 인연을 좋게 만드는 법』,『생명의 각성』,『요범탈속了凡脫俗』등이 있다.

이러한 그의 저서는 꾸준히 베스트셀러에 오르며 독자들로부터 사랑을 받고 있다.

| 옮긴이 소개 |

강곤姜坤

중국 곡부사범대학교 번역학원 한국어학과 부교수

마음과의 대화
與心對話

초판 인쇄 2022년 12월 16일
초판·발행 2022년 12월 24일

지 은 이 | 가마린포체
옮 긴 이 | 강곤
펴 낸 이 | 하운근
펴 낸 곳 | 學古房

주   소 | 경기도 고양시 덕양구 통일로 140 삼송테크노밸리 A동 B224
전   화 | (02)353-9908 편집부 (02)356-9903
팩   스 | (02)6959-8234
홈페이지 | www.hakgobang.co.kr
전자우편 | hakgobang@naver.com, hakgobang@chol.com
등록번호 | 제311-1994-000001호

ISBN 979-11-6586-275-6 03190

값: 19,000원